本书为教育部"新世纪优秀人才支持计划"配套项目研究成果

中国信息传播国家竞争力研究

丁和根等 著

U0750647

课题组成员（以姓氏笔画为序）

丁和根　张玉芳　邵　晓

林吟昕　郑青华　陶大坤

南京大学出版社

图书在版编目(CIP)数据

中国信息传播国家竞争力研究 / 丁和根等著. —南京：
南京大学出版社,2012.11
ISBN 978-7-305-10937-9

Ⅰ.①中… Ⅱ.①丁… Ⅲ.①信息学—传播学—竞争
力—研究—中国 Ⅳ.①G20

中国版本图书馆 CIP 数据核字(2012)第 304103 号

出 版 者　南京大学出版社
社　　址　南京市汉口路 22 号　　　邮　编　210093
网　　址　http://www.NjupCo.com
出 版 人　左　健
书　　名　中国信息传播国家竞争力研究
著　　者　丁和根 等
责任编辑　黄　卉　荣卫红　　　　　编辑热线 025-83593963
照　　排　南京紫藤制版印务中心
印　　刷　丹阳市兴华印刷厂
开　　本　635×965　1/16　印张 20.5　字数 257 千
版　　次　2012 年 11 月第 1 版　2012 年 11 月第 1 次印刷
ISBN 978-7-305-10937-9
定　　价　40.00 元

发行热线　025-83594756　83686452
电子邮箱　**Press@NjupCo.com**
　　　　　Sales@NjupCo.com(市场部)

目　录

□ 第一章 绪 论

第一节 本书的意义与价值

进入 21 世纪,世界的全球化程度日益加深,信息传播成为一个国家生存和发展的充分必要条件。中国自加入 WTO 以来,各领域参与全球竞争的程度越来越深,信息传播自然也不例外。由于其在国家经济、政治、外交、文化和社会生活中所扮演的角色,特别是由于其在一个国家的国际竞争中所担负的特殊重要的使命,信息传播已成为学术界、业界共同关注的焦点和热点领域[①]。

在经济领域,信息传播是所有经济活动有效运作的基础。信息传播可以有效地引导消费者的需求,减少市场信息的不对称,还对市场道德和市场信用产生作用。同时,包括传媒业在内的信息产业以及大文化创意产业本身已发展成为一个大的新兴产业族群(可称之为"大信息传播产业"),并日益成为各国经济增长最强劲的动力,这乃是一个全球性的发展趋势。由于大信息传播产业所具有的高融合性、高倍

---

① 本书所运用的"信息传播"这一核心概念,包含了通常所说的信息产业、传媒产业、创意产业和文化产业等常用概念的核心内涵,它既包括以上各产业的基础条件,也包括传播内容、传播渠道、传播过程和传播行为,是一个大传播的概念。使用这一概念的必要性和重要性以及它的内涵界定,请参本书第二章第一节。

增性、高渗透性和高驱动性特征,它理所当然应成为国家的战略性支柱产业。

信息传播不仅直接参与国家经济活动,它更是一个国家维护其国际利益、推行其全球战略的有力工具。信息传播的传播力和影响力是国家软实力的重要组成部分;而作为信息传播核心要素的国际话语权,则是衡量一个国家国际地位的重要标准。自哈佛大学教授、美国国防部前助理部长约瑟夫·奈(Joseph S. Nye)提出"软实力"的概念后,这一说法不仅得到了普遍认同,许多国家纷纷开始重视软实力的研究和建设。所谓"软实力",主要包括这样一些内容:"一是文化的吸引力和感染力;二是意识形态和政治价值的吸引力;三是外交政策的道义和正当性;四是处理国家间关系时的亲和力;五是发展道路和制度模式的吸引力;六是对国际规范、国际标准和国际机制的导向、制定和控制能力;七是国际舆论对一国国际形象的赞赏和认可程度。"①由此可见,软实力无一不与国家利益和国家战略相关,也无一不需要通过信息传播才能得以实现。

信息传播还是一个国家平衡社会结构、调节社会生活的重要手段。信息传播对国家发展的重要作用不仅体现在其对国内经济发展的推动和国家对外形象的塑造上,更是现代社会的一种结构性因素,对社会生活的各个方面都能起到渗透和调节作用。在政治领域,信息传播不仅影响着所有政治活动,而且在增强政治透明度和提高政治参与度方面也发挥着重要作用;在文化领域,信息传播促进了文化的传承和创新;在推进国民教育方面,信息传播为公众灵活学习、终身学习创造了有利条件。

正因为如此,包括中国在内的致力于现代化建设的新兴国家,纷纷加大信息传播基础设施投入的力度,通过各种途径和方法促进内容

---

① 《什么是国家的硬实力、软实力、巧实力?》,《理论导报》2011年第1期。

创意与内容生产,推动信息传播的国际化发展和对外传播渠道建设。在这样的背景下,从宏观层面展开信息传播国家竞争力的研究,便有了重要的理论意义和实际应用价值。

首先,从学理层面对信息传播,特别是信息传播国家竞争力的内涵和外延进行深入研究,可以帮助人们形成信息传播的整体观,认清信息传播在国家安全和国家发展中所发挥的关键作用,并进一步提出分析信息传播国家竞争力的理论框架和有效方法,这些都具有无法忽视的基础理论意义。经过改革开放后三十多年的发展,中国信息传播业已经获得了巨大的增长,并在一定程度上具备了直面国际竞争的基础。但如果将其放到全球传播的大背景下加以考察,中国与西方发达国家的差距还是十分明显的。这不仅不利于中国信息传播业的进一步发展,也与中国作为一个世界大国的形象和实力不相等称。信息传播国家竞争力作为一个国家的软实力,不仅是提升政治、经济和军事等硬实力的工具,也是一个国家在国际舞台上争取话语权的关键。有鉴于此,最近十年中有关信息传播国际竞争的研究逐渐增多,并且取得了不少成果。但这些研究大多是针对某一个专门领域(如电子信息产业、传媒产业或文化产业等),而且以产业实体为主要研究对象,并非针对大传播(既包括产业实体亦包括传播渠道和内容)的概念而言,其好处是研究目标明确,但缺点是割裂了传播本身的整体性和有机性,因而所得出的结论有可能是不全面的。通过研究解决这些问题,有利于客观地认识和比较中外信息传播企业在国际竞争力方面的实际差距,也有利于中国制定行之有效的信息传播国家竞争力提升战略。

其次,通过对信息传播的生产要素、需求条件、相关产业、同业竞争、传播渠道、产品内容和政府行为的理论阐释,构建生产力、传播力和影响力的理论分析框架,可以在此基础上进一步对中美日俄印五个国家信息传播的国家竞争力进行实证分析,从而帮助人们客观地评价中国信息传播的竞争实力,准确地找到中国信息传播在国际化竞争中的优势和劣势,为借鉴西方发达国家的信息传播经验、为中国信息传播的国际化发展提供必要的依据,这是本项研究的学术价值和实际应用价值。迄今为止,中国信息传播企业参与国际化竞争的程度还较低,这非常不利于信息传播国家竞争力的提高。因为在全球化的市场环境中,越是参与国际竞争的企业,其面临的市场机会和威胁就越多,经受磨炼和得到学习的机会就越多;与此相应,它的竞争力资源与能力增加的机会也就越多。其所以如此,主要是由于以下几个方面的原因:在国际化市场中,由于影响市场变化的因素比在一国之内更为复杂,这就要求竞争主体要能及时预见未来变化的趋势,对市场变化具有更强的判断能力和快速反应能力;国际化竞争使得受众对信息产品的价格更为敏感,竞争主体对成本核算的要求就更高;在国际化市场中,受众对内容和服务的质量要求更高,迫使竞争主体更为重视技术创新、业务创新和服务创新,以更好地满足受众的需求;在国际化市场中,受众呈现出更复杂的多样性,包括政治立场、文化背景、审美趣味等,一个信息传播企业只有采取更宽广的视野、更灵活的策略、更丰富的手段,才能更好地为受众服务;国际化竞争要求竞争主体有国际性的生产和营销渠道,要求经营管理水平有极大提高;国际化竞争对品牌塑造和品牌维护提出了更高的要求,没有品牌就不可能在国际市场上立足,这有助于强化中国信息传播企业的品牌营销意识和营销水平。通过对这些方面展开细致的研究和总结,一方面可以充实和丰富已有的国家竞争力理论,另一方面可以为参与国际竞争的中国信息传播企业提供实际操作的理论依据和经验参照。

有人说,美国等西方强国不光想在经济和军事上对中国进行硬遏制,而且试图通过"妖魔化"中国来对中国进行软遏制;也有人说,日益崛起的中国不可能总是面对鲜花和掌声,而是不可避免地会遇到"大国的麻烦";还有人说,中国需要不断化解西方的误解和不信任,才能为自己赢得更大的发展空间。这些说法无疑都有各自的道理,但硬道理只有一个,就是中国只有不断提升自己的信息传播竞争力,这种被动的局面才会从根本上得到改变。西班牙巴塞罗那 ESADE 商学院教授 Augusto Soto 曾撰文指出:"在 2008 年华盛顿召开的中美欧 21 世纪三边论坛上,一些欧洲参会者,也包括我自己,建议中国应该在全球传媒中发出更大的声音,发展全球性传媒网络,把中国政府的观点介绍给全世界,使中国在国际关系中被更好地理解。一些美国参会者认为,就当前中国的传媒现状来说,做到这一点还很难。不过,我相信,20 年之后,中国将会有意愿也有能力做到这一点。"①这段话比较生动和客观地呈现了西方学者对中国信息传播现状的判断以及对其未来的预期。它说明,中国的信息传播竞争力与其作为一个世界大国的要求相比还有较大的差距。如何认识并进而改变这种状况,不单是实践者的艰巨任务,也是理论研究者的重要使命。

第二节　已有相关研究之回顾

近十年来,国内学术界虽没有专门针对信息传播国家竞争力的整体性研究成果,但分散于各相关领域的研究并不少见②。关系较为密切的研究,主要围绕以下几个方面展开:其一,关于国际竞争力的评价理论与方法的研究,代表性成果如《国际竞争力评价的理论和方法》(张金昌著,经济科学出版社,2002)、《国际竞争力统计模型及应用研

---

① Augusto Soto:《中国应在全球传媒中发出更大声音》,木子砚译,《中国社会科学报》2010 年 4 月 27 日第 13 版。

② 在竞争理论中,"国家竞争力"概念通常等同于国际竞争力。在本书中,这两个概念在产业层次上亦可互为替代;而在国家综合实力层次上,前者则高于后者。因为信息传播业既有信息产业、传媒产业、文化产业等常用概念的硬实力的一面,又与国家软实力的一面密切相关,正是为了体现信息传播的整体性和全局性,本书使用"国家竞争力"这个概念。

究》(赵彦云等著,中国标准出版社,2005)等;其二,中国信息产业或文化产业的国际竞争力研究,如《信息产业的全球化态势与中国区域竞争力》(郑英隆,《中国软科学》2001年第2期)、《中国文化产业国际竞争力报告》(祁述裕主编,社会科学文献出版社,2004)等;其三,中国传媒业国际竞争力的研究,如《中国传媒国际竞争力刍议》(支庭荣,《中国广播电视学刊》2002年第11期)、《中国传媒迅速崛起的实证分析》(胡鞍钢、张晓群,《战略与管理》2004年第3期)等;其四,新闻与信息传播作为一种软实力,对国家发展和文化安全的影响研究,代表性成果如《软力量与全球传播》(李希光、周庆安主编,清华大学出版社,2005)、《信息力——新闻传播与国家发展》(孙聚成著,人民出版社,2006)等。

在上述研究中,第一和第四两个方面对构建信息传播国家竞争力的理论框架具有重要参考价值,但这些成果毕竟不是专门针对信息传播而言或未考虑到信息传播作为硬实力的一面,不能直接搬用。第二和第三两个方面是直接讨论信息传播国际竞争力的,但通常是将信息产业与传媒产业当成两个分离的领域来对待,无法体现信息传播的整体性和系统性,且研究成果相对较少,也缺乏研究的连续性。在已有研究中,虽然研究者都承认传媒产业从属于信息产业这一更大的领域,但这两者的研究还是呈现出较为明显的分离倾向。在传媒业国际竞争力的研究中,信息产业只被作为背景或基础而不是主体来看待;而在信息产业国际竞争力的研究中,传媒业也仅仅是作为一个相当次要的方面被提及。

鉴于传媒业国际竞争力的相关研究与本书主旨的关联度最高,这里对该领域已有的主要成果做一番较具体的回顾。这方面的成果基本是围绕以下两条线索来展开的。

第一条线索是从产业国际竞争的角度进行的研究。代表性成果有:《中国传媒国际竞争力刍议》(支庭荣,《中国广播电视学刊》2002年第11期);本书作者2005年出版的一本专著中辟专章对中国传媒业国际竞争力所进行的集中论述等。

《中国传媒国际竞争力刍议》从传媒国际竞争力的内涵、中国传媒国际竞争力的状况、提升中国传媒业国际竞争力的思路三个方面进行了分析。这是国内较早直接探讨传媒业国际竞争力的论文。文章认为,讨论传媒业的竞争力可以有微观层次上的媒介竞争力和媒介产品竞争力、中观层次上的媒介产业竞争力、宏观层次上的国家传播竞争力之分,除宏观层次外,其他几种竞争力也都可能与传媒国际竞争力相关联。尤其是,"在现实的传播活动中,更多地从媒介产品竞争力和媒介产业竞争力入手,来分析传媒国际竞争力问题"。对比不同国家之间的媒介产品国际竞争力,既可以比较其不同产品之间的相对竞争优势,又可以比较其同一产品的绝对竞争优势。"通常,可以用国际贸易领域的四个指标(贸易专业化系数、出口绩效相对指数、连续性市场份额和显示性比较优势指数)来测算相对竞争优势,用市场占有率、销售利润率、产品增值率来测算绝对竞争优势。"(原注:参裴长洪、王镭:《试论国际竞争力的理论概念与分析方法》,《中国工业经济》,2002年第4期)至于媒介产业竞争力,"常常指某个属地媒介产业的比较优势(相对竞争优势)和它的一般市场绝对竞争优势的总和"。接着,文章借助美国著名竞争战略专家迈克尔·波特关于国家竞争优势的"四因素"论,对中国传媒业在生产要素、需求条件、媒介战略以及产业链等方面所具有的优劣势分别做了一定的分析,并在此基础上提出了提升中国传媒业国际竞争力的思路,即:(1)制定长远发展战略,鼓励外向型的媒介产业拓展;(2)在供应链、生产链和销售链方面,继续打造旗舰;(3)改善资本结构,引入业内外竞争机制;(4)优化产业结构,明规制、减数量、创品牌;(5)建立产业融合机制,推动媒介产业的创新和升级。

本书作者在2005年出版的《传媒竞争力——中国媒体发展核心

方略》一书中,用第九章一个专章从全球视野中的中国传媒业差距、中国传媒业必须走向国际市场、塑造中国传媒业的国际竞争力三大方面对中国传媒业培育和提升国际竞争力问题进行了集中的阐述。作者指出,与西方发达国家的传媒业相比,中国传媒业存在明显的差距,主要是规模偏小、实力薄弱、品牌形象认可度低,在经营管理方面留有不少计划经济时代的特征。尽管如此,中国传媒业还是应该积极主动地走向国际市场参与竞争,这不但是迅速崛起的中国必然要经历的步骤,而且中国经过改革开放后几十年的发展,也已经具备了一定的参与国际竞争的基础。在如何参与国际竞争的问题上,作者指出,在今后相当长一段时期中,中国参与国际竞争的战略指导原则应该是:积极开放与稳步推进相结合;分层开放与突出重点相结合;对外引进与对外输出相结合;对外竞争与对外合作相结合。在此基础上,作者从大力发展传媒产业、加强传媒产业的体制创新、打造媒体(集团)的核心能力三大方面,提出了中国传媒塑造国际竞争力的途径和方法。[①]

近年来,本书研究团队成员又对中国信息传播参与国际竞争的问题进行了更多的思考和更进一步的研究,发表了一系列论文,如:《生产力·传播力·影响力——信息传播国际竞争力的分析框架》(丁和根,《新闻大学》2010 年第 4 期)、《中国对外传播渠道建设之路径选择》(陶大坤、丁和根,《当代传播》2010 年第 5 期)、《试论中国传媒业国际竞争的大公司战略》(丁和根、林吟昕,《国际新闻界》2011 年第 1 期)、《中国信息传播竞争力的国内需求条件研究》(邵晓、丁和根,《浙江传媒学院学报》2011 年第 2 期)、《全球化与传播内容生产:国际竞争的视角》(丁和根,《中国出版》2011 年第 21 期)等。

第二条线索是从综合国力角度对传媒国际竞争力进行的研究。

[①] 丁和根:《传媒竞争力——中国媒体发展核心方略》,复旦大学出版社 2005 年版。

根据胡鞍纲、张晓群的梳理,国内不少学者在讨论综合国力时,都涉及传媒这一块①。如王诵芬的《世界主要国家综合国力比较研究》(湖南出版社,1996)提出的综合国力指标体系中,把千人拥有日报数和百人拥有电话数作为衡量社会发展水平的指标,并对世界18个重要国家进行了数量对比。黄硕风的《综合国力新论》(中国社会科学出版社,1999)把软国力分为政治力、外交力、文教力三方面,把千人拥有日报数和百人拥有电话数作为衡量文化水平的指标,并对美、日、德、俄、中、印六国的水平进行了比较。周浩然、李荣启的《文化国力论》(辽宁人民出版社,2000)设计的文化国力研究指标框架中,文化事业和文化产业分项的绝大部分指标是传媒指标。刘继南、周积华、段鹏等的《国际传播与国家形象》(北京广播学院出版社,2002)认为在信息时代传播力量是国家综合国力中重要的一部分,并提出了国际传媒力的概念和衡量指标。胡鞍钢、门洪华的《中美日俄印有形战略资源比较》(《战略与管理》,2002年第2期)对综合国力的计算也涉及信息及版权方面的指标。

胡鞍纲、张晓群对中国传媒的综合实力进行了评测,并且由此在学术界引起了一场争论。他们在《中国传媒迅速崛起的实证分析》一文中,提出了"传媒实力"(National Power of Media)的概念,并对其构成及指标体系进行了论述。以此为依据,他们对中、美、日、俄、印五国的传媒实力进行了对比,所得出的结论是:"中国传媒在过去20多年里实现了快速发展,传媒实力已超过日本等西方发达国家,并迅速缩小与美国的差距,中国正成为一个迅速崛起的传媒大国。但中国传媒实力结构是不平衡的,在国际传播和传媒经济方面实力较弱,远远落后于美国等西方发达国家,这也是中国在国际舆论上被动挨打的主要

---

① 胡鞍钢、张晓群:《中国传媒迅速崛起的实证分析》,《战略与管理》2004年第2期。

原因。"文章将"传媒实力"定义为:"一个国家传媒体系渗透力和影响力的总和。传媒实力是一个总量的概念,它衡量一个国家传媒体系的总体水平。"这种实力由四个方面来体现,分别为:传播基础、国内传播、国际传播、传媒经济。其中,传播基础可用电话主线数、移动电话总数、邮局总数、互联网主机数四个指标来衡量;国内传播可用日报总数、收音机总数、电视机总数、互联网用户数四个指标来衡量;国际传播可用图书出口额、国际广播语言数、全球电视受众数、互联网站数来衡量;传媒经济可用广告额、观看电影人数来衡量。四个方面分别被赋予的权重是 0.1、0.4、0.4 和 0.1。依据这样的指标体系来计算,文章得出的一个主要结论是:"2000 年中国传媒实力居世界第二位,相当于美国的一半左右,超过了日本,并远远高于英国、印度和德国等国家。中国已成为一个名副其实的传媒大国。"①

这篇文章发表后,引起许多人的兴趣,也遭到不少人的质疑。其中最有代表性的当属黄旦、屠正锋发表的《也谈中国的传媒实力——评胡鞍钢、张晓群先生的〈中国传媒迅速崛起的实证分析〉》。这篇文章从"传媒实力"的概念界定、指标选取以及应该如何看待中国的"传媒实力"等方面对胡文做了辩驳②。其主要观点是:

其一,胡文对"传媒实力"的定义是"一个国家传媒体系渗透力和影响力的总和",所要解决的中心问题是"中国的传媒实力在世界上处于什么地位",而在实际的展开中,胡文却偏离了自己的界定,将衡量对象由渗透力和影响力转换成了"传媒体系"(硬件设施)的总和,也就是片面以"硬实力"来替代"软实力",从而陷入以"大"为"强"的话语逻辑,以此来衡量中国在国际上的传媒实力自然也就难以得出可靠的

---

① 胡鞍钢、张晓群:《中国传媒迅速崛起的实证分析》,《战略与管理》2004 年第 2 期。

② 黄旦、屠正锋:《也谈中国的传媒实力——评胡鞍钢、张晓群先生的〈中国传媒迅速崛起的实证分析〉》,《新闻记者》2006 年第 1 期。

结论。

其二,胡文在指标的选取方面也缺乏足够的依据和说服力。主要问题是:在涉及传播的终端接受设备时,只计算数量而不考虑传播的效率和接受的效果;没有考虑在国际文化贸易中占重要地位的故事片和电视节目版权交易和图书版权交易问题;以广告额作为衡量传媒经济的主要指标,可能适合中国的情况,却不一定适合国外媒体收入结构的现状。此外,这些指标的权重的赋予,也没有进行充分的论证。

其三,胡文对中国传媒实力进行衡量的另一致命的问题是,在计算传媒体系中元素的数量时只讲总数而不讲人均,从而导致结论严重偏离实际。最具代表性的是报纸的数量,中国 2000 年的日报总量已占世界第 4 位,而直到 2004 年中国的千人日报拥有量(75.86 份)与1996 年的世界平均水平(96 份)还有不小的一段距离。胡文另一个矛盾的结论就是,中国的传媒实力可排世界第二,而在国际传播中面对西方世界的"软打击"时却"几乎无力还击"。之所以出现结论与现实的严重不符,除了只讲总量不讲人均之外,把属于不同体制的传媒系统"硬塞到一个框架来比较"也是一个重要的原因。

喻国明、焦中栋所著《中国传媒软实力发展报告》也是采用综合国力的研究思路,并进一步推进了胡鞍纲等人的研究成果[①]。该书将传媒力量看成综合国力的构成要素,这种力量既有"硬实力"的属性,"这一属性主要表现在传媒的基础设施和产业功能上";更有"软实力"的属性,这种软实力,可以表述为传媒的"表达力、吸引力、影响力和竞争力"。基于这样的认识,作者采用"规模实力"与"水平实力"并重的思路,共使用 56 项指标,另有参考指标 18 项,对中国传媒的软实力(实际上即国际竞争力)进行了评价。这项评价的结果是,在全球 GDP 排名前 50 位的国家中,中国传媒的规模实力排名第 2 位,而水平实力则

---

① 喻国明、焦中栋:《中国传媒软实力发展报告》,同心出版社 2009 年版。

排名第40位。作者由此得出的三点结论是：中国传媒基础规模大，但水平一般；传媒产品进口大于出口，影响力一般；传媒实力发展快，前景可观。这项研究将"规模实力"和"水平实力"明确区分开并分别加以评价，这无疑富有启发意义。但也存在一些令人疑惑的地方，从作者所列的这些指标不难看出，用以评价"水平实力"的指标绝大多数仍然是市场份额，很难与"吸引力"、"影响力"等软实力的核心内容直接挂上钩。这一方面是受了定量统计分析的制约，另一方面也说明软实力确实是很难量化分析的。

此外，自2005年起至今，由崔保国教授主编、社会科学文献出版社出版的《传媒蓝皮书》系列，其中包含了对中国传媒产业的宏观扫描，这部分内容也可以看成是对中国传媒业综合竞争状况一年一度的梳理和总结。

国外在这方面的研究一般包含在对企业和产业的国际竞争力研究之中，最具代表性的是由世界经济论坛每年发布的《全球竞争力报告》，瑞士国际管理发展学院每年发布的《世界竞争力年鉴》，以及世界银行的国家竞争力数据库对各国竞争力的评价。这些大型的集体研究成果中，包含了不少对各国信息传播诸领域的评价内容。上述这些成果都为本书的进一步研究提供了必要的基础条件。

第三节　研究目标和研究方法

本书一方面要对信息传播国家竞争力做出充分的理论阐释，使其成为可以在国家与国家之间进行比较研究的对象；另一方面，要对中国信息传播竞争力的现实状况以及美国、日本、俄国、印度等其他几个国家的信息传播竞争力状况进行力所能及的调查研究，尽可能掌握已有的数据和资料，通过比较来确定中国信息传播在国际坐标系中的真实位置。在此基础上，再来深入探讨提升中国信息传播国家竞争力的战略及策略问题。

为使研究达到这样的预期目标,在研究内容和研究方法上都要做出相对明确的限定。

在研究内容方面,一是要超出过去将信息产业、新闻传播以及文化创意等领域割裂开来的做法,将研究视野和范围从单纯的传媒产业、信息产业扩展到大传播领域,从而将信息传播的产业性与传播性同时考虑进来,使信息传播真正成为一个综合性、整体性的概念,从而使信息传播国家竞争力成为衡量一国传播硬实力与软实力的综合实力的标准。二是根据本书所构建的信息传播国家竞争力的分析框架,同时也限于研究资源的可获得程度,不做类似于《全球竞争力报告》那样的综合大排名,只做几国之间传播要素竞争力的比较,从而使研究内容在保证综合性与整体性的前提下,又能体现具体性和可操作性。根据这样的原则,本书主要由以下几章的内容构成。

第一章“绪论”,阐述本书研究的理论意义和实践价值,对已有的部分重要研究成果进行简要回顾和评析,并对本书的研究目标、内容和方法做出说明。

第二章“信息传播国家竞争力的界定”,从剖析信息传播的内涵与外延入手,论述将研究视野和研究范围从传媒产业拓展到大信息传播的必要性和重要性,结合已有的国家竞争力理论和迈克尔·波特的“钻石模型”理论,构建了“生产力”、“传播力”和“影响力”三位一体的信息传播国家竞争力的理论分析框架。

第三章和第四章“中国信息传播的生产力分析”(上、下),首先着重以定量分析的方法对中美日俄印五国信息传播的生产要素、需求条件、相关产业和企业战略进行比较研究,在五国坐标中找出中国信息传播生产条件的优劣势,为进一步的分析提供基础。再从如何处理好全面发展与重点突破的关系、实施大公司战略和造就更坚实的信息传播基础等几个方面,具体阐述了提升中国信息传播生产力的战略和策略。

第五章"中国信息传播的传播力分析",以传播渠道为传播力的关键决定因素,比较了中美日俄印五国的渠道要素竞争力,论述了中国进行传播渠道建设的重要性和迫切性,并且提出了中国对外传播渠道建设的具体路径。

第六章"中国信息传播的影响力分析",以传播内容为影响力的关键决定因素,比较了中美日俄印五国的内容要素竞争力,论述了全球化语境中影响力与内容竞争的关系,指出中国应该面向全球竞争来调整自己的内容生产策略,重点讨论了全球传媒品牌塑造与内容产制之间的关系及其对中国提升信息传播影响力的重要意义。

最后一章"政府行为与信息传播国家竞争力",将信息传播的制度环境和制度创新作为其他各要素最重要的整合因素,同时将政府行为理解成传播制度的控制性力量,通过比较中国与西方发达国家在传播制度方面的异同,试图弄清中国进行传播制度创新的方向和路径。

在研究方法方面,本书将始终坚持理论联系实际的原则,努力做到实证调查与文献研究的有机结合、定性研究与定量研究的有机结合。

具体来说,首先要从经济学关于竞争力理论的阐述出发,结合已有的理论研究成果以及中国信息传播的实际状况,对信息传播国家竞争力的共性与个性特征进行梳理,从而构建起基本的理论分析模型,并据此展开后面的研究内容。其次是采用比较分析和历史分析的方法,通过采集中国以及美、日、俄、印等国家和地区的信息传播的可比较数据,进行定量统计分析,据此对中国信息传播竞争力的实际状况做出判断,再结合定性研究方法分析中国信息传播的优劣势,找出提升中国信息传播国家竞争力的相关对策。

□ 第二章　信息传播国家竞争力的界定

　　在本书中,"信息传播"是一个大信息、大传播的总体性概念,它的所指涵盖了人们通常所说的信息产业、文化产业、传媒产业以及新闻传播、文化传播等共通的含义。谈论一个国家的信息传播竞争力不能只谈新闻传播,也不能只谈信息产业,因为它们都各有侧重,无法从整体上反映一个国家的信息传播竞争力。本章将首先对信息传播的内涵及外延做出界定,在此基础上,借鉴已有的国际竞争力理论,提出一国信息传播国家竞争力的分析模型,从而为后面几章的研究提供理论基础。

第一节　信息传播的内涵与外延

　　信息传播的概念大于新闻传播,两者是包含与被包含的关系。信息传播除了传播新闻之外,还包括传播非新闻类的其他各种信息,如文化信息、商品信息和娱乐信息等。当今时代,新闻固然仍是非常重要的信息,但非新闻类的信息,尤其是各种文化信息和娱乐信息的传播,在人们的生活中所产生的影响越来越大。所以,讨论一个国家的信息传播竞争力不能再单纯地只强调新闻媒体的新闻信息传播,而必须把与信息传播相关的各主要方面都考虑进去。

　　信息产业是与信息传播紧密相关且需要重点讨论的一个概念。

　　国际上对信息产业的定义存在标准不太统一的情况。20 世纪末至 21 世纪初,"国际上比较有代表性的关于信息产业的定义和解释有三个,分别是由经济合作与发展组织(OECD)、美国商务部,以及美国、加拿大、墨西哥三国政府统计机构制定的"[①]。以下是三种定义各不相同的分类标准。

　　美国、加拿大、墨西哥三国 1997 年联合制定的《北美产业分类体系》(简称 NAICS),将信息产业划分为:出版业、电影和音像业、广播电视和电讯业、信息和数据处理服务业(包括新闻机构、图书馆、档案馆、网上信息服务、数据处理服务等)。这里所说的信息产业主要是指有关信息传播与服务的产业,重心在内容的生产、传播与服务。

　　经济合作与发展组织(OECD)1998 年制定的信息产业定义将其理解为信息和通讯技术业(ICT),它包括制造业和服务业两大部分。其中,制造业又具体分为:办公、会计和计算机器;绝缘线和电缆;电子管和显像管,及其他电子元器件;电视、无线电发射机,有线电话和电报设备;电视、无线电接收机,音像录放装置和相关制品;测量、检查、检验、导航和其他用途的工器具;工业加工控制设备。服务业又具体分为:机械、设备和物资的批发;办公机器和设备的出租;电讯;计算机和有关的活动。可见它基本上是指硬件和技术。

　　美国商务部 2000 年对信息产业的定义同样把信息产业理解为信息技术产业,包括硬件业(包括计算机、办公机器、电子元器件、测量和实验分析工器具的制造;计算机及其设备的批发和零售)、软件和服务业(包括计算机软件和服务;软件的批发和零售)、通讯设备制造业、通讯服务业四个组成部分。

　　2002 年,联合国统计委员会为《全部经济活动的国际标准产业分类》(ISIC/Rev. 3.1)制定了"信息业"和"信息与通讯技术"两个相关分

---

① 方宽、杨小刚:《对信息产业统计界定的思考》,《统计研究》2001 年第 11 期。

类。这两个相关分类就是以《北美产业分类体系》(NAICS)的"信息业"和 OECD 的"信息与通讯技术"为基础制定的①。而该委员会的信息产业归并分类表明,"至少在 2007 年之前,信息产业并未被作为一个独立的产业门类来进行统计"②。分类标准的不统一,造成各国所谓的信息产业之间无法进行直接的比较。

中国自 2007 年 3 月 21 日起正式施行的《电子信息产业统计工作管理办法》中指出:"电子信息产业,是指为了实现制作、加工、处理、传播或接收信息等功能或目的,利用电子技术和信息技术所从事的与电子信息产品相关的设备生产、硬件制造、系统集成、软件开发以及应用服务等作业过程的集合。"而"电子信息产品,包括电子雷达产品、电子通信产品、广播电视产品、计算机产品、家用电子产品、电子测量仪器产品、电子专用产品、电子元器件产品、电子应用产品、电子材料产品以及软件产品"③。

目前,国家统计局的统计标准所进行的国民经济行业分类中,G 类"信息传输、计算机服务和软件业"最贴近"电子信息产业"的内涵,但这部分内容既不能涵盖"信息产业"也不能涵盖"信息传播"的全部,与信息产业或信息传播相关的其他各项内容皆分散于各传统统计门类中。为一目了然,现将 G 大类"信息传输、计算机服务和软件业"的内容(略去了各部分中所列"不包括"的内容)列举如下:

60 电信和其他信息传输服务业

601 电信

指通过电缆、光缆、无线电波等传输的通信服务。或者说利

---

① 国家统计局设计管理司:《信息产业统计分类简介》,《中国统计》2004 年第 3 期。

② 方宽、杨小刚:《对信息产业统计界定的思考》,《统计研究》2001 年第 11 期。

③ 《中华人民共和国国务院公报》,2008 年第 2 期。

用有线、无线的电磁系统或者光电系统,传送、发射或者接收语音、文字、数据、图像以及其他形式的信息传输活动。

6011 固定电信服务

指固定电话等电信服务活动。

◇ 包括:

—固定网本地电话服务;

—固定网国内、国际、港澳台长途电话服务;

—固定电话网呼叫中心服务业务;

—固定电话网语音信箱业务;

—固定电话网可视电话会议服务业务;

—固定电话网其他服务。

6012 移动电信服务

指移动通信等电信服务活动。

◇ 包括:

—移动通信服务(含模拟移动通信业务、数字集群通讯业务、第二代数字蜂窝移动通信业务、第三代数字蜂窝移动通信服务等);

—无线寻呼服务(含单向无线寻呼服务、双向无线寻呼服务等);

—其他移动电信服务。

6019 其他电信服务

指其他未列明的电信服务活动(如互联网国际出口、网络通信、线路、服务器、注册等管理等)。

◇ 包括:

—互联网管理服务;

—数据、图像传送服务;

—其他未列明的电信服务。

602　6020　互联网信息服务

指网络公司通过互联网为客户提供信息的服务。

◇ 包括：

——专营各类网站的信息服务(含电子邮件、电子公告、文件传输、新闻、商业、娱乐、服务、搜索分类等信息)；

——数据库管理(数据库开发、数据收集、数据存储、数据库联机服务)；

——其他未列明的网络信息服务。

603　广播电视传输服务

6031　有线广播电视传输服务

指有线广播电视网和信号的传输服务活动。包括互联网广播电视服务。

◇ 包括：

——有线广播电视信号及数据广播信号传送、入户服务；

——有线广播电视网的设计、建设、安装、调试、测试服务；

——为有线广播电视用户提供维修、咨询等服务；

——有线广播电视网络维护、运行、监测、安全管理服务；

——互联网广播电视节目的传输、接入、咨询等服务；

——其他未列明的有线广播电视和网上广播电视服务。

6032　无线广播电视传输服务

指无线广播电视信号的传输服务活动。

◇ 包括：

——无线广播信号传送、覆盖服务(含中波、短波、调频发射台、发射塔、中继服务、微波站等)；

——无线电视信号传送、覆盖服务(含电视发射塔、发射台、微波中继站、接收天线等服务)；

——无线广播电视节目播出安全、质量、内容和覆盖效果监测服务；

——为无线广播电视用户提供咨询等服务；

——其他未列明的无线广播电视服务。

604 6040 卫星传输服务

指人造卫星的电信服务和广播电视传输服务。

◇ 包括：

——卫星通信服务；

——卫星国际专线服务；

——卫星广播电视信号的传输、覆盖与接收服务；

——卫星广播电视传输、覆盖、接收系统的设计、安装、调试、测试、监测等服务；

——其他声音、数据、文本、视听图像信号的卫星通信传输。

61 计算机服务业

611 6110 计算机系统服务

指提供计算机系统的设计、集成、安装等方面的服务。

◇ 包括：

——办公用计算机系统的设计、集成、安装、调试和管理；

——生产及其他专用计算机系统的设计、集成、安装、调试和管理；

——计算机机房的设计、安装、调试和管理；

——其他计算机系统的设计、集成、安装、调试和管理。

612 6120 数据处理

为用户提供数据的录入、加工、存贮等方面的服务，以及使用用户指定的软件加工数据，并将结果返回给用户的活动。

◇ 包括：

——为客户提供数据录入、处理、加工等服务的各类计算中心（站）、公司的活动；

——其他未列明的数据处理活动。

613 6130 计算机维修

指对计算机硬件及系统环境的维护和修理服务。

——对计算机系统进行维护；

——为计算机系统排除故障；

——计算机硬件维修。

62 软件业

指专门从事计算机软件的设计、程序编制、分析、测试、修改、咨询；为互联网和数据库提供软件设计与技术规范；为软件所支持的系统及环境提供咨询、协调和指导；为硬件嵌入式软件及系统提供咨询、设计、鉴定等活动。

621 公共软件服务

指为普通客户提供的软件服务。

6211 基础软件服务

指为一般计算机用户提供的软件设计、编制、分析及测试等服务。

◇ 包括：

——系统软件服务；

——数据库软件服务；

——网络管理软件服务；

——安全及防病毒软件服务；

——工具软件服务；

——数据库管理软件；

——通用软件：办公、图像处理、视听制作、游戏等软件；

——其他未列明的基础软件的服务。

6212 应用软件服务

指为专业领域使用计算机的用户提供软件服务，以及提供给最终用户的产品中的软件(嵌入式软件)服务。

◇ 包括:

——行业应用软件服务:财务、审计、税务、统计、金融、证券、通讯、能源、工业控制、交通等软件服务;

——语言处理软件服务:信息检索、文本处理、语音应用、词典、语料库、语言翻译等软件服务;

——嵌入式软件服务(含家电、手机、程控交换机、基站等);

——其他未列明的应用软件的服务。

629 其他软件服务

指为特定客户提供的软件服务,以及与软件有关的咨询等活动。

◇ 包括:

——为满足顾客特殊需要而提供的软件服务;

——软件的咨询活动;

——其他未列明的软件服务(如为软件提供售后培训等活动)。

不难看出,G 大类标准中主要包含了硬件、软件、技术等方面的内容,而信息传播过程中的内容制作部分则大多被排除在"包括"之外而列在"不包括"当中,也就是分散在其他产业门类中。

例如,有线广播节目的制作、播音、导播、播出等服务,以及有线电视节目的制作、主持、导播、播出等服务,便没有列在上述 6031 的"有线广播电视传输服务"中,而是被列入后面 8910 的"广播"部分和 8920 的"电视"部分。

此外,6343 的"图书批发",6344 的"报刊批发",6345 的"音像制品及电子出版物批发",被列入 H 大类的"批发和零售业"。而 7440 的"广告业",7491 的"会议及展览服务"等,则被列入 L 大类的"租赁和商务服务业"。

另一个与信息传播相关度很高的产业类别是 R 大类"文化、体育和娱乐业"。其中，又以 88 的"新闻出版业"、89 的"广播、电视、电影和音像业"的关联度为最高。兹将这两项的分类标准列举如下：

88　新闻出版业

881　8810　新闻业

◇ 包括：

——新华通讯社；

——各新闻单位派驻的记者站的活动；

——国外新闻机构驻中国境内办事处、联络处、中心等的活动。

882　出版业

指国家批准的出版社的活动。

8821　图书出版

◇ 包括：

——书籍出版；

——课本出版；

——其他读物出版（地图册、乐谱、挂图、盲文及其他小册子等特殊出版物）。

8822　报纸出版

◇ 包括：

——各类报纸出版。

8823　期刊出版

◇ 包括：

——各类期刊、杂志出版。

8824　音像制品出版

指以光盘、磁带等为介质的视听出版物的出版。包括各种音像出版社的活动。

◇ 包括：

—录音制品的出版；

—影像制品的出版。

8825　电子出版物出版

◇ 包括：

—各类电子出版物(图书、地图等)的出版。

89　广播、电视、电影和音像业

指对广播、电视、电影、录音、录像内容的制作、编导、主持、播出、放映等活动。不包括广播电视信号的传输和接收活动。

891　8910　广播

指广播节目的制作和播放等服务。包括互联网广播节目的制作、播放。

◇ 包括：

—广播节目的制作、编排、播音、播放等活动；

—为广播服务的广播节目制作中心；

—互联网广播节目的制作、编排、播音、播放、点播、交换服务；

—广播电台的其他辅助服务。

892　8920　电视

指电视节目制作和播放等服务。包括互联网电视节目的制作、播放。

◇ 包括：

—电视(含有线电视、卫星电视)节目的制作、编排、节目主持、播放、点播、交换等服务；

—电视台的专业影视制片中心的制作活动；

—为电视服务的电视节目制作中心的制作活动；

—互联网电视节目的制作、编排、节目主持、播放、点播、交换等服务；

——电视台的其他辅助活动。

893　电影

指电影的制作、发行和放映活动。

8931　电影制作与发行

指电影的制片、制作、监制、发行等活动。包括各类电影制片厂（公司）、电影制作中心、影片发行公司等。

◇ 包括：

——电影剧组编导、演出、摄影、音响、布景、道具、灯光等活动；

——电影后期制作活动；

——电影剧组的其他辅助活动；

——电影制片厂（公司）的其他活动；

——电影发行活动；

——其他未列明的电影制作与发行活动。

8932　电影放映

指专业电影院以及设在娱乐场所的独立（或相对独立）的电影放映场所的活动。

◇ 包括：

——电影院；

——各单位的礼堂；

——露天电影场；

——录像放映厅；

——其他电影放映场所。

894　8940　音像制作

指从事录音、摄像、录像等制作活动。其制品可以用于出版销售，可以作为广播、电影、电视广告，可以在其他宣传场合播放，或提供给广播电台播放，但不作为电视节目播放。包括音像公司,影像公司,唱片公司,独立的录音室、录音棚等的活动。

　　◇ 包括:

　　——影像节目的制作活动(将影视、歌曲、音乐等视频节目制作在录像带、光盘等介质上的活动);

　　——声音节目的制作活动(将影视、歌曲、音乐等音频节目制作在录音带、光盘等介质上的活动);

　　——专门为歌唱演员、器乐演员及其他演员提供录音合成的活动;

　　——专门制作 MTV 及卡拉 OK 节目的活动;

　　——其他未列明的音像制作活动。

　　——与照相和扩印有关的活动,列入 8280(摄影扩印服务)。

　　由此可以看到,中国官方并没有将信息产业或电子信息产业作为一个独立的产业门类加以统计。但对分散于各部分的指标进行综合后可以得出大致的结论,通常所说的信息产业主要包含了以下几个方面的内容:一是信息及相关设备的制造、销售和租赁;二是电信、广播电视、卫星通讯、网络等的信息传输;三是计算机和软件的信息技术;四是包括新闻出版、广播影视、音像、广告以及图书馆、会展等在内的"其他信息服务"。

　　文化产业、文化创意产业和传媒产业等也是常见的相互交叉的几个概念。2004 年 4 月 1 日,国家统计局发布了《文化及相关产业分类》,根据这个分类标准,文化产业包括:提供实物型文化产品和娱乐产品的活动,如书报出版、制作、发行等;文化服务和休闲娱乐服务,如广播电视、电影、文艺表演等;文化管理和研究,如文物和文化遗产保护、图书馆、文化社会团体活动等;提供文化娱乐产品和服务所必需的设备、材料的生产经营,如文具、印刷设备、广播电视设备、电影设备的生产经营等;与文化、娱乐相关的其他活动,如工艺美术、设计等。在这种分类体系中,新闻出版、广播影视等传媒产业的核心行业也被列为文化产业的核心层,而其他外围层和相关层的内涵也都与信息传播有着不同程度的关联性。在崔保国主编的《中国传媒产业发展报告》蓝皮书系列中,对"传媒产业"的分类是:报纸、图书、期刊、广播、电视、电影、音像、互联网、移动媒体、广告等。由北京市统计局公布的中国大陆地区第一个"文化创意产业"的分类标准是:文化艺术,新闻出版,广播、电视、电影,软件、网络及计算机服务,广告会展,艺术品交易,设计服务,旅游、休闲娱乐,其他辅助服务9个大类。可见,这几个概念之间大多具有交叉关系。

总之,本书所说的"信息传播"是一个大信息、大传播的总体性概念,它的所指包括人们通常所说的信息产业、文化(创意)产业、传媒产业、新闻传播、文化传播等概念共通的含义。在本书中,信息传播的概念大于信息产业或传媒产业。信息产业和传媒产业都被作为信息传播的基础条件来看待;除此之外,信息传播还要讨论信息内容传播的渠道、过程和效果。本书会将这些因素整合在一个相对系统的分析框架之中,使其在分析逻辑上成为一个相对统一的整体。

第二节 从产业研究向整体研究的拓展

对于信息传播国家竞争力这一特定命题来说,单纯的产业竞争的研究视角会带来两个明显的问题。

首先是研究范围和研究对象的以偏概全。这在信息产业或传媒产业的研究中都有所表现。先从信息产业来说,由于这是一个较新的产业划分的概念,世界各国在信息产业的统计分类方面存在标准不一的现象,所以要进行全面的信息产业国际竞争力的比较是一件非常困难的事情。如前所述,20世纪末至21世纪初,国际上比较有代表性的关于信息产业的分类标准有三个,分别是由美、加、墨三国1997年联

合制定的《北美产业分类体系》(简称 NAICS),由经济合作与发展组织
(OECD)1998 年制定的信息和通讯技术业分类标准(ICT),以及美国
商务部 2000 年制定的标准。其中,NAICS 理解的信息产业主要是指
有关信息传播与服务的产业,重心在内容的生产、传播与服务,而其他
两个分类体系都把信息产业定义为电子信息技术产业,核心是电子信
息的硬件、软件、技术和服务。在上述三个体系的基础上,中国国家统
计局统计司官员在 21 世纪初曾经提出过一个信息产业分类的框架,
该框架共包括"电子信息设备"、"电子信息传播"、"电子信息技术服
务"和"其他信息服务"四个部分①。从国家统计局目前正在施行的统
计标准所进行的国民经济行业分类来看,中国对"信息产业"的分类基
本沿用了这个框架,"信息产业"虽然没有作为一个独立的产业门类存
在,但 G 大类"信息传输、计算机服务和软件业"是相对独立的,它基本
贴近"电子信息产业"的内涵,与上述四个部分中的前三个部分相对
应,上述第四部分的内容即通常所说的传媒业,则分散于多个行业门
类之中。由此不难看到,狭义的"传媒产业"在整个信息产业中只占很
小的比重。正因为如此,研究信息产业的人,基本上都将研究范围和
研究对象圈定在电子信息产业上,对广播电视传输设施之外的新闻传
媒(特别是新闻出版)几乎忽略不计。与其相反,对于新闻学与传播学
研究者来说,研究传媒产业也一般不提电子信息产业,只关注上述第
四部分的内容。这种各执一端的做法,无疑不利于从整体上理解一个
国家的信息传播竞争力。

其次是研究着眼点和侧重点的以"硬"代"软"。目前,国内研究信
息产业国际竞争力的成果绝大多数是着眼于电子信息产业而言的。
中国自 2007 年 3 月 21 日起正式施行的《电子信息产业统计工作管理
办法》中指出:"电子信息产业,是指为了实现制作、加工、处理、传播或

---

① 方宽、杨小刚:《对信息产业统计界定的思考》,《统计研究》2001 年第 11 期。

接收信息等功能或目的,利用电子技术和信息技术所从事的与电子信息产品相关的设备生产、硬件制造、系统集成、软件开发以及应用服务等作业过程的集合。"①由此定义不难看出,电子信息产业的统计对象主要是电子信息设备、电子通信、计算机软件开发及服务等,它侧重的是所谓"硬实力",在其中几乎看不到什么"软实力"的影子。而在传媒产业国际竞争力的相关研究中,以"硬"代"软"或者重"硬"轻"软"的现象同样存在。2006—2007 年,在清华大学公共管理学院教授胡鞍钢与复旦大学新闻学院教授黄旦等人之间之所以会发生那场学术争论,其原因在于双方对作为综合国力组成部分的传媒实力的评价标准存在严重分歧②。后者认为,前者在文章中片面地以"硬实力"来替代"软实力",从而陷入以"大"为"强"的话语逻辑,这是得出中国传媒实力仅次于美国而高居日、英等发达资本主义国家之上的结论的主要原因。前者对此所做的回应同样强调了"软实力"的极端重要性,但也承认他们"设计的指标体系没有直接反映'影响力'的指标,如'传播效果'、'媒体公信力'等"。因此,他们用修正后的指标对中国传媒的综合实力进行测量的结果不但没有下降反而比先前有所提高③。可以说,这场争论的结果是双方在讨论的理论基础方面增加了共识,而在评价结果方面的分歧却更大了。

实际上,产业分析的视角本身并没有什么问题,无论探讨的是狭义的传媒产业还是广义的信息产业的国际竞争力,从这一角度来分析都是无可争议的。但传媒产业或信息产业的国际竞争力并不能代表一个国家信息传播的整体竞争力,它们只能反映该国信息传播的硬实

① 《中华人民共和国国务院公报》,2008 年第 2 期。
② 详情可参胡鞍钢、张晓群:《中国传媒迅速崛起的实证分析》,《战略与管理》2004 年第 3 期;黄旦、屠正锋:《也谈中国的传媒实力》,《新闻记者》2006 年第 1 期。
③ 胡鞍钢、张晓群:《国际视角下中国传媒实力的实证分析——兼与黄旦、屠正锋先生商榷》,《清华大学学报》(哲学社会科学版)2007 年第 3 期。

力,而并不能反映其软实力。喻国明、焦中栋在《中国传媒软实力发展报告》一书中所做的进一步研究,仍在一定程度上存在硬实力与软实力难以区分开来的问题。这提醒我们,硬实力比较容易进行量化分析,而软实力其实是很难进行量化处理的。

总之,无论是狭义的传媒产业还是广义的信息产业,都不能代表一国信息传播的全部,信息传播既需要有产业的硬实力作为坚强的基础和后盾,也需要内容传播的输送力、吸引力、渗透力和影响力也即软实力作为灵魂和核心。"信息传播"是一个大信息、大传播的总体性概念,它的所指应该涵盖人们通常所说的信息、文化、传媒等领域的产业基础属性的意涵,也应包括传播内容、传播渠道、传播方式、传播过程和传播效果等领域的非产业基础属性的意涵。一个国家的信息传播综合竞争力,是其综合国力的重要组成部分,是硬实力和软实力的有机结合。从"传媒(信息)产业"到"信息传播",不仅是简单的概念转换,也是研究对象的重新厘定,研究视野和研究范围的进一步扩展,其实质是将软实力真正放到与硬实力同等重要的位置来看待。

第三节 有关国际竞争力的理论

一、国际竞争力研究的几个层次

西方关于国际竞争力的研究从很早的时候就开始了,并且逐步形成了产品竞争力、企业竞争力、产业竞争力和国家竞争力四个不同的研究层次。这种区分主要取决于竞争力所从属的主体,弄清这些层次的差别对本书明确"信息传播国家竞争力"的特定内涵是非常必要的。

产品国际竞争力是指产品在国际市场上的持续竞争能力,是产品对顾客的超额使用价值和对企业的超额价值的有机结合。产品竞争力主要体现为三个方面:其一,是产品在上市之前所赋有的各种物理使用价值的竞争优势,如质量可靠、性能稳定、功能强大等;其二,是产品在市场上表现出来的市场价值竞争优势,如优惠的价格、优质的服务、独特的营销方式等;其三,是消费者对产品的感知价值,这部分价值会因消费群体、消费方式、消费数量的变化而变化。总之,产品竞争力可以用一个简单的公式表示为:产品竞争力=(物理使用价值×市场价值×客户感知价值)。进一步分析,不难发现这三部分内容都比较容易受短期因素的影响而发生波动,特别是科技革命日新月异的今天,产品生命周期被大大缩短,因此,研究产品竞争力时应主要考察一些短期的、个体的影响因素。

企业国际竞争力是指在竞争性国际市场中,一个企业比其竞争对手能够长期有效地向市场提供更好的产品或服务,并获得赢利和自身发展的综合素质。企业竞争力也主要表现在三个方面:第一,企业的产品竞争力;第二,企业为生产这些产品所拥有的资产竞争力,包括人力、物力、财力等;第三,企业在研发、生产、销售、管理等过程中所表现出来的过程竞争力。企业竞争力用公式可以表示为:企业竞争力=(产品竞争力×资产竞争力×过程竞争力)。企业竞争力最直接的表现就是产品竞争力,企业在其他方面的竞争都是围绕产品竞争而展开的,因此产品竞争力是企业竞争力的基础和核心。反过来,企业作为产品的生产者和经营者,其在科研、管理、营销等方面的能力又直接决定了产品竞争力的高低,是产品竞争力的有力保证。换句话说,企业要想在国际竞争中获胜,除了提升产品本身的竞争力之外,还必须努力提高企业自身的整体竞争力。

产业国际竞争力可以简述为一国产业或特定产业在国际市场上的持续竞争能力。我们所能观察到的产业国际竞争主要是产业内的企业之间的竞争,因此,企业竞争力是产业国际竞争力的基本表现形式和重要组成部分。但是,产业国际竞争力不等于产业内所有企业竞争力的简单相加,这不只是因为企业之间存在的有序或无序的竞争关系会影响到产业国际竞争力,而且还因为产业国际竞争力反映了除企业竞争力以外的其他方面的产业特性,如企业结构、企业集中度、产业政策等,这些因素本身就影响着产业国际竞争力的高低,它们同企业之间存在的作用力与反作用力同样会影响产业国际竞争力。另一方面,企业总是附属在一定的产业内,企业发展必然受到所属产业的方方面面的影响和制约,因此,产业竞争力又反过来影响着企业竞争力。此外,产业的生命周期要长于企业的生命周期,这主要是因为企业可以根据市场需求、竞争程度、产业发展等环境变化和自身发展趋势而迅速调整方向,甚至转移到其他产业发展,而相比之下,一个产业从诞生、发展、壮大、成熟到消亡却往往需要一个漫长的历史过程。因此,在研究产业国际竞争力时应该侧重于那些长期的、宏观的影响因素分析,尽量避免着眼于短期的、个体的因素对产业国际竞争力波动的影响。

国家竞争力是一个国家在市场经济竞争的环境和条件下,在与世界各国的竞争比较中,所能创造增加值和国民财富持续增长和发展的系统能力水平。世界经济论坛和瑞士洛桑国际管理开发学院对国家竞争力的研究最具有权威性和影响力,他们认为国家竞争力由八大因素组成:经济活力、工业效能、财政活力、人力资源、自然资源、对外经济活动能力、创新能力和国家干预。其中工业效能主要反映该国产业的国际竞争力,由此可见,产业国际竞争力只是国家竞争力的一个基本组成部分,国家竞争力更多地体现了国家为产业和企业发展所能提供的经济基础、金融服务、基础设施、国家政策以及国家战略决策能力,这些都是该国产业和企业参与国际竞争所必不可少的前提和基础,决定着产业和企业参与国际竞争的潜能。另一方面,一国增加值和国民财富的持续增长能力最终是由该国所有产业内的所有企业创造的,国家的生存和发展能力是以产业、企业的不断繁荣为基础的,所

以，产业国际竞争力和企业国际竞争力是构成国家竞争力的基础。^①

　　尽管近年来关于国家的国际竞争力的比较已成为一个十分热门的研究课题，但有的学者认为，在国家层次上谈论"国际竞争力"或使用"有竞争力的国家"的概念（Competitive Nation）是不适当的，因为国家的主要经济目标是为人民创造较高的并且不断提高的生活水平，而能否做到这一点，并不取决于含义不清的（国家的）"竞争力"（Competitiveness），而是取决于一国利用资源（劳动和资本）的生产率（Productivity）。况且，任何国家都只能是一些产业具有较强的国际竞争力，而另一些产业缺乏国际竞争力。在国家层次上，唯一有意义的竞争力概念只能是指国家的生产力……在他们看来，只有在产品、企业和产业的层次上研究国际竞争力才具有实际意义。不过，不少人还是试图对国家的国际竞争力概念进行定义。但是，无论怎样定义，国家的国际竞争力概念实际上仍然必须以工业品、企业和产业的国际竞争力为基础^②。由此可见，产业国际竞争力研究是将微观的产品和企业竞争力研究与宏观的国家竞争力研究连接起来的关键环节。

　　结合上节对信息传播内涵的阐述，本书所说的"信息传播国家竞争力"，其出发点是不仅要讨论静态的信息产业的竞争力，而且要讨论动态的信息传播的竞争力，其理论视野不仅限于中观的产业层面，而且要考虑国家层面综合的传播能力问题。但不可否认的是，这一论题的落脚点以及理论依据又不能不放在产业国际竞争力之上，这样建立起来的分析框架庶几能避免凌空蹈虚的缺陷。因此，在本书中，将会同时使用"国家竞争力"与"国际竞争力"这两个概念，前者一般适用于讨论国家综合竞争力的语境，后者一般适用于讨论产业、企业或产品层次的国际竞争力的语境中。

---

　　① 参王丽萍、李创、汤兵勇：《产业国际竞争力概念及分析模型研究》，《科技和产业》2006 年第 2 期。
　　② 金碚：《产业国际竞争力研究》，《经济研究》1996 年第 11 期。

二、产业竞争力：比较优势或竞争优势

产业国际竞争力研究的中心问题是对各国各产业竞争优势(Competitive Advantage)的比较。竞争优势和人们熟悉的比较优势(Comparative Advantage)的区别之一是，后者涉及的主要是各国间不同产业(或产品)之间的关系；而前者涉及的则主要是各国间的同一产业的关系，或者说是各国的同类产品或可替代产品间的关系[1]。一般认为，比较优势和竞争优势的原理都是产业国际竞争力重要的理论基础。

1. 比较优势原理

这一原理由古典经济学家大卫·李嘉图在 1817 年出版的《政治经济学和赋税原理》中提出，是对亚当·斯密绝对优势理论的继承和发展。它的基本含义是，在国际贸易中，一个国家应该出口那些它在生产率上最具有比较优势的产品或服务，进口那些它最不具有比较优势的产品或服务，这样它便能从中获利。20 世纪 30 年代，瑞典经济学家赫克歇尔和他的学生俄林在比较优势理论的基础上共同提出要素禀赋理论，他们认为，可以从生产要素比例和密集度出发，按要素丰裕度进行国际分工，资本丰裕的国家应该生产资本密集型产品，而劳动力丰裕的国家则应该生产劳动密集型产品。这两种理论虽表述有所不同，但实质是一致的，即强调各国应该按照劳动生产率或要素禀赋的差异来确立自己的比较优势。

2. 竞争优势原理

这一理论是由波特提出的，他认为，传统经济理论如比较优势理论、规模经济理论并不能说明产业竞争力的来源，因为在产业竞争中生产要素非但不再扮演决定性的角色，其价值也在快速消退中；规模经济理论有它的重要性，但该理论并没有回答我们关心的竞争优势问题。只有竞争优势才能解释产业竞争力的来源，所谓竞争优势，是指

---

[1]　金碚：《产业国际竞争力研究》，《经济研究》1996 年第 11 期。

各国或各地区相同产业在同一国际竞争环境下所表现出来的市场竞争能力。国家竞争优势的实质是企业和行业竞争优势问题,一个国家要在国际贸易中占据有利位置,就应该使本国的企业和相关行业确立自己的竞争优势,这种优势可用"钻石模型"来加以解释。

3. 两种理论的比较

比较优势与竞争优势都是在国家之间的竞争中表现出来的某种有利地位,它们之间既有区别又有密切的联系。区别在于,比较优势是通过强调同一国家不同产业间的差异性来体现的,而竞争优势则是通过强调不同国家同一产业间的差异性来体现的;前者强调的是各国产业发展的潜在可能性,后者强调的是各国产业发展的现实状态。"与区别相比,两者之间的联系更为重要:一国一旦发生对外经济关系,比较优势与竞争优势会同时发生作用;一国具有比较优势的产业往往易于形成较强的国际竞争优势;一国产业的比较优势要通过竞争优势才能体现。因此,比较优势是产业竞争力的基础性决定因素,而竞争优势是直接作用因素。比较优势是产业国际分工的基础,也是竞争优势形成的基础,但比较优势原理却不能直接用来解释产业竞争力水平的高低。"①

正是因为这个道理,"对于一个国家而言,在贸易的初期,比较优势的发挥是开展对外贸易的基础,因而是竞争优势的基础,竞争优势的取得需要根据经济环境和经济发展的情况循序渐进,选择已经取得比较优势的产品或者产业进一步拓展竞争优势要比培育完全没有竞争优势的产品或者产业更加可行,成本也更低。同时,比较优势也只有借助竞争优势的发挥,才能最终得以体现并且加以保持,倘若一国产业只是具有比较优势却不具备竞争优势,那么其比较优势也难以实

---

① 陶良虎、张道金:《产业竞争力理论体系的构建》,《光明日报》2006 年 2 月 7 日。

现"①。这对于我们分析中国信息传播的国际竞争问题具有重要的参考价值。由于新中国成立后信息传播领域长期处于与国际市场相隔离的状态,这种状态尽管在中国加入 WTO 后已有明显改变,但中国很难在如此短的时间内直接获得显著的竞争优势,因此应该努力从发挥比较优势开始,逐步寻找能够培育竞争优势的领域,最终使得两种优势进入相互促进、良性循环的状态。关于这个问题,本书第四章还将做相应的讨论。

第四节　波特的"钻石模型"及其启示

一、"钻石模型"的基本内涵

迈克尔·波特(Michael E. Porter)是美国哈佛大学工商管理学院教授,研究产业国际竞争力的著名学者,他通过对多国产业国际竞争的研究,总结出决定一国某特定产业是否具有国际竞争力的四大决定因素和两个变数,由此建构出"钻石模型"(或称"菱形模型")。②

四个决定性因素分别是:

生产要素——可分为初级生产要素和高级生产要素,前者是指天然资源、气候、地理位置、非技术工人、资金等,后者指现代通讯、信息、交通等基础设施,受过高等教育的人力资源、研究机构等。从另一角度,生产要素也可分为一般生产要素和专业生产要素。高级专业人才,专业研究机构,专用的软、硬件设施等被归入专业生产要素。高级生产要素和专业生产要素是一个国家通过生产要素建立产业竞争优势的根本保障,这两类生产要素的可获得性与精致程度也决定了竞争优势的质量。根据推测,资源丰富和劳动力便宜的国家应该发展劳动

---

① 姜伟:《比较优势理论与竞争优势理论的比较》,《现代经济》2007 年第 5 期。

② 本书对"钻石模型"理论的评介,依据皆为波特所著《国家竞争优势》,华夏出版社 2002 年版。

力密集的产业,但是这类产业对大幅度提高国民收入不会有大的突破,同时仅仅依赖初级生产要素是无法获得全球竞争力的。由此可见,在全球化的今天,对产业国际竞争力来说高级生产要素比初级生产要素具有更重要的意义。

需求条件——主要是本国市场的需求,包括量和质(需求结构、消费者的行为特点等)两个方面。本地客户的需求非常重要,特别是内行而挑剔的客户。假如本地客户对产品、服务的要求或挑剔程度在国际间数一数二,就会激发出该国企业的竞争优势。另一个重要方面是预期性需求。如果本地的顾客需求领先于其他国家,这也可以成为本地企业的一种优势,因为先进的产品需要前卫的需求来支持。国内需求市场是产业发展的动力。国内市场与国际市场的不同之处在于企业可以及时发现国内市场的客户需求,这是国外竞争对手所不及的,因此全球性的竞争并没有减少国内市场的重要性。

相关与辅助产业的状况——对形成国家竞争优势而言,相关和支持性产业与优势产业是一种休戚与共的关系。在产业发展中存在"产业集群"现象,就是一个优势产业不是单独存在的,它一定是同国内相关强势产业一同崛起。本国供应商是产业创新和升级过程中不可缺少的一环,这也是它最大的优点所在,因为产业要形成竞争优势,就不能缺少世界一流的供应商,也不能缺少上下游产业的密切合作关系。另一方面,有竞争力的本国产业通常会带动相关产业的竞争力。即使下游产业不在国际上竞争,但只要上游供应商具有国际竞争优势,对整个产业的影响仍然是正面的。

企业战略、结构和同业竞争——推进企业走向国际化竞争的动力很重要。这种动力可能来自国际需求的拉力,也可能来自本地竞争者的压力或市场的推力。创造与持续产业竞争优势的最大关联因素是国内市场强有力的竞争对手。与许多传统的观念相矛盾,在波特所研究的 10 个国家中,强有力的国内竞争对手普遍存在于具有国际竞争力的产业中。在国际竞争中,成功的产业必然先经过国内市场的搏斗,迫使其进行改进和创新,海外市场则是竞争力的延伸。而在政府的保护和补贴下,那些在国内没有竞争对手的"超级明星企业"通常并不具有国际竞争能力。

两个变数分别是:

政府——政府并不直接从事竞争,但它能提供企业竞争所需要的资源,创造产业发展的环境。政府可以创造新的机会和压力,政府直接投入的应该是企业无法行动的领域,也就是外部成本,如发展基础设施、开放资本渠道、培养信息整合能力等。从政府对四大要素的影响看,政府对需求的影响主要是政府采购,但是政府采购必须有严格的标准,扮演挑剔型的顾客(在美国,汽车安全法规就是从政府采购开始的);采购程序要有利于竞争和创新。在形成产业集群方面,政府并不能无中生有,但是可以强化它。政府在产业发展中最重要的角色莫过于保证国内市场处于活泼的竞争状态,制定竞争规范,避免托拉斯状态。政府只有扮演好自己的角色,才能成为扩大钻石体系的力量。

机会——机会是可遇而不可求的,对企业发展而言,形成机会的可能情况大致有几种:基础科技的发明创造;传统技术出现断层;外因导致生产成本突然提高(如石油危机);金融市场或汇率的重大变化;市场需求的剧增;政府的重大决策;战争。机会其实是双向的,它往往在新的竞争者获得优势的同时,使原有的竞争者优势丧失,只有能满足新需求的厂商才能有发展"机遇"。以上两个变数都可能使四大要素发生变化。

"钻石模型"为分析当代产业国际竞争提供了一个典型范式,成为产业国际竞争力研究者主要沿用的分析框架。国内外对产业国际竞争力的分析模型基本上都是在这一模型基础上的改进和创新。也有学者在承认其重要贡献的基础上,指出这一范式的非完善之处,主要是其对各国情况的差异性考虑不够。但不管怎么说,波特的"钻石模型"理论针对一般产业的国际竞争所提出的这种分析思路和框架,对于像中国这样的国家培育和发展信息传播的国家竞争优势仍具有重要的启迪意义。

二、"钻石模型"对中国的重要启示

波特的钻石模型理论虽然是针对一般产业的国际竞争力所提出的分析思路和框架,但它对研究国家竞争力也有重要的参考意义。如前所论,一国的信息传播不仅事关信息产业的国际竞争,而且与国家的综合实力密切相关。对于传媒产业而言尤其如此,因为它既关乎信息传播的产业基础部分,更是信息传播软实力的发动机,因此,下面侧重从传媒产业角度来谈钻石模型对中国的几点重要的启示。

通过对初级生产要素和高级生产要素、一般生产要素和专业生产要素进行区分,波特进一步指出,一个国家如果想通过生产要素建立起产业强大而又持久的优势,就必须发展高级生产要素和专业生产要素,这个国家的产业竞争优势的质量也取决于这两类生产要素的可获得性与精致程度。这使我们认识到,中国要培育和发展属于知识密集型产业的传媒产业的国际竞争力,必须特别重视高级要素和专业要素的作用,在专业人才培养、传媒理论研究、传媒企业战略规划、技术和资本积累等方面狠下工夫,并且要提前做好相应的准备。波特还指出:在实际竞争中,丰富的资源或廉价的成本因素往往造成没有效率的资源配置,而人工短缺、资源不足、地理气候条件恶劣等不利因素,反而会形成一股刺激产业创新的压力,促进企业竞争优势的持久升级。这就是说,如果发展思路得当,产业竞争优势可以从不利的生产要素中形成;相反,所谓"有利条件"反而会成为前进路上的绊脚石。这对中国传媒业来说也有很好的警示作用。中国是个人口大国,并且正在成长为一个经济大国,传媒业可资利用的信息资源、人力资源相当丰富,成本与西方发达国家相比也相当低廉,再加上传媒业对外开放的范围和程度非常有限,因此产业创新的动力和压力都不足,国际竞争的意识比较淡薄,产业发展水平在低层次上徘徊,这些都成了制约中国传媒产业提升国际竞争力的障碍,必须认真加以重视和克服。

在需求条件方面,波特没有因为强调国际竞争就忽视或降低对国内竞争的重要性的认识。他认为,这种重要性主要通过两个方面表现出来:一是顾客对产品和服务的要求可以促使企业提高产品和服务质量,从而激发其竞争优势;二是国内的预期性需求如果具有前卫性,则会成为产业发展的强劲动力。这给我们认识传媒业国际竞争及其与国内竞争的关系提供了一定的理论支持。首先,不应单方面讲国际竞争力,更不能以此削弱国内竞争的重要性。可以把传媒的国内竞争看成是国际竞争的一个基础,如果没有充分的国内竞争,没有在实战中脱颖而出的具有核心竞争力的传媒企业,将来我们的传媒业也就不可能在国际竞争中立得住脚。这就是为什么在评价传媒业国际竞争力的时候,应该同时将传媒业的国内竞争因素考虑在内的原因。其次,必须充分重视受众的因素,有志于进入国际传媒市场的传媒企业,要在国内竞争中善于识别受众的高端要求和前卫需求,创造条件加以满足,逐步培养起满足这些需求的能力。

波特认为,有国际竞争力的产业一般都不是孤立存在的,而是有其他产业作为先导或后盾的,这些相关产业的集合就是"产业集群"。"产业集群"现象说明,一个优势产业往往是同国内相关强势产业一同崛起的。因为有"产业集群"的存在,一个优势产业就可能获得世界一流供应商的支撑以及上下游产业的密切合作。如果采取集中资源配置,孤军深入地优先发展某一产业的政策,其结果很可能是既牺牲了其他行业,想发展的产业也无法一枝独秀。这使我们深刻地认识到,产业联动在一个产业培育国际竞争力的过程中非常重要。中国作为一个发展中国家,并且有着长期的计划经济传统,比较容易想到的产业政策就是集中力量办大事,也就是在政策干预之下集中资源发展某一产业,这在市场经济环境中被证明是有很大风险的。像传媒业这样的特殊产业,同样与其他产业有着诸多的关联,没有产业之间的联动,即使不存在政策上的障碍,要想孤军进入国际市场也是不可能取得好的竞争效果的。比较可行的策略是,先仔细梳理与传媒产业相关联的上下游产业,找出已在国际竞争中有一定优势的产业链条,研究其在国际竞争中与传媒产业进行互动的可能性、途径和方法,由此带动在国际竞争中作为弱势产业的传媒产业,在奠定了一定基础后再考虑传媒业对其他产业的反带动作用。

波特批判了国际型产业并不需要国内市场对手的观点,他认为,在国际竞争中,成功的产业必然先经过国内市场的洗礼,激烈的国内竞争是迫使一个产业进行改进和创新的压力和动力,海外市场则是国内竞争力的延伸,而在政府的保护和补贴下所形成的在国内没有竞争对手的"超级明星企业",通常并不具有真正的国际竞争能力。这对中国传媒业来说也是一个特别值得重视的观点。我们不能寄希望于在政策扶持下发展所谓专门的国际传媒集团,如果将来能有这样的传媒集团,它一定是先从国内竞争中脱颖而出,然后再走向国际市场的。

这也就涉及一个如何辩证看待政府干预和政策保护的问题。波特认为,政府只有做它该做的事情才能对产业形成竞争优势起正面作用,如果不适当地对产业加以保护,就会延缓产业竞争优势的形成,使企业停留在缺乏竞争的状态。这是在市场经济语境中,针对一般产业而言的。众所周知,中国传媒业并不是一个单纯的产业,在大多数情况下它还担负着意识形态宣传的功能;又由于政治制度的差异,中国传媒业长期处于与西方传媒业相隔离的状态,与之基本上没有面对面的市场竞争。因而,在国际产业竞争中,中国传媒业可以被看成是一个幼稚产业。在中国加入 WTO 时,中国对传媒业采取了特殊保护措施,应该说也是符合国际惯例的一种做法。但这并不能作为政府长期对传媒业采取特殊保护的一个借口,除非中国传媒业永远不需要到国际市场上去竞争,否则逐步减少不必要的保护,充分发展国内传媒市场竞争,让一些大型传媒集团脱颖而出是中国传媒业走出去的必由之路。

第五节 信息传播国家竞争力的分析框架

一、信息传播国家竞争力既是硬实力又是软实力

一个产业在国际上的竞争力其实质是一种"比较生产力",即某国或某区域的特定产业相对于他国或他区域的同一产业在生产效率、市场供给、获利水平等方面所体现出的竞争能力,也就是这一产业在国际竞争中所体现出来的竞争优势。这是产业国际竞争力的基本内涵。信息传播作为一种国家行为,其国际竞争力的基本内涵当然也不例外,这首先是通过其硬实力来体现的。然而,信息传播国际竞争力与一般产业国际竞争力的内涵又有着明显的区别,这就是:信息业生产和销售的既有物质产品又有内容产品,信息传播所传输的主要不是产品的物质属性,而是产品的思想、文化和意识形态属性。这就使得信息传播的国际竞争,不光是生产效率、市场供给、获利水平等有形的竞争,也是影响力和话语权等方面无形的竞争,后者是信息传播软实力的体现。正是由于这种"硬""软"兼具的特点,用"国家竞争力"来替代"国际竞争力"的表述显得更为妥帖。

信息传播国家竞争力之所以首先是一种硬实力,是因为它必须依赖一个实实在在的产业即信息产业,这个产业有其产业基础、产业规模、产业结构,其基础的强弱、规模的大小、结构的合理与否,与一国在国际信息贸易和信息流通中的竞争水平有着直接的关联性。换言之,一国传播要在国际上具有竞争力,就必须具备强大的信息产业基础、足够的信息产业规模以及相对合理的信息产业结构,这些因素在国际市场竞争中都会以硬实力的方式表现出来。

信息产品的生产和传播既是一种伴随着物质属性和物质形态的

行为,也是一种包含着思想沟通、情感交流的无形的过程。在国际贸易和交流中,信息产品和服务可以将一国的价值观、生活方式、文化习俗、政治理念等传播给他国,对他国产生影响。因此,信息传播国家竞争力不仅体现为有形的产业硬实力的竞争,同时也是无形的软实力的角力。喻国明等人在《中国传媒软实力发展报告》一书中将这种软实力表述为传媒的"表达力、吸引力、影响力和竞争力",它对社会发展的主要贡献不是经济学意义上的 GDP,而是"以模拟环境、设置议程、交流观点和舆论导向等形式出现的,其实力体现在对国内的动员力和国外的影响力"①。本书更愿意将它简化为一国信息内容对他国受众的影响力。

　　信息产品除进行一次生产和销售外,还可以进行二次甚至多次开发、生产和销售,支撑其二次或多次获利的因素便是思想、文化和知识等。这与其他物质类产品的重复生产或在专利权保护之下的独占生产是有很大不同的,一般物质产品也可能具有高知识或高技术含量,特别是如果具有专利保护,也可以进行多次生产,但这种生产无论是工艺流程还是产品的表现形式都是同质化的,而信息内容特别是新闻产品和文化产品的再生产却是一种创新性的劳动,实质是思想、观点、知识、文化等的再创造。这种再创造所获得的就不仅仅是与前次产品一样的市场价值,而是具有超出市场之外的影响力价值。这是作为一种软实力的信息传播国际竞争力的另一个独特性。美国分类专家约翰·墨菲(John Murphy)曾对信息和文化产品的生产和发布与货物生产和服务生产的不同特征进行过明确的区分。他认为:第一,与传统的货物不同,一种信息或文化产品,如在线报纸或电视节目,不需要切实的质量,也不需要与某种特殊形式相关联。如一部电影可以在电影

――――――――――

　　①　喻国明、焦中栋:《中国传媒软实力发展报告》,同心出版社 2009 年版,第 34～37 页。

院放映,可以在电视中播放,也可以通过视频点播或向音像店租用播放。第二,与传统的服务不同,这种产品的交付不需要通过供货商与消费者之间的直接接触。第三,对消费者来说,这些产品的价值存在于信息、教育、文化或娱乐的内容之中,而不是存在于它们发布的形式中。版权法保护这些作品不被非法复制。第四,信息和文化产品的无形资产的特性,使得它们生产和发布的过程与货物和服务完全不同。只有取得了对这些作品的授权才能复制、修改和发布这些作品。获得和使用这些权利常常涉及付费问题。另外,技术正在彻底改变着这些产品的发布,使通过广播或在线,以物理的形式发布这些产品成为可能。第五,信息和文化产品的发布者可以很容易地增加产品的价值。例如,广播电台在节目中插播的广告就不包括在原节目中。这里的广告收入并非来自作为最终消费者的听众,而是来自对原节目增加广告的特权[①]。不仅如此,信息产品中的新闻产品与其他文化产品的生产和发布相比,与国家政治及社会公共事务的关系要密切得多,因而也更具意识形态的色彩。大国之间的新闻竞争,其实远非简单的信息产业竞争,更是国家与国家之间意识形态话语权乃至世界范围内的文化领导权之争。

由此可见,信息传播国家竞争力既是一种硬实力,也是一种软实力,既需要具备坚实的信息产业基础,也需要超出物质之上的精神影响力。在评价信息传播国家竞争力时,应该同时考虑到这两大方面的因素。

二、信息传播国家竞争力的分析模型建构

"任何一个针对某种社会经济现象设计的指标评价体系,都建立在特定的理论模型基础之上。具有科学逻辑性的评价体系的建立,必

---

① 转引自方宽、杨小刚:《对信息产业统计界定的思考》,《统计研究》2001 年第 11 期。

须有一个具体指标所依赖的基本框架——对应于特定的研究对象而建立的理论解释系统。一个具有理论说服力的理论解释系统总是有其内在的逻辑结构,这种逻辑结构的高度概括就称之为理论模型。如果说基本框架是评价指标体系的骨骼,理论模型就是基本框架的灵魂,只有理论模型才能把众多评价指标组建成一个有机整体,形成真正意义上的评价体系。"①信息传播国家竞争力的分析模型是对信息传播的国际竞争乃至全球竞争进行分析的基本理论依据和大致框架。这一模型的建构也应遵循三个基本原则:全面性原则、实用性原则和可操作性原则。

所谓全面性原则,并非要对研究对象做面面俱到的研究,而是要从系统的角度看问题,各模型要素及其分解指标应该能涵盖信息传播国际竞争的各个主要方面。实用性原则就是要将解释力强的指标应用到分析当中,尽量不用或少用解释力弱的指标;分析结果应该能够对具体的工作实践有帮助和参照作用。可操作性原则就是各模型要素及其分解指标应该是能够被分析的,最好是能够被定量分析,不能定量分析的,也可以通过调查被定性分析。

此外,在中国的特定情境中,对信息传播国家竞争力分析模型的建构,既要照顾国际竞争的一般性,还要考虑中国信息传播在国际竞争中的阶段定位。根据波特对许多国家产业发展及其参与国际竞争的历史的研究,一国产业参与国际竞争的过程大致可分为四个阶段:第一阶段是要素驱动(Factor-driven),第二阶段是投资驱动(Invest-ment-driven),第三阶段是创新驱动(Innovation-driven),第四阶段是财富驱动(Wealth-driven)。这些阶段具有不同特征,在产业国际竞争的不同阶段,一国不同产业的国际竞争力及其决定因素会发生显著的变

① 祁述裕主编:《中国文化产业国际竞争力报告》,社会科学文献出版社 2004 年版,第 15 页。

化,整个国家的产业结构也会发生重大变化。就一般产业来说,从20世纪70年代至今,"中国产业参与国际竞争的发展过程大致经历四个阶段:资源竞争,产销竞争,资本实力竞争,技术创新竞争。目前,中国的多数产业处于从第一阶段向第二阶段过渡的时期,仅仅经过十几年,就有越来越多的产业进入国际竞争的第二阶段,随着经济开发的扩大和外国资本的大量进入,已有不少产业处于从第二阶段向第三阶段过渡的时期"①。进入21世纪后,已有更多的产业领域进入到第三阶段的竞争中。"认识产业国际竞争所处的阶段,对特定产业的国际竞争力研究具有重要的意义。因为,理论模型的构建、竞争力因素的选择以及各种因素权重的确定、竞争条件的研究等,都与特定产业国际竞争的发展阶段有直接关系。例如,在产业国际竞争的第一阶段,要素成本的高低特别重要;在第二阶段,企业规模、品牌和营销手段以及资金融通的重要性大大提高;在第三阶段,资本实力、资本运作(资本市场)、企业制度(产权运作)越来越具有战略意义;而在第四阶段,研究开发、人才竞争以至技术进步,成为更关键的因素。"②

由于中国信息传播长期以来处于相对封闭的状态,加入WTO后,虽然有信息技术的不少领域与国际竞争有了关联,但仍无法用国际竞争阶段的一般划分方法来与中国信息传播特别是新闻信息传播的情形相对应。从目前的实际情况来看,大致可认定中国信息传播所关乎的产业正处于非典型性的由第二阶段向第三阶段过渡的时期。因而,在信息传播竞争力要素的选择与权重的确定上,应对这两个阶段的相关方面有所侧重。

基于前面的论述,我们构建了以下信息传播国家竞争力的分析模型,如图2-1。

---

① 金碚:《产业国际竞争力研究》,《经济研究》1996年第11期。
② 金碚:《产业国际竞争力研究》,《经济研究》1996年第11期。

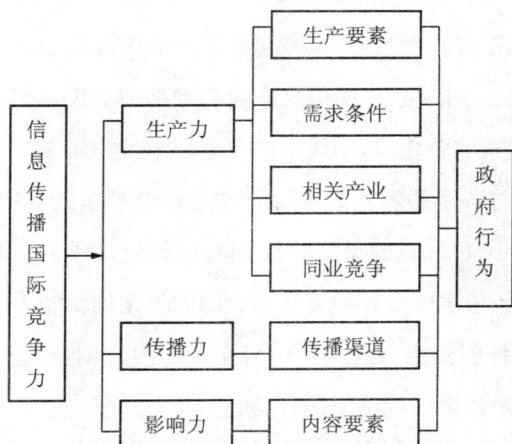

图 2－1 信息传播国家竞争力的分析模型

这一模型由生产力、传播力、影响力"三力"构成,共包括生产要素、需求条件、相关产业、同业竞争、传播渠道、内容要素、政府行为等七个要素。显然,在这七个要素中,有五个与钻石模型是基本一致的,与波特的模型相比,这里去掉了"机遇"要素,而增加了"传播渠道"和"内容要素"两个方面,这对充分揭示信息传播国际竞争的特质具有重要意义。如果说生产要素、需求条件、相关产业、同业竞争主要反映生产力的话,传播渠道和内容要素所分别反映的就主要是传播力和影响力,而政府行为则对其他六大要素都可能产生较为重要的影响。这七个要素相互影响、共同作用,一起构成国家信息传播的综合竞争力。以下对这些指标分别做一定的阐释。

1. 生产力

生产力反映一国信息生产的产业基础和竞争能力。根据产业国际竞争的理论,产业基础的强弱和竞争能力的高低,不仅可以通过生产要素和需求条件来判定,也可以通过相关产业和同业竞争的水平来衡量。

生产要素也可以称作信息产业资源,包括信息产业在生产过程中

47

可资利用的各类自然要素、知识要素和资本要素。根据波特的理论,在产业发展的不同阶段,各种生产要素对产业国际竞争力的贡献率是不断变化的。在现阶段,中国信息产业必须努力实现从低级生产要素向高级生产要素的转化,从一般生产要素向专业生产要素的转化。同时,必须重视对资源的利用效率,因为"在产业竞争的高级阶段,对资源的有效整合比对资源的单纯物质拥有显得更加重要",这就需要我们更加重视"竞争主体对各种可利用资源的优化创新能力"①。对信息产业来说,这种创新能力既包括信息企业的内部创新,也包括产业整体环境(特别是传媒制度环境)的创新。

需求条件可分为量和质两个方面。量的方面主要通过市场规模来体现。质的方面,又可以再细分为两个小的方面:一是市场需求的行为特征,二是预期需求的先进性。有效的市场需求可以促进产业较快地形成规模效应,拓展产业发展的增长幅度和发展空间。预期需求如果具有超前性和国际性,则可以促进产业在满足国内消费者需求的时候提前具备国际意识。

相关产业的发展水平会直接或间接地制约一个产业在国际竞争中的表现。信息产业的相关产业也很多,如金融、软件、包装、物流、机械设备制造、造纸等等,这些产业都可能与信息产业在某种程度上形成相互支撑或互为制约的关系。需要认真梳理的是,在现有的国际信息产业竞争环境中,中国哪些相关产业已与信息产业(特别是传媒产业)形成了实质性的产业集群关系?哪些产业有可能形成这种集群关系?然后在国家层面上进行有意识的引导或扶持。

同业竞争主要是针对国内一产业内部的竞争而言的,产业内部同类企业之间的竞争既受制于产业结构,也受制于企业本身的竞争战

---

① 王丽萍、李创、汤兵勇:《产业国际竞争力概念及分析模型研究》,《科技和产业》2006 年第 2 期。

略,因而波特在"钻石模型"中是将同业竞争与企业战略和产业结构放在一起来讲的。这里虽然将波特所说的三个方面简化成了一个方面,但实质上也隐含了波特所说的其他两个方面。同业竞争因素对信息产业国际竞争力的影响,主要是通过市场和竞争对手对企业形成的压力来体现的,这种竞争压力越大就越能促进其在产品生产和服务方面提高水平,与国际市场对接的能力就越高。

2. 传播力

传播力是指一个国家对外输送信息的能力,它是硬实力与软实力的结合体。作为一种硬实力,它必须有强大的信息产业基础作为后盾,并且通过有国际竞争力的大型媒体表现出这一点;作为一种软实力,它必须有对外信息传输的通道,将本国信息传送到国外目标受众那里。综合两者,可以用一国对外信息传播渠道的多少与强弱来衡量其信息传播力的高低。

传播渠道是用来衡量信息传播国际竞争力的一个特殊指标,其特殊性在于信息产品并非通过一般贸易即可完成从传到受的全部过程,这个过程必须通过一定的渠道才能完成。信息传播国际竞争的形式主要有两种:一种是在国际市场上买卖版权,另一种是卖方直接向买方提供产品和服务。前者需要借助买方的渠道才能完成内容的传受过程,后者则在大多数情况下要靠自己建立的渠道来实现传播,如电视频道或广播频率在国外落地,在国外建立自己的出版机构或内容生产基地等。没有传播渠道,再好的产品也无法形成实际的传播效果;传播渠道太弱,有再多的信息产品也无法形成真正的影响力。因此,传播渠道的多少和强弱,也是决定一个国家信息传播综合竞争力的关键因素。

3. 影响力

影响力是指一国信息传播的产品对国外市场的渗透力和占有率,以及产品的内容对国外接受者在心理、思想、情感和行为等方面产生作用的能力,它是一种典型的软实力。前者可称为国际市场影响力,后者可称为国际社会影响力。

国际市场影响力与国内市场影响力一样,主要是通过市场的规模来体现的,因为"规模决定着影响力的范围和边际。从某种意义上说,媒介的最大影响往往来自于'规模影响',因为适当的规模往往能更有效地利用组织内部的各种资源,实现可持续发展"①。国际社会影响力则与国内社会影响力有同有异,相同之处是这种影响力都对应于内容要素,其影响力的大小都是由传播内容的品质来决定的;不同之处是国内传播的内容更注重承载一国的主流价值观和特定的民族文化内涵,而国际传播的内容更注重普世价值观和能够进行跨文化交流的内涵。当然,国际社会影响力绝不仅仅是传播内容本身自发的一种力量,它的背后往往是一国的政治、经济、文化、军事等硬实力的支撑,是这些力量的象征。国际社会影响力通常是由国际话语权的大小来表现的,这种话语权一旦形成,就可以表现出超越硬实力的强大力量,对塑造国家形象起到无可比拟的作用。

在"三力"之外,还需要专门谈一谈政府行为这个要素。政府行为对产业国际竞争的作用主要是通过提供竞争资源和创造竞争环境表现出来的。一个国家对产业发展战略的判断决策能力,对产业资源的组织协调能力,对产业发展环境的培育能力,都深刻地影响着该国产业国际竞争力的水平。根据已有的研究结果,中国信息传播在硬实力方面已处于国际前列,但软实力却比较落后。从软实力角度来说,就涉及一个产业保护的问题。按国际惯例,国家可以运用行政手段直接或间接地干预竞争,保护和支持弱势产业的发展,包括:通过提供各种基础设施、金融服务、教育文化等间接地影响产业国际竞争;通过制定产业政策、实施宏观调控、进行组织协调和战略规划等行为直接地干

① 陆军:《试论传媒影响力的构成》,《传媒观察》2008 年第 11 期。

预产业国际竞争。但在保护弱势产业的过程中,要特别防止走入不适当保护的陷阱。可见,政府行为要素既对产业国际竞争力直接发生影响,也可以通过对其他因素产生影响而间接地影响产业国际竞争力,是诸要素中影响最为广泛的一个要素。

　　一般而言,上述各要素中属于硬实力的部分通常都可以量化考核,而软实力部分则需要通过定性和定量相结合的方法来进行分析。

□ 第三章 中国信息传播的生产力分析(上)

第一节 中美日俄印生产要素竞争力比较

生产要素是每个产业都拥有的"互通有无的根本",是产业发展的基本条件,也是产业"最上游的竞争条件"[①]。研究产业间的国际竞争力通常以生产要素为起点进行分析。

一、信息传播的生产要素分类

波特将生产要素按重要性分为初级生产要素(basic factor)和高级生产要素(advanced factor)。初级生产要素包括天然资源、气候、地理位置、非技术人工与半技术人工、融资等;高级生产要素则包括现代化通信的基础设施、高等教育人力(如电脑科学家和工程师)、各大学研究所等。又按照专业性将生产要素分为专业性生产要素和非专业性生产要素。高级的、专业性的生产要素可以建立起产业强大而持续的竞争优势,越精密的产业越需要这两类生产要素的支持,而"这两类生产要素的可获得性与精致程度也决定了竞争优势的质量以及竞争优

---

① [美]迈克尔·E.波特:《国家竞争优势》,李明轩、邱如美译,华夏出版社 2002年版,第70页。

52

势将继续升级或被赶上的命运"①。

在信息传播领域,生产者生产和传播的产品——信息虽然可以表现为新闻、电视节目、图书、电影等各种各样的物质形式,但与一般第一、第二产业的产出仍存在着巨大的差异。如果说农业、工业是国家"硬实力"的主要构成对象,那么,信息产品则是国家软实力的主要承载体。当今世界已经进入了一个全球化的时代,在文化与意识形态的全球竞争中,"国家软实力"发挥着日益重要的作用,因而信息产品生产与传播的重要性日益凸显出来。

"国家软实力主要体现在设定政治议程、制定国际规则、影响媒体传播、吸引大众关注等方面的影响力。"②在全球化时代,掌握传播工具、控制话语权、影响传播效果、制造热点或转移视线,成为国家软实力兴衰的主线,而国家软实力的强弱,则又与信息传播的竞争力水平息息相关。"冷战"结束后,随着"新经济"的发展,无论是在国际经济还是政治舞台上,各国信息传播竞争力日益得到重视,成为国家间竞争的战略性手段。

虽然信息传播竞争力是一种"软实力",但它仍具有"硬实力"的某种属性,也拥有任何一个产业都必须拥有的生产要素条件。所谓信息传播的生产要素,主要体现在信息传播的基础设施和产业功能上,即信息传播赖以产生影响的物质条件是"硬"的,它需要强大的硬件设施和网络支持。离开生产要素谈信息传播,如无源之水、无本之木,也便失去了形成竞争优势的基础和前提。

那么,在信息传播领域,发挥着基础作用的生产要素条件有哪些呢?

信息传播的生产要素,或者说信息传播的生产力基础,指的是信

---

① [美]迈克尔·E.波特:《国家竞争优势》,李明轩、邱如美译,华夏出版社 2002 年版,第 70 页。

② 国务院信息化工作办公室编:《国家信息化发展战略学习读本》,电子工业出版社 2007 年版,第 135 页。

息传播的物理介质、技术力量、传媒规模以及传播网络,即信息传播过程中从传播者到接受者之间生产、携带、传递信息的一系列的物质工具和技术手段。按照本书第二章中所阐释的理论框架,信息传播的生产要素又可以细分为基础设施、人力资源、资本资源、知识资源四部分。具体指标分类如下表:

表 3 - 1 信息传播生产要素分类指标

基础设施	电信基础	电话主线数
		移动电话用户数
		电话普及率
		长途光缆长度
		移动电话普及率
	传媒基础	日报总数
		广播电视台总数
		个人电脑拥有量
		互联网用户数
		宽带用户数
		互联网宽带传输速率
人力资源	从业人员	科学家/工程师的可获得性
		电信、媒介从业人员数量
资本资源	资金来源和金融市场	风险资本的可利用性
		金融市场的成熟度
知识资源	技术研发	研究与试验发展(R&D)经费支出
		最新技术的可获得性
		科学研究机构的质量

从信息传播的指标体系中可以看出,信息传播的生产要素是一种实实在在的力量,这种力量是一个国家参与国际竞争的重要依托,它不断改变着一个国家的实力和国际地位,影响着国与国之间的关系。高品质的生产要素是国家竞争力的根本性驱动因素,它不但是经济发

展的重要组成部分,同时也减少了社会发展水平的不平等,发展一个良好的传媒和通信基础设施网络能保证信息快速而自由地流通,是提高信息传播效率和进出口水平的先决条件;而技术和人力资源的差异则在很大程度上解释了生产力的变化情况;对生产力影响最大的是商业投资,因此需要一个成熟的金融市场,使信息传播行业中的企业能够通过正规、高效的渠道获得企业活动所需的资金。

从生产要素的角度看,中国的信息传播业起步较晚,但发展迅速,尤其是信息网络方面,已经成为支撑经济社会发展的重要基础设施,也培养了一批高质量的电子信息企业和传媒集团,拥有了一些自主研发的高新技术产品,但是与西方发达国家相比,中国的信息传播基础设施水平还不算高,人均占有量小,资本市场发展不成熟,人力资源的利用仍有瓶颈,而信息与传播技术的应用水平也落后于实际需求,核心技术和关键装备主要依赖进口,以企业为主体的创新体系依然亟待完善,这些都导致了中国与发达资本主义国家的"数字鸿沟"。在文化与意识形态国际竞争日益激烈的时代,如何稳步提高信息传播生产力要素的竞争力,仍然是中国在全球化进程中的艰巨任务。

二、信息传播基础设施的比较

1. 电信基础

表 3-2 每百人拥有移动电话数对比(单位:部)①

年份	中国	美国	日本	俄罗斯	印度
2005	29.9	71.4	75.3	83.6	8.2
2006	34.8	80.3	79.3	105.7	14.8

---

① 数据来源:[美]迈克尔·E.波特等:《2005—2006 全球竞争力报告》,杨世伟等译,经济管理出版社 2006 年版;[美]迈克尔·E.波特等:《2007—2008 全球竞争力报告》,杨世伟等译,经济管理出版社 2009 年版;Klaus Schwab Etc., World Economic Forum:*The global competitiveness report 2009-2010*,来源:http://www.docin.com/p-288671321.html。

年份	中国	美国	日本	俄罗斯	印度
2008	47.4	87.6	86.3	132.2	29.2
2009	47.95	86.8	86.7	141.1	29.4
2010	64.0	89.9	95.4	166.3	61.4

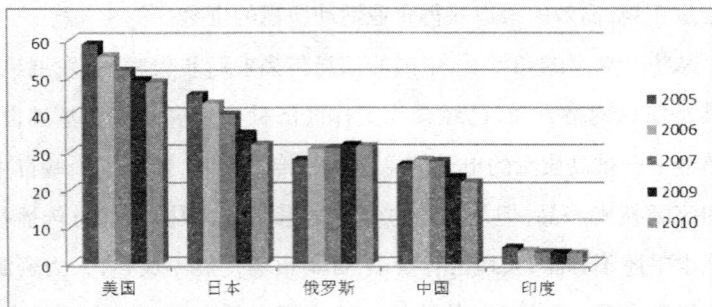

图 3-1　每百人拥有固定电话主机数(单位:部)①

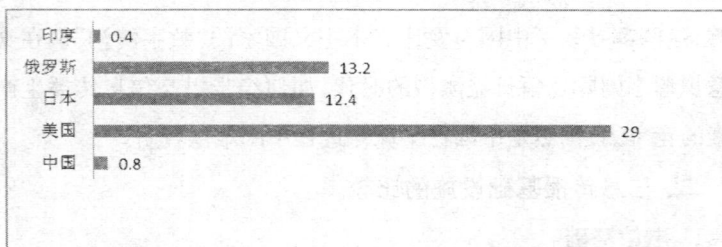

图 3-2　国际互联网宽带传输速率对比(2010 年)(单位:Mb/s)②

---

① 数据来源:[美]迈克尔·E. 波特等:《2005—2006 全球竞争力报告》,杨世伟等译,经济管理出版社 2006 年版;[美]迈克尔·E. 波特等:《2007—2008 全球竞争力报告》,杨世伟等译,经济管理出版社 2009 年版;Klaus Schwab Etc. , World Economic Forum:*The global competitiveness report 2009-2010*,来源:http://www. docin. com/p-288671321. html。

② Klaus Schwab Etc. , World Economic Forum:*The global competitiveness report 2010-2011*,来源:http://www. weforum. org/issues/global-competitiveness。

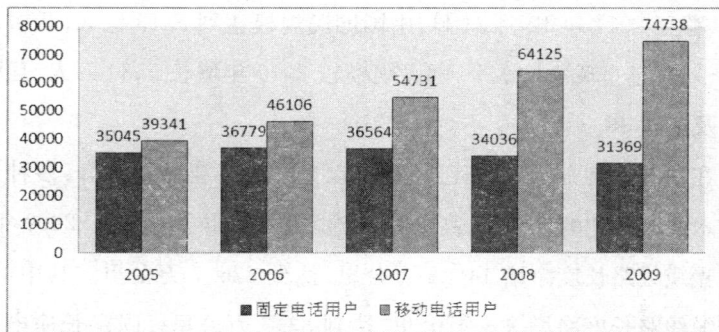

图 3-3　2005—2009 年中国电话用户数(单位:万户)①

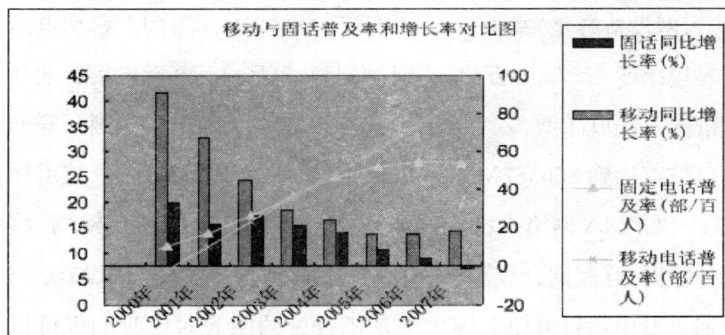

图 3-4　中国移动与固话普及率和增长率对比图(2000—2007 年,
　　　　单位:部/百人)②

　　根据以上 5 个图表所示,从电信基础设施的总量来看,经过多年
建设,中国的电话用户、网络规模已经位居全球第一,广播电视网络基
本上覆盖了全国所有的行政村。据统计,截至 2011 年 12 月,我国的
固定电话用户总数接近 3 亿大关;而早在 2001 年 11 月,我国的移动电
话用户突破 1 亿户,成为全球移动电话用户最多的国家,截至 2011 年
12 月,我国移动电话用户突破 9 亿大关③;而互联网的发展更是突飞

----

① 新华社:《2005—2009 年末中国电话用户数》,来源:http://www.jmnews.
com.cn。
② 国联证券公司:《研究日报》,2008 年第 249 期。
③ 中商情报网:《2011 年中国电话用户净增 11802 万户》,来源:http://big5.ask-
ci.com/news/201203/09/142822_43.shtml。

猛进,截至 2011 年 12 月 31 日,中国网民规模达到 5.13 亿人,跃居世界第一,超过全球平均水平,网民规模较 2010 年增长 5580 万人,互联网普及率达 38.3%[①]。

在基础网络方面,中国已形成了以光缆为主要传播媒介,多种传送技术共同构建的大容量、高带宽、高质量的基础网络平台。2009 年,全国光缆线路长度净增 148.8 万公里,达到 826.7 万公里。其中,长途光缆线路长度净增 3.9 万公里,达到 83.7 万公里。固定长途电话交换机容量净增 15.1 万路端,达到 1705.9 万路端;局用交换机容量(含接入网设备容量)减少 1643.8 万门,为 49219.4 万门。移动电话交换机容量净增 27579.9 万户,达到 142111.2 万户。基础电信企业互联网宽带接入端口净增 2702.0 万个,达到 13592.4 万个。全国互联网国际出口带宽达到 866367Mbps,中国拥有自主知识产权的 3G 技术标准的 TD—SCDMA 网络也已经开通[②]。光纤传输网、固话传输网、移动通信传输网、互联网,已经成为中国当代最重要的信息基础设施。

通过对中美日俄印五国电信基础设施的图表对比我们也可以发现,虽然总量惊人,但是从基础设施的普及状况看,中国在这些电信基础设施的拥有方面与发达国家仍存在较大差距,与俄罗斯基本持平,但远远超过印度。据统计,早在 2003 年,日本、美国、欧洲等国家和地区已铺设了几亿公里的光缆,并且每年还以 5% 左右的速度在增长,即每年光缆增铺 3000 万至 4000 万公里;而俄罗斯、印度等国家一年光缆的建设长度仅为 300 万至 500 万公里。[③]

早在 2003 年 10 月,美国家庭电脑普及率就已达 61.8%,并且在

---

① CNNIC:《第 29 次中国互联网发展状况统计报告》,来源:http://tech.qq.com/zt2012/CNNIC29/。
② 国务院信息化工作办公室编:《国家信息化发展战略学习读本》,电子工业出版社 2007 年版,第 28 页。
③ 《中国光电子产业步入理性发展期》,《经济参考报》2004 年 1 月 24 日。

这些拥有电脑的家庭中,接入互联网的比例高达87.6%[1],而2005年中国城镇居民家庭家用电脑拥有率为41.5%,农村居民家庭的电脑普及率仅为2.1%。截至2009年,美国网民人数2.27亿人,占美国总人口数的75%[2],经过数年的发展,中国互联网用户数量发展很快,到2009年已达3.84亿,但占总人口数的比重仍不太高,仅为29.5%[3]。这说明,中国在新媒体的普及率方面仍然明显落后于西方发达国家。

2. 传媒基础

(1) 美国:遥遥领先

美国,是当之无愧的信息传播业大国,被媒体公认为全球传媒的领导者,拥有默多克新闻集团、哥伦比亚广播公司、好莱坞、百老汇、谷歌等传媒巨头,其产业基础也在数量和质量上领先于世界其他国家。在美国,信息传播业由九大产业主体组成:电视、广播、报业、电影、音像、杂志、图书、互联网和通讯社。这九大产业为美国创造了信息传播强大的产业基础,在影响全球舆论环境、经济发展和政治格局方面可谓叱咤风云,发挥着举足轻重的作用。截至2009年,美国的日报总数为2344种,日报的期发行量为4928万份,每千人日报拥有量为164.2份[4];广播电视方面,美国拥有各种电台13476座,收音机5.2亿台(平均每人2台),各种类型的电视台、站13019座,大大超过了世界其他国家,同时在208个电视市场拥有数字式电视台1307座;而在全球发行量位列前十的综合性杂志中,美国占了4个,并且读者数都在900

① National Telecommunications and Information Administration: A Nation Online:Entering the Broadband Age, 2004. http://www. ntia. doc. gov/report/2004 /nation-online-entering-broadband-age.

② 崔保国主编:《2010年中国传媒产业发展报告》,社会科学出版社2010年版,第457页。

③ 根据中国互联网络信息中心《中国互联网络发展状况统计报告(2010年1月)》数据整理而成。

④ 崔保国主编:《2010年中国传媒产业发展报告》,社会科学出版社2010年版,第457页。

万人以上。而美国发达的电影和音像产业更使其成为举世闻名的"梦工厂",好莱坞的电影在全球150多个国家和地区上映,成为全球音像制品的主要提供者①。

(2)日本:体系庞大

日本信息传播产业的基础庞大,头绪纷杂,但仔细分析就会发现,其主要由报业的五大报系、广播电视业的五大电视网和日本广播协会(NHK)、出版业的几家大型出版集团以及通讯网络新媒体共同组成,集中度很高。

统计数据显示,日本的日报报社只有120多家,但日报发行总量却达到了7081万份,其集约化程度之高,在全球报业中实属罕见。除了五大全国性报纸外,中小城市的地方报业市场基本上保持了一城一报的格局。

日本的收音机产量排名虽然在美国、中国、俄罗斯之后,但电视却排名全球第三,可算得上是顶尖的广电大国。日本广播协会(NHK)和日本电视网(NTV)、富士电视台(FUJITV)、东京广播公司(TBS)、朝日电视台(TV ASAHI)、东京电视台(TV TOKYO)组成了全国性的电视网,并在地方开设分局,全国电视覆盖率达到100%②。在互联网方面,根据日本总务省2009年1月发布的报告,目前日本互联网用户达9091万,人口普及率达75.3%,宽带网络已进入以光纤为主的时代③。

(3)印度:不断壮大

虽然印度是一个发展中国家,但它却是亚洲传媒业较为发达的国家之一,无论是报社和出版社的数量,还是其出版发行物的种类和数量,都位居世界前列。2005年,印度的报社总数为4.38万家,其中私

---

① 数据参考了明安香著《美国:超级传媒帝国》,社会科学文献出版社2005年版。

② 数据参考了明安香主编的《全球传播格局》,社会科学文献出版社2006年版。

③ 《日本互联网用户突破9000万,普及率达75%》,来源:http://tech.163.com/09/0410/07/56H6TB5G000915BF.html。

营报社多达 3.98 万家,出版社总数为 1.13 万家,其中私营的达 1.1 万家,报纸的种类多达 5.2 万种。即使在全球报业遭遇金融危机沉重打击的 2008 年,全国报纸的数量增速不减,达到了创纪录的 6 万种,发行量突破 1 亿份,读者数量达 2 亿人①。

2005 年,印度收音机的普及率为 37.7%,覆盖率达到 100%,有 198 家国营电台,16 家私营电台,以及 10 多家教育机关的调频立体声广播,电视机的普及率为 11.8%,地面电视台总数为 51 家,卫星频道总数已达百余个,电视收视用户 8000 万,有线电视收视用户达 5200 万,位居世界第三。②

据统计,从 2004 年以来,印度传媒业连年以超过 18% 的速度增长,2007 年和 2008 年均达到 20% 的年增长率,其中报纸、电视稳定居于行业前两名的位置,分别占媒体总营业收入的 48% 和 38%。

除了报纸、电视的不错表现之外,印度传媒业也得益于电影制作基地——宝莱坞的誉满全球,最令世界瞩目的,是其电影工业创造的巨大市场。从 20 世纪 90 年代起,印度政府不断加大对电影产业基础设施的建设,包括增加影院数目,将电影业从第二产业门类列为一等产业等,从大城市兴建的多厅化影城到乡村的流动影院,宝莱坞电影都拥有巨大的观众群,每年 30 亿观影人次创造着 10 亿英镑的票房。进入 2000 年以后,宝莱坞的年增长率达到 15%,是印度国内生产总值(GDP)年增长率的 3 倍。2001 年 4 月,印度工业发展银行成为首家进行电影业融资的银行,它贷款 1350 亿美元给 14 个宝莱坞制片商,至今没有受到任何损失。可以说,宝莱坞带来了印度电影产业的奇迹,成为印度电影的代名词,甚至成为印度文化的象征,是印度传媒产业

---

① 《经济危机冲击各国报业 印度报业:痛并快乐着》,来源:http://www.medialeader.com.cn/media/200906/20090625093545_33581.html。

② 《经济危机冲击各国报业 印度报业:痛并快乐着》,来源:http://www.medialeader.com.cn/media/200906/20090625093545_33581.html。

发展壮大的一剂"强心针"。

（4）俄罗斯：相对稳定

根据世界报业协会公布的数据，截至 2002 年，俄罗斯共有各类日报 436 家，各种非日报类报纸 3578 家，免费日报 3 家，免费非日报 2779 家，总计各类报纸约 7850 家；出版社 1.5 万～1.7 万家，广播和电视台上千座[①]，基本保持着相对稳定的发展态势。

（5）中国："基因"强大

正如表 3-3 所显示的那样，几乎所有业内人士都承认，中国拥有全球最大的媒体消费市场。

表 3-3　中国与他国媒体消费市场对比[②]

	全球排名	比 较
电视用户	NO.1	是美国的 3 倍
有线电视用户	NO.1	占全球的三分之一
报纸发行量	NO.1	比印度高出 20%
互联网用户	NO.1	2008 年上半年开始超越美国

根据摩根士丹利的统计，2007 年中国拥有 2000 多份报纸和 9500 份杂志，比美国多出 50%；拥有 3000 多个电视频道，远远多于美、日、俄、印四国。2006 年，全国有广播电台 267 座，电视台 200 座，教育台 46 个。全国有线电视用户 13862 万户，209 个城市开展有线数字电视业务，用户 1262 万户，年末广播综合人口覆盖率 95.0%，电视综合人口覆盖率 0.2%，2006 年全国出版各类报纸 416 亿份，各类期刊 30 亿册，图书 62 亿册。[③]

---

① 李玮:《俄罗斯传媒的现状和发展趋势》，来源：http://www.media.tsinghua.edu.cn/2009/0703/304.html.

② 摩根士丹利研究所:《2008 中国新传媒市场研究报告》，来源：http://wenku.baidu.com/view/a08891ece00958/b6bd9ebd3.html.

③ 摩根士丹利研究所:《2008 中国新传媒市场研究报告》，来源：http://wenku.baidu.com/view/a08891ece00958/b6bd9ebd3.html.

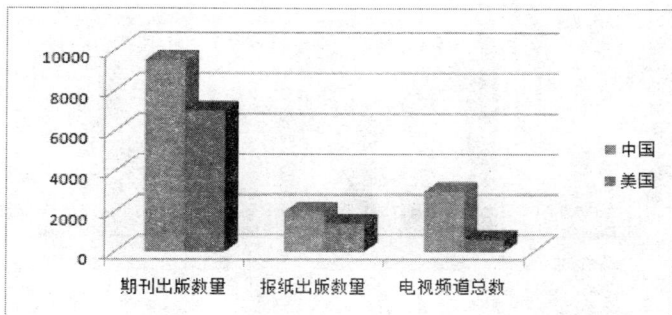

图 3-5　中美期刊出版、报纸出版、电视频道数对比[1]

由此可见，与电信基础领域相似——在信息传播的传媒基础领域，中国以庞大的总量获得了强大的"基因"，尤其是在全球化的时代，无论是报纸、广播电视，还是互联网行业，中国都以惊人的速度在发展着，不仅赶超美日，并且大大超越俄罗斯和印度，成为全球最具成长潜质的国家之一。然而，与美国、日本等发达国家相比，中国传媒基础在人均占有量方面仍然落后。例如，宽带网传输速率方面，根据美国互联网流量监测机构 Ookla 公布的最新数据，日本为 20.29Mbps，美国为 10.16Mbps，而中国仅有 1.28Mbps，大大低于美国、日本、韩国等网络发达国家；而中国虽然在报纸总量、电视用户总量等方面有一定优势，但由于中国庞大的人口基数，报纸、广播电视、期刊的人均拥有量反而要远远落后于美国和日本。而对于近年来呈爆炸式增长的互联网行业而言，中国虽然在宏观总量上取得了不错的发展，若论人均指标，同样低于发达国家。如以下三图(图 3-6、3-7、3-8)所示，在个人电脑普及率、互联网用户普及率、宽带用户普及率方面，美国和日本遥遥领先，中国与俄罗斯大致相当，印度的各项指标最低。

三、人力资源的比较

信息传播业属于需要高级生产要素和专业性生产要素的产业，需

---

① 摩根士丹利研究所：《2008 中国新传媒市场研究报告》，来源：http://wenku.baidu.com/view/a08891ece00958/b6bd9ebd3.html。

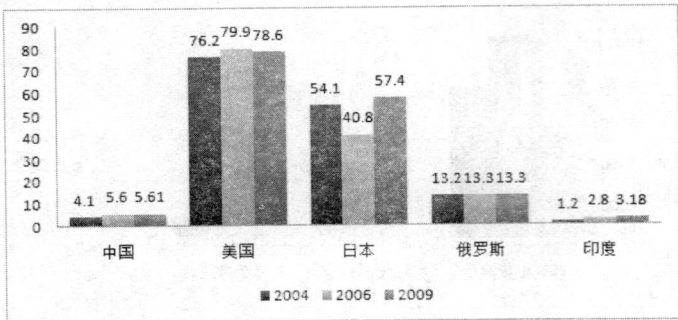

图 3-6   每百人中拥有的个人电脑数(单位:台)①

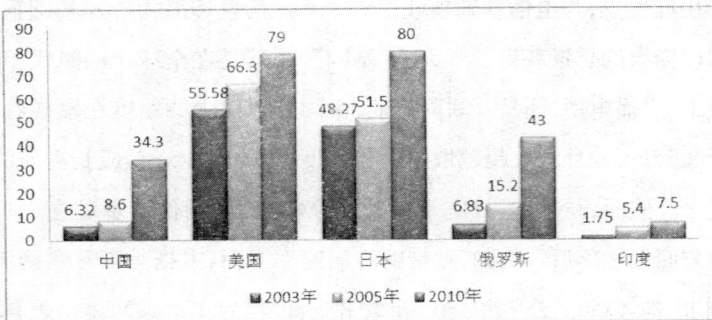

图 3-7   每百人中互联网用户数

要熟业务、懂技术、善协调的复合型高素质人才。本书将信息传播的
人力资源要素分解为两类:科学家、工程师和电信、媒体从业人员。其
中,由于难以获得近年来信息传播行业科学家和工程师的确切数量,
笔者参考了《全球竞争力报告》中关于企业家和工程师的可获得性的
统计指标,而电信、媒体从业人员数量则通过对 World Development

----

①   图 3-6、3-7、3-8 的数据来源:[德]彼德·K.康纳利斯等:《世界经济论坛
2002—2003 全球竞争力报告》,机械工业出版社 2003 年版;[美]迈克尔·E. 波特等
著:《2005—2006 全球竞争力报告》,杨世伟等译,经济管理出版社 2006 年版;[美]迈克
尔·E. 波特等著:《2007—2008 全球竞争力报告》,杨世伟等译,经济管理出版社 2009
年版;Klaus Schwab Etc. , *World Economic Forum*:*The global competitiveness report
2009—2010*,来源:http://www. docin. com/p-288671321. html。

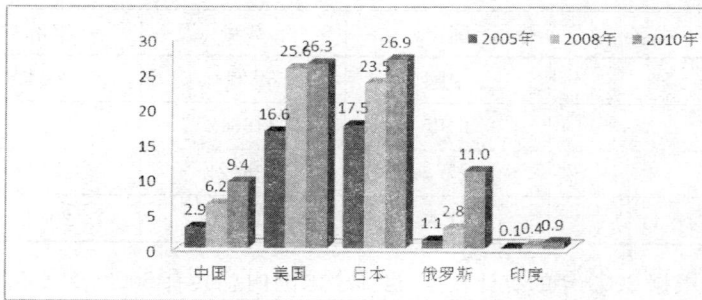

图 3-8　每百人中使用宽带网的人数

Indicators Database 中的数据统计获得。指标对比如下：

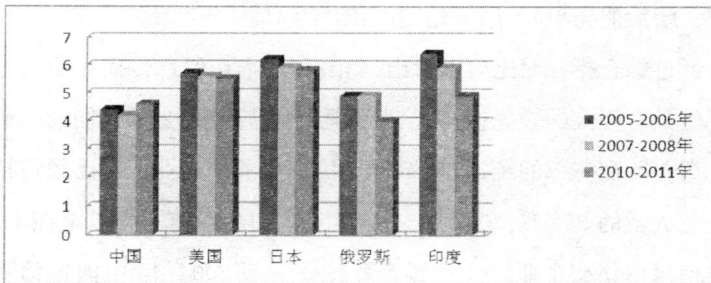

图 3-9　科学家和工程师的可获得性①

表 3-4　电信从业人员数对比(全职)②

排名	国家	数量	年份
1	美国	1042300	2004

---

①　[美]迈克尔・E. 波特等：《2005—2006 全球竞争力报告》，杨世伟等译，经济管理出版社 2006 年版；[美]迈克尔・E. 波特等：《2007—2008 全球竞争力报告》，杨世伟等译，经济管理出版社 2009 年版；Klaus Schwab Etc. , *World Economic Forum: The global competitiveness report 2009 - 2010*, 来源：http://www. docin. com/p - 288671321. html。(指标说明：科学家和工程师 1＝不存在或很稀少；7＝可以广泛地获得)

②　参喻国明、焦中栋：《中国传媒软实力发展报告》，同心出版社 2009 年版，第 213 页。

续　表

排名	国家	数量	年份
2	中国	697000	2004
3	印度	416642	2001
4	俄罗斯	336021	2004
11	日本	114440	2003

　　根据 2009 年的统计数据,目前中国国内总共有 5000 多家新闻媒体,媒体从业人员已达百万,加上网络编辑,约共有从业人员 375 万人①。相比较而言,早在 2001 年,美国的信息和文化产业以及艺术、娱乐、消遣业两大部门从业人数即多达 553.5 万人,占从业总人数的 4.8%,增加值为 4063 亿美元,占 GDP 的 4%②。

　　通过综合指标对比可以看出,美国和日本在信息传播业的人才方面仍然具有强大的领先优势,信息传播行业甚至改变了它们的就业结构。据美国商务部的统计,1983 年美国信息业的从业人数已经占社会就业总人数的 56%③;2006 年,美国就业人口已经有一半以上在 IT 企业或信息密集型企业以及传媒企业工作。而 2004 年,中国电信从业人员数仅占就业总人口数的 0.9%,2009 年传媒从业者人数仅占就业总人数的 0.4%④。而在中国数以百万计的新闻媒体从业人员中,精通经营管理的高级人才所占的比例还不到 1%。传媒企业管理人员的匮乏,阻碍了中国传媒产业的发展。可见,人才问题已经成为制约中国信息传播发展的主要瓶颈之一,人才的匮乏将影响中国信息传播行

　　①　《我国网络编辑近 300 万远超传播媒体》,来源:http://news. xinhuanet. com/newmedia/2007 - 01/04/content_5565269. htm。
　　②　殷国俊:《国家统计局公布 2003 年我国文化产业发展简况》,来源:http://www. zjwh. gov. cn/dtxx/2007 - 10 - 03/40158. htm。
　　③　殷国俊:《国家统计局公布 2003 年我国文化产业发展简况》,来源:http://www. zjwh. gov. cn/dtxx/2007 - 10 - 03/40158. htm。
　　④　喻国明、焦中栋:《中国传媒软实力发展报告》,同心出版社 2009 年版,第 213 页。

业的研发能力和积累、再循环能力。

四、资本和技术资源比较

前文已经提到,对生产力影响最大的是商业投资,而要使产业具有强大及可持续的竞争力,则要通过长期的技术开发和应用使产业保持领先优势或实现赶超。"能拥有高级研究环境的国家,其竞争力也会随之提高。"①对于近几十年来不断发展壮大的信息传播业来说,一个成熟、稳定、高效的金融市场和拥有标新卓异的技术水平尤为重要。那么,如何衡量生产要素中资本和技术资源的水平呢?笔者使用世界经济论坛发布的《全球竞争力报告 2011—2012》中考察金融市场和产业技术研发水平的一系列指标,其排名或实际数值比较如表 3-5、图 3-10:

表 3-5　2011—2012 年各国金融市场和技术水平指标排名表②

指　　　标	中国	美国	日本	俄罗斯	印度
金融市场成熟度	48	22	32	127	21
风险资本的可利用性	22	12	47	88	27
研究与试验发展(R&D)经费支出	23	6	1	61	33
科学研究机构的质量	38	7	11	60	34
最新技术的可获得性	23	7	1	38	35
技术准备状况	77	20	25	68	93

"信息技术发展指数"和"技术准备状况"这两个指标用于衡量促进并赋予一个国家技术能力的因素,包括技术的总体可利用性、信息

---

① [美]迈克尔·E.波特:《国家竞争优势》,李明轩、邱如美译,华夏出版社 2002 年版,第 76 页。

② 数据来源:Klaus Schwab Etc., World Economic Forum: *The global competitiveness report 2011-2012*,来源:http://www.weforum.org/issues/global-competitiveness。

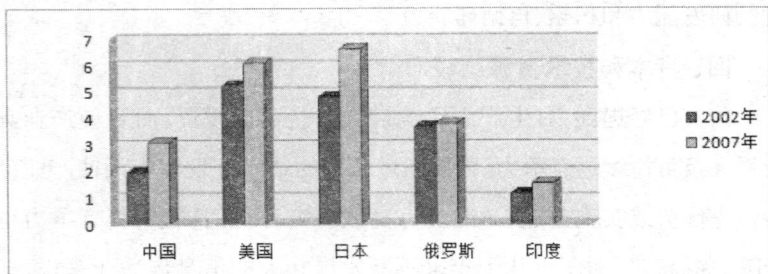

图 3 - 10　中美日俄印五国信息技术发展指数(IDI)①

与通讯技术的渗透程度。在一国的信息传播中,ICT 的使用是至关重要的,不仅能够建立一个有效而迅速的通讯系统,而且也为商业交易提供高质量的基础设施。

　　经过多年持续快速的发展,中国信息传播产业已经在市场导向下成为国民经济重要的基础性、支柱性、先导性产业,通信和传媒行业的投资结构明显改善,计算机、通信类产业从过去单纯注重加工制造,转向制造、软件、网络、信息服务等领域较为全面的发展,计算机与网络产品、数字视听产品、移动通信产品、新型元器件、集成电路、电子专用设备等产品的规模和技术水平得到很大提高,建立了 9 个国家级电子信息产业基地和 34 个国家级电子信息产业园区;而传媒行业如今已形成国有、民营、外商投资等多种所有制形式共同发展的新格局;在区域布局上,也形成珠江三角洲、长江流域、环渤海等地区各具特色的产业集群,一批出版、印刷、物流和数字出版基地已经建成或正在建设中,有的具备了一定的国际竞争力。

　　但是,如上图表所示,虽然进入 21 世纪以来,中国的信息传播业投入了大量的资金和人力,不断提升生产要素的高端性和专业性,但就目前的状况而言,仍然与发达的美国和日本有较大差距,甚至在某

---

　　① Klaus Schwab Etc. , World Economic Forum: *The global competitiveness report* 2009 - 2010,来源:http://www. docin. com/p - 288671321. html。

些指标上落后于印度。

在"风险资本的可利用性"这一指标中,中国的得分仅为 3.5 分(满分 7 分),说明中国在利用风险资金方面进展较为缓慢,此外,中国证券市场秩序依然不规范,社会信用体系不健全,也造成了金融市场发展的不成熟和投融资的困难。因此,如何吸引民间资本、社会资本共同投资也是中国信息传播业亟待解决的问题。

在知识资源方面,虽然中国目前已经在软件、集成电路等核心产业取得了一定的突破,但客观地说,主要优势仍集中在传统整机和低端零部件产品的大规模加工、组装上,实用专利登记数远远落后于美国和日本。2005 年,在中国国内申请的信息技术发明专利主要由国外企业控制,国内外申请比例为 1∶2.6,国内企业在国际上申请的发明专利就更少[①]。不难看出,在产业基础上中国仍然面临着核心技术受制于人、对外依存度较高等问题。

第二节　中美日俄印需求条件竞争力比较

一、需求条件作为信息传播国家竞争力衡量指标的依据

迈克尔·波特在其《国家竞争优势》中归纳出由四项基本因素构成的"钻石"体系,用以解释一个国家的产业在国际上占据优势地位的原因。这四项要素分别为生产要素、需求条件、相关与支持性产业以及企业战略、企业结构和同业竞争。关于需求条件对竞争力的作用,迈克尔·波特提出,表面看来国家竞争似乎削弱了国内市场的重要性,但内需市场凭借着它对规模经济的影响力而提高了效率。更重要的是,它是产业发展的动力,会刺激企业改进和创新。在产业竞争优

---

①　信息产业部:《2006 年信息技术领域专利走势分析报告》,来源:http://www.gov.cn/gzdt/2006-09/04/content_377143.htm。

势上,国内市场的影响力主要通过客户需求的形态和特征来施展。国内市场的构成和特性对企业认知、理解和回应顾客需求起着异乎寻常的作用。如果国内市场能够更早和更清晰地为企业提供顾客潜在需求的信号,会迫使企业更快地创新,比外国竞争者领先一步。波特还认为,国内的需求特性比国内的市场规模更重要。在影响需求的因素中,波特特别重视国内顾客的作用。他认为,国内顾客对产品和服务越挑剔,要求越精致,企业改善、升级和提高产品与服务标准的压力就越大。①

与此相反,认为国内需求会削弱国家竞争力,其代表为穆勒的相互需求理论认为国内需求越高,则国内产品价格越高,当国内价格高于国际价格时就使该产品在国际市场上缺乏竞争力。

那么,信息传播的国内需求与国家竞争力之间的关系到底如何呢?我们需要首先分析一下信息传播产品的经济学特性。首先,信息传播产品具有很明显的网络外部性。根据卡茨和夏皮罗(1985)的理论,网络外部性就是当消费同样产品的其他使用者的人数增加时某个使用者消费该产品获得的效用增量②。总体说来,信息传播产品的消费者获得的价值是会随着其他使用者的人数增加而增加的。以互联网和手机为例,当互联网用户和手机用户越多时,使用互联网和手机的用户就可以实现更大范围的信息传播,从而使其使用价值随之增加。其次,信息传播产品具有较强的规模经济性。信息传播产品往往在研发和固定资本上投资较大,而生产制造阶段投资较低。一种信息传播产品在技术研发阶段需要巨大的资金支持,同时还要承担巨大的风险。但一旦研制成功,其生产成本则很低,对于内容产品来说,其复

① [美]迈克尔·E.波特:《国家竞争优势》,李明轩、邱如美译,华夏出版社2002年版,第81页。
② Katz,Michael L. , and Shapiro,Carl. Network Externalities, Competition, and Compatibity [J]. American Economic Review,1985,75(3) .

制几乎不需要任何额外的投资,可以说边际成本为零(这在传媒产品和软件产品领域得到突出体现)。

信息传播产品的这两个显著特性,使其定价规则在很大程度上受制于其研发和固定资本投入而不受需求变化的影响,因此不会出现穆勒所说的因为国内需求高而带来价格高的状况,也就不会由此降低信息传播产品在国际上的竞争力。

对于国内需求与信息传播国家竞争力的关系,经过分析,我们认为前者会对后者起到重要的促进作用。这种促进作用主要体现在以下几个方面:

1. 国内需求规模增长带来规模经济优势

按照新古典经济学的解释,规模经济分为内部规模经济和外部规模经济。内部规模经济就是随着单个企业生产规模的扩大,采用先进技术和设备、提高生产效率、降低能源和原材料的消耗及各种费用从而引起的产品成本下降和收益增加的情况。外部规模经济是由于相关联的企业协作而带来的成本下降和收益上升的情况,它通过企业间的优势互补和资源共享,扩大了企业的边界和规模,实现了扩大生产规模才能实现的规模经济效应。①

首先,对单个信息传播企业而言,国内需求以内部规模经济的方式影响生产效率。随着国内信息传播产品需求量的增加,国内信息传播企业将改进生产方式,提高生产效率,扩大生产规模,单位产品产出的平均成本将随之不断降低,为提高价格竞争力奠定基础。价格竞争力提高后,在其他条件特别是非价格竞争力不变的情况下,不仅会增加别国产品进入本国市场的难度,而且原来即使在国内市场上难以和进口产品相竞争的产品,也有可能成为出口产品,从而获得新的国际

---

① 周怀峰:《大国国内贸易需求提升产品国际竞争力的机理分析》,《财贸研究》2007 年第 4 期。

竞争优势。对于信息传播企业而言,庞大的国内需求可以促进内部规模经济的形成,降低单位研发成本,市场风险也会大大降低,实现单位产品的生产成本迅速下降,从而在国际竞争中具备成本优势。

其次,对整个信息传播产业而言,国内需求可以使产业具有报酬递增性。单一企业获取人力资源、技术支持和资本投入的成本较高,而整个产业的生产规模越扩大,各企业间人才、技术和资本的共享和交流就越多,它们利用成本就会因此而有更大幅度的下降,从而具有产业的外部经济。中国信息传播产业国内需求增长会使整个产业形成外部规模经济,促使整个产业成本的降低,从而使出口数量增加,获取丰厚的外汇资金,资金的获得又会进一步给新技术的开发、生产规模的扩大、人才培养层次的提高带来支持,从而实现良性循环。

2. 国内需求特性差异形成本土优势

首先,企业对国内消费者的需求反应最为敏感,也较容易进行调查分析,更容易生产满足本国消费者需求的产品。而且,信息传播产品本质上属于精神消费品,和其他产品相比,信息传播产品的文化属性尤其明显。用户更愿意接受符合本国本民族历史文化传统、意识形态特性和社会风俗习惯的产品,而企业对国内消费者的需求也最为敏感。而与此相反,由于不同国家存在着文化、地域的差异,符合本国市场需求的信息传播产品,未必能够被别国消费者所接受。这样,一方面,本国信息传播企业可以凭借文化和地域上的优势,在把握国内市场需求方面,比国外意欲进入本国市场的竞争对手更占优势。另一方面,一般说来,企业满足国内市场需求的能力,也在很大程度上反映了该企业满足国际市场的能力。中国人口众多,地域、民族差异大,信息传播需求的多样性可以提高信息传播企业的市场适应能力,这也是中国信息传播产业获得国际竞争力必不可少的素质。

3. 国内需求市场可以培育先行优势

根据波特的观点,对企业来说,差异化是提升产品国际竞争力的一种非常可取的战略,而差异化优势的获得主要靠技术进步和创新,但使用新技术和创新会有风险,其中的市场风险主要是需求不确定性和需求变化的风险,率先进入国际市场所面对的市场需求在数量和品种上存在着非常大的不确定性,为降低风险,就必须要有较大的国内市场需求作为基础。

从广义的角度来看,创新包括改善技术和改进做事方法。对于信息传播产品来说,创新是其重要特性,是其生命力所在。而对于信息传播产业来说,无论是技术的改善还是做事方法的改进都需要巨大的知识和资本的投入,这种投入的风险是巨大的。而通过对比较熟悉的国内需求状况进行调研,则可以在很大程度上减少需求不确定性和需求变化带来的风险。把国内需求作为新产品开发的"实验田"与"安全网"。一旦产生创新成果,则可以在国际市场上取得先行优势,引领产品生命周期,同时先行一步发展为规模生产,形成成本优势,从而在信息传播产业的国际竞争中最终取得优势。

二、信息传播国家竞争力需求条件要素指标体系

如前所述,国内市场规模对信息传播的国家竞争力具有正向促进作用。根据波特的理论,一国某产业的国内需求能否促进其国际竞争力的产生,在于本土需求是否具有三个方面的属性:国内需求的特性、规模和成长模式以及国内市场需求转换为国际市场需求的能力。由于国内市场需求转换为国际市场需求的能力很难量化,本研究围绕国内需求的规模、特性构建指标体系,如下表3-6:

表3-6 信息传播国家竞争力需求条件要素指标体系

需求规模	人口规模(需求潜力)		
	信息和传播技术支出		
	媒介产品需求规模	报纸需求规模	
		广播需求规模	
		电视需求规模	

需求性质	人均国民总收入
	城市人口比重
	买方成熟性

1. 需求规模

一般意义上的市场需求是具有购买能力的消费欲望。然而,由于信息传播产品种类繁多,对其实际消费情况缺乏科学可靠的统计数据。而人口规模是构成市场需求的基础,因此我们把人口规模作为测量需求规模的一个指标,用以测度需求规模的成长潜力。

信息和传播技术支出包括计算机硬件(计算机、存储装置、打印机及其他外围设备)、计算机软件(操作系统、编程工具、公用工程、应用软件及内部软件开发)、计算机服务(信息技术咨询、计算机和网络系统整合、网站托管、数据处理服务,及其他服务)、通讯服务(声音和数据传播服务)、有线和无线通信设备等方面的支出。我们认为,这种支出反映出了一个国家在信息传播中对现代信息传播工具、设施及服务的需求规模。

在一般信息传播产品需求规模的测度上,我们选取了最具代表性的传播媒介,即报纸、广播、电视的需求量作为指标。在此方面,信息传播的内容极其庞杂,导致用户的需求极为复杂多变,难以直接测量。因此,我们对报纸需求量选用报纸日均销售量数据,因为销售量直接反映了受众的需求规模;而对广播、电视需求规模使用广播、电视收入数据进行测量,因为从总体趋势来看,广播、电视收入的多少和受众需求规模是大致平衡的。

2. 需求性质

需求性质指标除了人均国民收入水平外,还挑选了城市人口比重和买方的成熟性等三个指标。城市人口比重可以在一定程度上反映需求的性质,一般而言,城市人口需求方面的知识和信息更加充分,组织化程度更高,更善于维权也更挑剔,与企业的沟通也更灵便高效。买方的成熟性软指标反映需求的性质,它的极端表现之一是买方极不成熟,缺乏购买的学识和经验,仅仅以最低价格为基础做出购买决策,很少主动与商家沟通、反馈需求信息;另一个极端是买方有充足的学识和信息,对需求非常明确,其购买行为建立在优良的绩效品质基础之上,并注重沟通和合作。

三、评价对象和标杆确立

本研究的评价对象为中国、印度、俄罗斯、美国、日本。之所以选择中国,是因为本研究的根本目的在于为中国信息传播国家竞争力的提升出谋划策,而且中国是发展中国家的典型代表,目前同美、日、欧并为世界四大经济体。而选择印度是因为近年来印度经济发展迅速,其信息软件产业和影视产业的发展尤为世界瞩目。美国和日本是世界经济强国,其信息传播业发展最为成熟。俄罗斯作为曾经和美国争霸世界的苏联的继承者,其经济社会发生了深刻变化,在国际中的地位也受到挑战,谋求重新崛起一直是俄罗斯的目标,而信息传播的国家竞争力则是其需要倚重的。

一般来说,所评价的五国中不会有一个国家在所有需求指标上达到最优。如果挑选某一国作为标杆,对于其非最优的指标,那些在该指标更优的国家的评价值将超过100,这在计算和比较中显然是不合适的。因此我们将每个指标上的最优国家作为标杆。

四、数据分析

1. 需求规模指标

(1) 人口规模指标

如图3-11所示,中国的人口规模无疑处于明显的优势地位,这使得中国信息传播需求规模潜力巨大,可以给中国信息传播产业产品开发提供庞大的"安全网"和"试验田",是中国信息传播获得国家竞争力的重要优势条件。而与此同时,需要我们警惕的是,我们也要防止国内的企业满足于庞大的国内市场,失去开拓国际市场的动力。

在人口规模指标上,我们以中国为标杆国家,选取 2011 年的数据,对原始数据处理后,各国得分情况如表 3－7 所示。

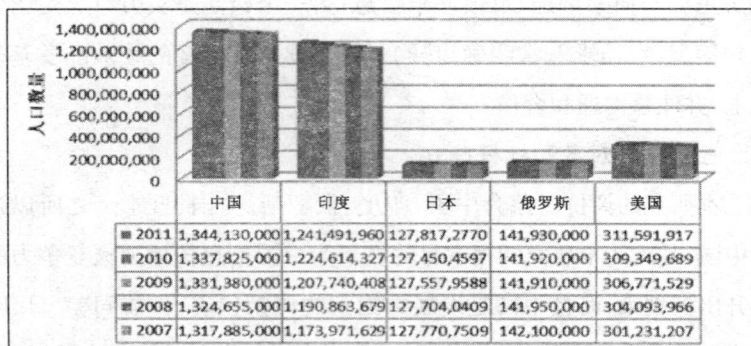

	中国	印度	日本	俄罗斯	美国
2011	1,344,130,000	1,241,491,960	127,817,2770	141,930,000	311,591,917
2010	1,337,825,000	1,224,614,327	127,450,4597	141,920,000	309,349,689
2009	1,331,380,000	1,207,740,408	127,557,9588	141,910,000	306,771,529
2008	1,324,655,000	1,190,863,679	127,704,0409	141,950,000	304,093,966
2007	1,317,885,000	1,173,971,629	127,770,7509	142,100,000	301,231,207

图 3－11　中美日俄印五国人口规模①

表 3－7　五国人口规模指标得分

国家	原始数据	得分	排名
中国	1,344,130,000	100	1
印度	1,241,491,960	92	2
美国	311,591,917	23	3
俄罗斯	141,930,000	11	4
日本	127,817,277	10	5

(2) 信息传播产品消费规模指标

A. 信息传播技术支出

如图 3－12 所示,中国信息和传播技术支出大大少于美国,略少于日本,相对于印度和俄罗斯则具有明显优势。

我们在信息和传播技术支出指标上选择美国作为标杆国家,选用 2008 年的数据进行分析比较,得分如下表 3－8:

----

① 数据出自世界银行数据库,来源:http://data.wordbank.org/。

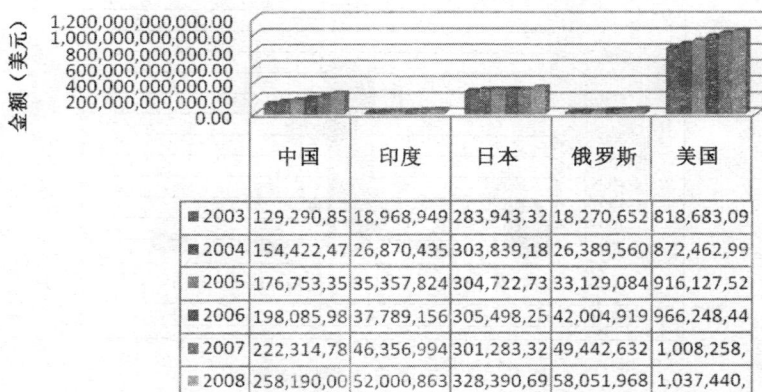

图 3-12 五国信息传播技术支出①

表 3-8 五国信息和传播技术支出指标得分

国家	原始数据	得分	排名
美国	1,037,440,856,644.97	100	1
日本	328,390,695,607.74	32	2
中国	258,190,003,649.08	25	3
印度	52,000,863,873.21	5	4
俄罗斯	58,051,968,450.54	6	5

B. 媒介产品需求规模

如图 3-13 所示,报纸需求规模指标上,日本优势明显,中国紧随其后,美国、俄罗斯、印度分列三、四、五名。在这一指标上,我们选取 2010 年的数据进行分析,选取日本作为标杆国家。

如图 3-14 所示,中国广播需求规模处于中间地位,处在美国、日本之后,高于俄罗斯和印度。在这一指标数据分析时,我们选取美国作为标杆国家。

① 数据出自世界银行数据库,来源:http://data.wordbank.org/。

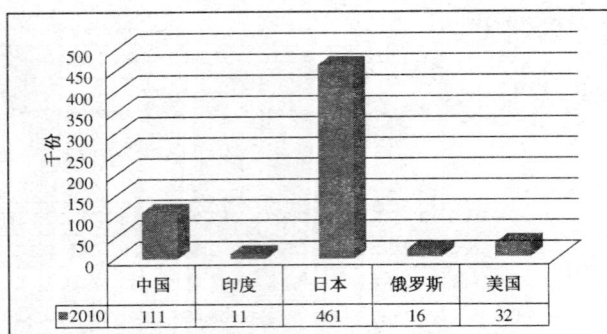

图 3 - 13　五国日均报纸销售量①

	中国	印度	日本	俄罗斯	美国
▪2010	111	11	461	16	32

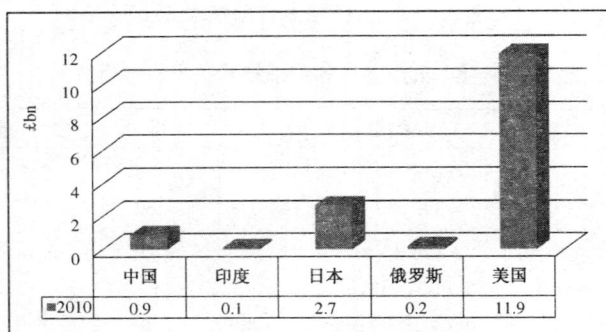

图 3 - 14　五国广播收入②

	中国	印度	日本	俄罗斯	美国
▪2010	0.9	0.1	2.7	0.2	11.9

　　如图 3 - 15 所示,中国电视需求规模的情况和广播情况相似,处于中间位置,五国排序依次为美国、日本、中国、印度、俄罗斯。同样,在这一指标数据分析时,我们选取美国作为标杆国家。

　　对报纸、广播、电视数据进行处理后得出媒介产品需求规模指标得分,如表 3 - 9。

———————————

　　① WAN - IFRA/Christoph Riess, World Press Trends 2011, http://www.wan-if-ra/articles/2010/11/26/word-press-trends-and-more-reports. 说明:WAN-IFRA 指"世界报业和新闻出版协会"。

　　② Ofcom: International Communications Market Report 2011, http://stakeholde-rs.ofcom.org.uk/binaries/research/cmr/cmr11/icmr/ICMR2011.pdf. 说明:Ofcom 指英国"通信管理局"。

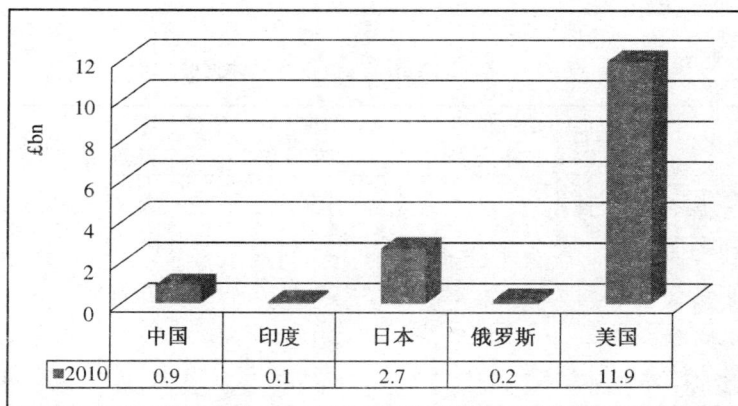

	中国	印度	日本	俄罗斯	美国
■2010	0.9	0.1	2.7	0.2	11.9

图 3-15　五国电视收入 ①

表 3-9　媒介产品需求规模指标得分

国家	报纸		广播		电视		综合得分	排名
	原始数据	得分	原始数据	得分	原始数据	得分		
美国	32	6.94	11.9	100.00	94	100.00	68.98	1
日本	461	100.00	2.7	22.69	28.6	30.43	51.04	2
中国	111	24.08	0.9	7.56	9.9	10.53	14.06	3
印度	11	2.39	0.1	0.84	6.7	7.13	3.45	4
俄罗斯	16	3.47	0.2	1.68	3.5	3.72	2.96	5

（3）需求规模指标总体评价

通过上述分析,对三个三级指标进行综合分析我们可以得出中美日俄印五国的需求规模指标总体得分。对三个指标的权重情况,我们采取平均赋值的方法进行计算,结果如下表 3-10。

如表 3-10 所示,在需求规模指标上,美国处于第一位,中国和印度凭借人口规模的优势分别占据第二、第三的位置。日本因在人口规模指标上的劣势,落后于中、印排第四。俄罗斯在各项指标上劣势明

---

① Ofcom: International Communications Market Report 2011, http://stakeholde-rs. ofcom. org. uk /binaries /research /cmr /cmr11 /icmr /ICMR2011. pdf.

显,处于末位。

表 3-10 五国需求规模指标总体得分

国家	人口规模	信息传播技术支出	一般信息传播产品需求规模	综合得分	排名
美国	23	100	68.98	63.99	1
中国	100	25	14.06	46.35	2
印度	92	5	3.45	33.48	3
日本	10	32	51.04	31.01	4
俄罗斯	11	6	2.96	6.65	5

2. 需求性质

(1) 人均 GNI 指标

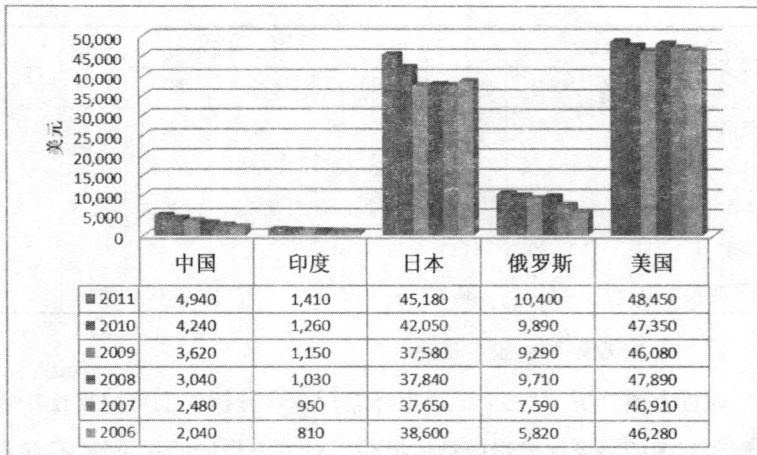

	中国	印度	日本	俄罗斯	美国
2011	4,940	1,410	45,180	10,400	48,450
2010	4,240	1,260	42,050	9,890	47,350
2009	3,620	1,150	37,580	9,290	46,080
2008	3,040	1,030	37,840	9,710	47,890
2007	2,480	950	37,650	7,590	46,910
2006	2,040	810	38,600	5,820	46,280

图 3-16 五国人均 GNI[①]

GNI 是 gross national income(国民总收入)的缩写。如图 3-16 所示,中国的人均 GNI 较低,处于倒数第二的位置。美国则是人均 GNI 最高的国家,因此我们选取美国作为标杆国家,选取 2011 年的数据进行评价分析。

---

① 数据出自世界银行数据库,来源:http://data.wordbank.org/。

表 3-11　五国人均 GNI 指标排名

国家	原始数据	得分	排名
美国	48450	100.00	1
日本	45180	93.25	2
俄罗斯	10400	21.47	3
中国	4940	10.20	4
印度	1410	2.91	5

通过表 3-11 可以看出,在人均 GNI 指标上,中国劣势明显,仅为美国的 10.20 ％,也远远低于日本,仅为俄罗斯的 1/2。人均 GNI 水平较低,使中国需求的增长和结构的升级受到限制,成为制约中国信息传播国家竞争力增长的一个瓶颈。

（2）城市人口比重指标

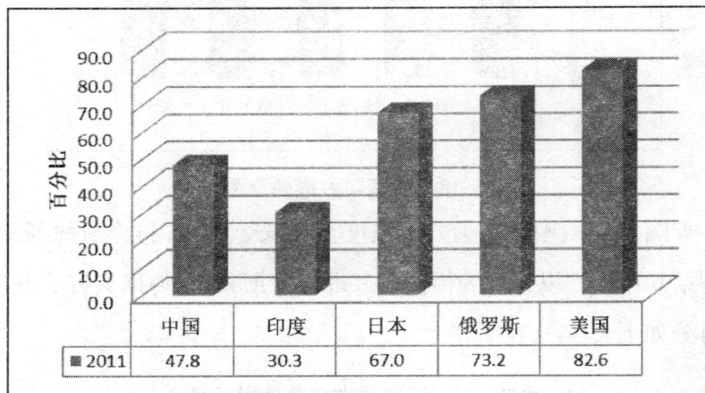

	中国	印度	日本	俄罗斯	美国
2011	47.8	30.3	67.0	73.2	82.6

图 3-17　五国城市人口比重指标[①]

如图 3-17 所示,在城市人口比重数据上,中国仍处于劣势地位,仅高于印度。城市人口比重最高的是美国,其次为俄罗斯和日本。根据 2011 年的数据,以美国为标杆国家进行评价分析,获得城市人口比重指标得分及排名如下表 3-12:

---

① 数据出自联合国数据库,来源:http://unstats.un.org。

表 3－12　五国城市人口比重指标

国家	原始数据	得分	排名
美国	82.6%	100	1
俄罗斯	73.2%	88.71	2
日本	67.0%	81.19	3
中国	47.8%	57.89	4
印度	30.3%	36.72	5

该表显示,中国在城市人口比重指标上竞争力不足,仅为美国的 1/2 多一点,也远低于俄罗斯和日本。

(3) 买方成熟度指标

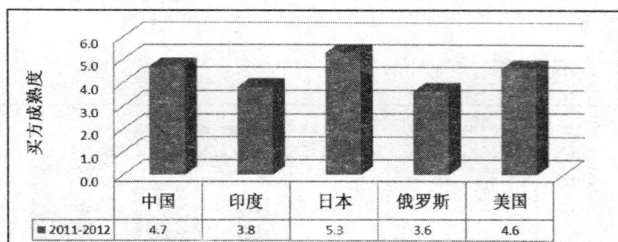

图 3－18　五国买方成熟度指标①

如图 3－18,中国在买方成熟度上仅低于日本,和美国并列,高于俄罗斯和印度。以日本为标杆国家进行数据分析,得出买方成熟度指标得分如下表 3－13:

表 3－13　五国买方成熟度指标得分

国家	原始数据	得分	排名
日本	5.3	100.00	1
中国	4.7	88.68	2
美国	4.6	86.79	3

---

①　数据出自 WEF:*The Global Competitiveness Report 2011－2012*,来源:http://www.weforum.org/issues/global-competitiveness。

国家	原始数据	得分	排名
印度	3.8	71.70	4
俄罗斯	3.6	67.92	5

（4）需求性质指标总体评价

对上述三个三级指标按照相同权重进行综合分析,我们可以得出中美日俄印五国的需求性质指标总体得分如下表3-14：

表 3-14　五国需求性质指标得分

国家	人均 GNI	城市人口比重	买方成熟度	综合得分	排名
美国	100	100	86.79	95.60	1
日本	93.25	81.19	100	91.48	2
俄罗斯	21.47	88.71	67.92	59.37	3
中国	10.20	57.89	88.68	52.26	4
印度	2.91	36.72	71.7	37.11	5

通过上表可以看出,美国在人均 GNI、城市人口比重两个指标上占据绝对优势,在买方成熟度上仅稍逊日本,所以在需求性质二级指标上显示出较高的竞争力,日本则紧随其后。中国仅在买方成熟度指标上可以与美日抗衡,综合得分仅略胜印度。俄罗斯在各级指标上均处于中间位置,而印度则得分垫底。

3. 需求条件指标综合评价

将需求规模、需求性质两个二级指标按照相同权重进行综合,获得需求条件指标总体得分如表3-15：

表 3-15　五国需求条件指标总体得分

国家	需求规模指标					需求性质指标					总评得分	排名
	人口规模	信息传播技术支出	一般信息传播产品需求规模	综合得分	排名	人均 GNI	城市人口比重	买方成熟度	综合得分	排名		
美国	23	100	68.98	63.99	1	100	100	86.79	95.6	1	79.80	1

国家	需求规模指标					需求性质指标					总评得分	排名
	人口规模	信息传播技术支出	一般信息传播产品需求规模	综合得分	排名	人均GNI	城市人口比重	买方成熟度	综合得分	排名		
日本	10	32	51.04	31.01	4	93.25	81.19	100	91.48	2	61.25	2
中国	100	25	14.06	46.35	2	10.2	57.89	88.68	52.26	4	49.31	3
印度	92	5	3.45	33.48	3	2.91	36.72	71.7	37.11	5	35.30	4
俄罗斯	11	6	2.96	6.65	5	21.47	88.71	67.92	59.37	3	33.01	5

在需求条件总评得分中,美国和日本仍分列前两位,中国尽管在需求性质指标中得分不高,但凭借需求规模优势,尤其是人口规模优势,超过印度和俄罗斯,排在第三位。

第三节　中美日俄印相关产业竞争力比较

相关产业和支持性产业是波特钻石理论中形成国家竞争优势的第三个关键要素。在很多产业中,一个产业的潜在优势是因为它的相关产业具有竞争优势,因为相关产业的表现与能力,自然会带动该产业上、下游的创新和国际化[①]。获得世界一流供应商的支撑以及上下游产业的密切合作是一个国家在某一产业取得竞争优势的重要条件。因此,本节围绕本地供应商和支持性产业状况构建相关支持性产业竞争力指标体系,我们将其称为价值链指标体系。

一、指标体系的构成

表3-16　信息传播国家竞争力价值链指标体系

价值链质量	本地供应商数量
	本地供应商质量
	价值链宽度

---

① [美]迈克尔·E.波特:《国家竞争优势》,李明轩、邱如美译,华夏出版社2002年版,第95页。

支持性产业质量	金融市场成熟度
	技术准备
	高等教育及培训

1. 价值链质量

一国信息传播产业的价值链质量越高,其就越可能获得竞争优势。而本地供应商的数量和质量则是形成完整价值链不可或缺的。因为价值链的建立需要借助各供应商的资深管理人员密切合作,并通过实质活动才能形成,这使得本地供应商是外商不能替代的。而且,本国供应商是产业创新和升级中不可缺少的一环。因为产业若要形成国际竞争优势,就不能缺少世界一流的供应商,彼此之间也必须维持紧密合作关系。在合作关系中,一方面供应商会协助企业认知新方法、新机会和新技术的应用;另一方面,企业提供供应商新点子、新信息和市场视野,带动供应商自我创新,努力发展新技术,并培养新产品研发的环境。当供应商成为下游各企业之间信息传递的渠道时,整个产业的创新步伐也会更加迅速。当供应商是同属一国的企业时,这种正向效应最大①。

2. 支持性产业

信息传播产业是一个涵盖领域较广泛的产业,其涉及的支持性产业也较多。我们选取与其关系最为密切的产业,分别是金融、技术和教育,因为信息传播产业发展越来越依赖于资本的投入和最新技术的应用,同时需要具有较高知识和技能的人才从事这一产业,也需要产品的消费者、使用者具备一定的知识和素养,而这恰恰需要发达的金融市场、良好的技术准备和高水平的教育与训练。

---

① [美]迈克尔·E. 波特:《国家竞争优势》,李明轩、邱如美译,华夏出版社 2002年版,第 97～98 页。

二、数据分析

1. 价值链质量指标

如图 3-19 所示,中国在本地供应商数量与质量及价值链宽度上,得分均为倒数第二,落后于美、日。日本在三项指标上均处于首位,因此选取日本作为标杆国家,进行数据处理。

经计算后,如表 3-17 显示,日本在价值链质量各项指标中均处于首位,美国同样具备很强的竞争优势,紧随其后。中国仅以微弱优势超过印度,在此项指标上处于第三位,但综合得分离最优标杆的差距达到了 20 多分,本地供应商质量得分也有 20 多分的差距,价值链宽度差距竟达 30 多分。这提示中国要想获得竞争优势,就必须打破价值链不完整、质量不高的瓶颈。

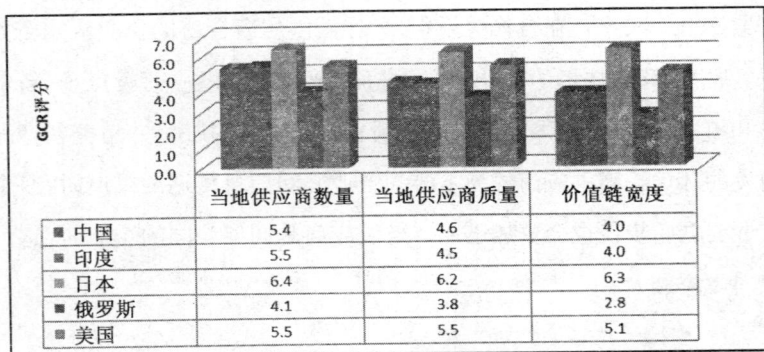

	当地供应商数量	当地供应商质量	价值链宽度
■ 中国	5.4	4.6	4.0
■ 印度	5.5	4.5	4.0
▨ 日本	6.4	6.2	6.3
■ 俄罗斯	4.1	3.8	2.8
■ 美国	5.5	5.5	5.1

图 3-19　五国价值链质量[①]

表 3-17　五国价值链质量指标得分

国家	本地供应商数量			本地供应商质量			价值链宽度			综合得分	排名
	原始数据	得分	排名	原始数据	得分	排名	原始数据	得分	排名		
日本	6.4	100.00	1	6.2	100.00	1	6.3	100.00	1	100.00	1

---

① 数据出自 WEF:*The Global Competitiveness Report 2011-2012*,来源:http://www.weforum.org/issues/global-competitiveness。

国家	本地供应商数量			本地供应商质量			价值链宽度			综合得分	排名
	原始数据	得分	排名	原始数据	得分	排名	原始数据	得分	排名		
美国	5.5	85.94	2	5.5	88.71	2	5.1	80.95	2	85.20	2
中国	5.4	84.38	4	4.6	74.19	3	4.0	63.49	3	74.02	3
印度	5.5	85.94	2	4.5	72.58	4	4.0	63.49	3	74.00	4
俄罗斯	4.1	64.06	5	3.8	61.29	5	2.8	44.44	5	56.60	5

2. 支持性产业指标

图 3－20 显示,在高等教育及培训和技术准备两个指标上,美国均获得 5.6 的评分,印度在金融市场成熟度指标上获得最高评分。分别以美国和印度为标杆,按照相同权重进行综合处理,得出表 3－18 的数据。

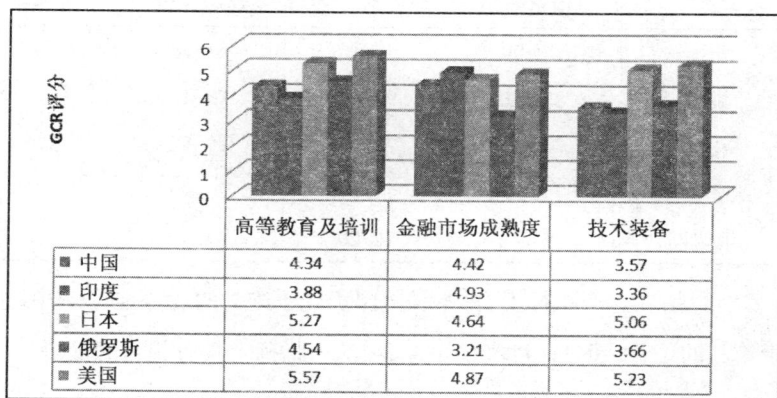

	高等教育及培训	金融市场成熟度	技术装备
中国	4.34	4.42	3.57
印度	3.88	4.93	3.36
日本	5.27	4.64	5.06
俄罗斯	4.54	3.21	3.66
美国	5.57	4.87	5.23

图 3－20　五国支持性产业指标①

如表 3－18 所示,中国在高等教育及培训指标上与最优标杆国家美国有 20 多分的差距,在技术准备指标上差距更大,有 30 多分,在金融市场成熟度上也与印度有近 10 分的差距。综合得分及各子指标得分排名都处于第四位,表明中国信息传播在支持性产业指标上缺乏竞争优势。

---

① 数据出自 WEF：*The Global Competitiveness Report 2011－2012*,来源：http://www.weforum.org/issues/global-competitiveness。

表 3－18　五国支持性产业指标得分

国家	高等教育及培训			金融市场成熟度			技术装备			综合得分	排名
	原始数据	得分	排名	原始数据	得分	排名	原始数据	得分	排名		
美国	5.57	100.00	1	4.87	98.78	2	5.23	100.00	1	99.59	1
日本	5.27	94.61	2	4.64	94.12	3	5.06	96.75	2	95.16	2
印度	3.88	69.66	5	4.93	100.00	1	3.36	64.24	5	77.97	3
中国	4.34	77.92	4	4.42	89.66	4	3.57	68.26	4	78.61	4
俄罗斯	4.54	81.51	3	3.21	65.11	5	3.66	69.98	3	72.20	5

3. 相关及支持性产业竞争力指标综合分析

按照相同权重,将上述两个二级指标进行综合分析如下:

表 3－19　五国相关及支持性产业指标得分

国家	价值链质量	支持性产业	综合评价	排名
日本	100.00	95.16	97.58	1
美国	85.20	99.59	92.40	2
中国	74.02	78.61	76.32	3
印度	74.00	77.97	75.99	4
俄罗斯	56.60	72.20	64.40	5

可见,在这一指标上,日本和美国仍处于绝对的优势地位,中国处于第三的位置,超过印度和俄罗斯,在这一指标上具有相对的优势。

第四节　中美日俄印企业战略竞争力比较

关于促成国家竞争优势的第四个条件,即国内企业的战略、结构和竞争状况,迈克尔·波特提出了两个主要的观点:第一,不同的国家有着特色各异的"管理意识形态",这些"管理意识形态"帮助或妨碍形成一国的竞争优势。例如,在德国和日本的企业中,工程师背景的人在最高管理层占据重要的支配地位——波特认为,这些国家的企业注重加工制造过程和产品设计。与此相对,在许多美国企业中,财务管理背景的人在最高管理层占据重要的支配地位。这两种不同的管理意识形态的一个后果,是在工程技术为基础、加工制造过程和产品设计问题至关重要的行业中,美国企业(如汽车工业)的竞争力相对丧失。第二,一个行业中存在激烈的国内竞争与该行业保持竞争优势二者之间存在密切的联系。激烈的国内竞争引导企业努力寻求提高生产与经营效率的途径,反过来促使它们成为更好的国际企业。国内竞争给企业带来创新、改进质量、降低成本、通过投资提升高级生产要素等一系列压力。这一切都有助于产生具有世界竞争力的企业。他认为,一个国家的生产率归根结底是由企业的生产率决定的,企业充满竞争力,国家和产业才能相应地充满竞争力。而企业的生产率依赖于企业战略和企业成熟性。同时,企业生产率的进一步提升需要企业有追求创新发展的能力,建立在低生产率水平、低要素投入成本上的竞争是不可能带来竞争优势的。

由此可见,企业战略要素,指的是国家支配企业创建、组织和管理的条件(包括国内外环境等),以及国内竞争的激烈程度,这些要素是难以量化分析的,因此在研究中,对信息传播企业战略要素的分析以定性为主,量化分析部分信息传播企业战略要素指标分解为两个方面:国内竞争、企业成熟度和创新能力,如下表3-20。由于各国信息传播行业与企业战略相关的数据通过公开文献获得的难度较大,因此本节依然借用了《全球竞争力报告》中的部分数据。

表3-20　企业战略要素指标体系

国内竞争	当地竞争强度
	反垄断政策的有效性

续 表

企业成熟度 和创新能力	世界五百强企业
	生产过程先进性
	公司的 R&D 支出
	当地的专业化研究和培训服务
	大学/企业的合作研究

一、国内竞争

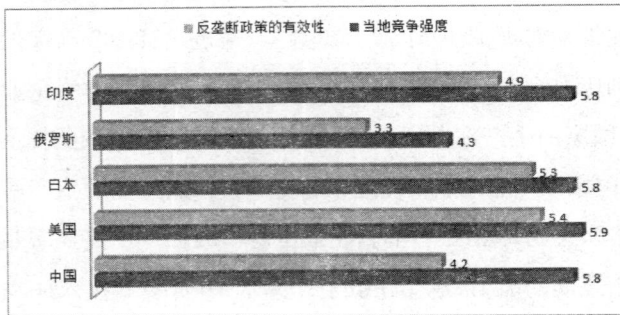

图 3-21　五国国内竞争强度对比①

　　"当地竞争强度"是用以评测国内竞争企业间活跃程度的指标,如图 3-21 所示,中、美、日、俄、印五国的得分相差无几,而在反垄断政策的有效性上五国有所差别。美国、日本这两个发达资本主义国家经过了长时间的发展进程,市场竞争比较完全,反垄断措施对于市场中的企业控制力较强,而中国、印度和俄罗斯属于市场化的"后发国家",信息传播企业市场化程度较低。中国自新中国成立后很长一段时期实行计划经济,在 1978 年改革开放后才开始向市场经济转变,而信息传播业由于其明显的意识形态特征又是国家最难以放开的领域之一,直到 21 世纪以来,中国信息传播业市场化进程才有加速的迹象;印度信息传播业的彻底开放最开始源于 1991 年政府的"新经济政策",其后

----

　　① 数据来源:[美]迈克尔·E. 波特等:《2007—2008 全球竞争力报告》,杨世伟等译,经济管理出版社 2009 年版。

在印度人民党联盟上台执政后,才最终采取了"趋全球化之利"的策略
发展本国的电信业和传媒业;而俄罗斯信息传播业的市场化进程则由
于社会的动荡和剧变更为波折,1991 年苏联解体后,俄罗斯传媒业也
进入了"转型期",与电信业一起被抛入自由经济的汪洋大海中,其间
经历了无序迷惘的私有化浪潮和工业、金融寡头瓜分传播市场的"圈
地运动",直到 1998 年普京上台执政后才结束了行业的混乱现象,使
媒体市场最终稳定下来,开始重塑信息传播大国的形象。

二、企业成熟度和创新能力

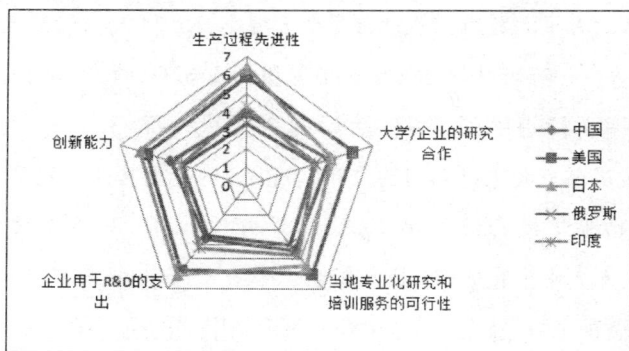

图 3 - 22　五国企业成熟度和创新能力对比图①

从宏观上看,通过图 3 - 22 可以清晰地发现,在企业成熟度和创
新能力指标组成的"雷达图"中,中、美、日、俄、印五个国家分属两级,
美国和日本属于高级,中国、印度、俄罗斯处于低端。据世界经济合作
与发展组织(OECD)2008 年的统计数据,2007 年,中国的 R&D(研究
与开发)经费支出总额达到 487.9 亿美元,位居世界第四,其中来自企
业的资金占 72.3%,这说明,企业是中国 R&D 活动的资金投入主体
和活动主体。美国和日本分别以 3437 亿美元、1485 亿美元的 R&D
支出额高居世界第一、二位,其中来自企业的资金分别为 77%和

---

① 该图由笔者制作,数据综合自[美]迈克尔·E. 波特等著:《2007—2008 全球竞
争力报告》,杨世伟等译,经济管理出版社 2009 年版。(说明:0—7 表示强度由弱到强)

70.3%。俄罗斯和印度的 R&D 经费支出额都在 200 亿美元以下,企业投入的资金也少于中国、美国和日本[①]。虽然从宏观总量上看,中国的 R&D 经费投入已步入世界领先水平,但从投入的强度来看,与发达国家的水平还有较大差距,包括美国和日本在内的绝大多数发达国家的 R&D 经费强度都在 2% 以上,以色列甚至超过 4%,而中国的经费强度仅有 1.49%。高水平的 R&D 投入强度是国家和企业具有较高创新能力的重要保障。

R&D 人员是建设创新型企业的核心力量。自 2000 年以来,中国 R&D 活动人员的数量和质量有了很大提高,R&D 人员总量保持高速增长趋势。2007 年中国 R&D 人员总量为 173.60 万人,企业、研究机构和高等学校是中国 R&D 活动的三大执行部门。2007 年,中国 R&D 人员在三大执行部门的分布情况是:企业及其他超过 2/3,研究机构和高等学校合计不足 1/3。2007 年全国 R&D 人员增长率为 15.6%,而大中型企业 R&D 人员增长率为 23.3%。

从微观上看,就企业实力而言,无论是中国的电子信息企业,还是传媒企业,普遍实力较弱,规模较小。进入 2009 年《财富》全球五百强的 IT 和传媒企业中,美国有 100 家,日本有 14 家(其中电信和电子信息企业占上榜企业总数的 20%),俄罗斯和印度上榜企业数为零。中国上榜的 IT 和传媒企业为 6 家[②],并且几乎是清一色的国有控股企业,其中资产规模庞大的中央直管企业占绝大多数。榜上企业如中国移动、中国电信等多是资源性垄断和管制行业,其巨额收入和盈利很大程度上得益于垄断收益和每年的国家巨额补贴,市场竞争主导下的优胜劣汰的案例极少。

---

① 《中国 R&D 经费支出特征的国际比较》,来源:http://www.tech110.net/statistics/html/article_382801.html。

② 根据 2009 年《财富》杂志世界五百强企业名单整理,来源:http://wiki.mbalib.com/wiki/。

□ 第四章　中国信息传播的生产力分析(下)

　　进入 21 世纪以来,以微电子为基础、计算机为核心、光纤与卫星等现代通讯技术为先导的信息传播技术,正在不断改变着全球经济、政治与文化运行的本质。当今时代,信息传播成为支撑国家政治、经济、军事、科技的重要力量,谁在生产、加工和传播信息上拥有更强的能力,谁就更有条件获得竞争优势。每个国家为了保护自身的国家利益,都在调整发展思路,思考和制定自己的国家信息传播发展战略。中国信息传播产业近年来虽然取得了长足的发展,但是"大而不强"是一个突出的问题。对于中国这样一个面临着制度变迁、经济转型、文明复兴、国际地位提升等多重挑战的大国来说,如何充分利用信息化、网络化和全球化带来的机遇,不断缩小与发达国家在知识和技术上的差距,实现信息传播产业生产力的跨越式发展,成为摆在我们面前的一个现实而又紧迫的课题。

第一节　全面发展基础上的重点突破

一、与产业优势相关的理论

1. "新经济"与技术决定论

(1) 关于"新经济"的讨论

"新经济"这个概念是近年来被业界和学界广泛使用的一个词,它

93

最早起源于美国《商业周刊》的一篇文章——《新经济:其真实含义是什么?》,杂志主编谢泼德在其中写道:"谈'新经济'时我们的意思是指这几年已经出现的两种趋势,第一种趋势是经济的全球化,第二种趋势是信息技术革命。"①

关于"新经济"含义的讨论主要有两种观点:一种将其描述成以美国经济为代表、发达国家经济为基础所产生的概念,指的是"持续高增长、低通胀、科技进步快、经济效率高、全球配置资源的一种经济状态"②,是传统经济结构进一步升级的一种范式。另一种观点则认为,"新经济"就是"信息经济"、"知识经济",是基于 ICT 产品和服务的经济,ICT 产业作为国民经济的第四部门,它的作用是渗透到其他三个部门并改变它们的运作方式。③

对于新经济的含义,虽然两种观点互不相让,但在"新经济"的原动力上却是"异口同声"。信息技术革命所带来的全球信息化在作用和影响上早已远远超出了美国的国界,它使新经济不再是美国经济的专利,而有可能成为未来全球经济发展的主流形态和运行模式。

笔者认为,无论新经济是作为一种全新的经济形态还是只作为信息经济、知识经济等新兴产业的代称,它们之间并没有本质的冲突。新经济的实质就是信息化与全球化,新经济的核心是经济领域的高科技创新及由此带动的一系列其他的创新。

(2) 麦克卢汉媒介技术论

在传播发展史上,随着信息传播技术革命的浪潮席卷全球,传播技术与媒介作为信息传递和接收的手段和载体,正越来越受到人们的重视。20 世纪的最后十年,是科技日新月异、新经济变化迭起、信息更

① 张锋:《聚焦新经济》,东北朝鲜民族教育出版社 2005 年版,第 2 页。
② 张锋:《聚焦新经济》,东北朝鲜民族教育出版社 2005 年版,第 2 页。
③ 樊纲、张晓晶:《全球视野下的信息经济:发展与挑战》,中国人民大学出版社 2003 年版,第 3 页。

新日益加速的岁月。在 IT 领域,信息设备软硬件技术大放异彩,在传播领域,光纤与卫星通信技术、网络技术等也迅速崛起,两个领域的交叉、碰撞,各种技术的结合诞生了全球性的信息传播系统,以迅雷之势覆盖了社会生活的各个领域,悄然改变着人们一直习以为常的信息环境。而关于媒介技术与社会变迁和文化发展的研究,最具代表性的莫过于伊尼斯、麦克卢汉的技术决定论。

从整体上来说,"技术决定论",就是把媒介技术置于人类文明发展史的大背景中进行考察,关注媒介技术本身的作用,特别强调媒介对整个文化发展进程的影响。

在麦克卢汉之前,最先将媒介与人类文明联系起来研究的是加拿大经济史学家、政治经济学家伊尼斯,其代表作《帝国与传播》、《传播的偏向》对传播媒介及其发展变化的社会作用进行了历史的、跨文化的研究。

麦克卢汉借鉴了伊尼斯的一部分理论,最终在传播学研究中确立了以媒介技术为焦点的研究传统。他的三本专著——《谷腾堡群英——印刷文人的诞生》、《理解媒介——人的延伸》、《媒介即讯息》中,"地球村"、"部落化"、"媒介即讯息"、"冷媒介、热媒介"、"媒介是人体的延伸"等许多的经典理论至今仍脍炙人口。

麦克卢汉认为,一种新的媒介一旦出现,无论它传递什么样的讯息内容,这种媒介本身就会发生某种(某些)变化,这就是它带给人类的"讯息"。在他看来,这种讯息表现媒介"在人类事务中引入的规模或速率或形式(pattern)的变化"[①];"技术的影响并不是产生于意见和观念的层次上,而是体现在它悄悄地、毫无抗拒地改变感觉比例或知

---

① [加]埃里克·麦克卢汉、弗兰克·泰格龙编:《麦克卢汉精粹》,何道宽译,南京大学出版社 2000 年版,第 227 页。

觉形式。"①

麦克卢汉不仅回顾了媒介和人类文明发展的历史,他还预言:"在瞬时信息的时代,人结束了分割性专门化工作的职责,承担了搜集信息的角色……在这个新型的踪迹不定的、无所谓专门'工作'的世界里,我们的猎物是知识,是对生活和社会过程的洞察力。"②这些正是对人类正在步入的信息时代的轮廓性勾画。

在 21 世纪的今天,面对着新一轮技术革命的浪潮,面对着信息高速公路的迅速发展和世界进入"新经济"时代的步伐,我们更无法忘记这两位天才在半个多世纪以前的精彩预言,更能体会到他们的媒介理论对于社会发展的洞察之深远。

(3) 当代信息传播对技术的依赖

信息与传播科技的飞速进步,有力地参与和促进了生产方式、生活方式的巨变,造就了信息产品、传播媒介的尖端化、多样化、大众化。社会信息化、知识化、全球化的进程日益加快,信息与传播的功能得到了前所未有的凸显;信息技术引发了全球通信系统的改造,激活了世界商业的代谢运转,使全球受众对信息的需求呈现出爆炸式的增长,这说明,当今信息传播,对技术的依赖,达到了前所未有的深度。

光纤通信技术的诞生,意味着在全球范围内组建专用通信系统已经成为现实,信息传播速度更快、距离更长、内容更丰富、传输成本更低;无线通信技术的开发和 3G 技术的商用,使基于手机的数据和图像传播在全球范围内迅速普及;卫星通信技术的发展,大大扩展了卫星通信平台的功能,卫星电话、数字电视等对受众的影响力空前增强;互联网技术的成熟,更使互联网成为继报纸、杂志、广播、电视之后的"第

① [加]埃里克·麦克卢汉、弗兰克·泰格龙编:《麦克卢汉精粹》,何道宽译,南京大学出版社 2000 年版,第 234 页。
② [加]马歇尔·麦克卢汉:《理解媒介:论人的延伸》,何道宽译,商务印书馆 2000 年版,第 200 页。

五媒体",改写了全球的传播格局。据统计,目前,全球手机用户已达46亿人,数字电视用户3.7亿,网络用户超过10亿[①]。

信息技术编织了一张覆盖全球的通信互联网络,使任何时间发生在世界上任何地方的事情,都可以迅速地传播到世界的每一个角落。可以说,信息技术的发展,与全球化的进程相伴相依。今天的跨国公司,其全球运作和发展壮大也都依赖于信息技术的创新和扩散,今天的国家,综合国力的较量也由"硬实力"逐渐转移到了以信息力为焦点的"软实力"上来,并且变得更加直接和激烈。

2. 从比较优势理论到竞争优势理论

比较优势理论是工业时代的理论,源于李嘉图的比较成本说。比较优势理论认为,假设各国的生产要素不可流动,供给条件、生产条件不可改变,那么产业竞争力主要取决于劳动力、自然资源、金融资本等物质禀赋的充裕程度。在国际贸易中,国家会出口相对成本较低、具有比较优势的产品,进口相对成本较高、具有比较劣势的产品。

但是,随着经济全球化和信息技术的发展,如今生产要素在国与国之间流动已经日益普遍,跨国公司可以在全球范围内有效配置资源,生产要素方面的天然优势不再被一国所有;随着新技术革命的到来,自然资源可以被改进、替代、培育;随着人力资本的投入,发达国家的劳动力克服了数量上的不足,劳动技能和熟练程度日益提高;随着消费观念的转变,差异化产品快速发展。这些发展变化说明,强调市场完全竞争的比较优势理论的适用性受到了限制。在此基础上,迈克尔·波特教授提出的竞争优势理论开始成为衡量产业竞争力的重要

---

① 许心怡:《国际电信联盟:年底手机用户将达46亿》,来源:http://www. chinavalue. net/Blog/BlogThread. aspx? EntryID=213741;IDC市场研究公司:《2010年全球数字电视用户将达3.7亿》,来源:http://www. qianjia. com/html/2005 - 11/11183. html;古海:《全球网民突破十亿 中国占17.8%》,来源:http://tech. sina. com. cn/i/2009 - 01 - 24/22092777210. shtml。

标准。

比较优势和竞争优势,前者适用于考察工业社会时期完全竞争的市场环境,后者更适用于全球化时代的不完全竞争环境,前者强调静态的影响因素,后者更强调技术、信息等渗透力强的新型要素对企业、产业和国家发展持续的、动态的影响力,前者着眼于从整体上描述优势,后者则更强调某些要素的竞争优势对整体的辐射作用。

尽管比较优势理论和竞争优势理论存在着诸多差异,但它们却不是完全割裂的,相反,它们之间有着密切的联系。波特教授曾指出,即使是经济最发达的国家,也不可能在所有产业中都具有竞争优势。一国依据比较优势原则选择发展具有比较优势的产业,能够优化资源配置,使社会各种要素资源得到最大化的利用,往往比较容易形成较强的竞争优势。而当一个国家的特定产业拥有较强的竞争优势时,反过来又会强化该国产业的比较优势。比较优势定位产业发展方向,竞争优势决定产业发展能力。比较优势决定了一国是否有资格成为一种先进产业或重要的产业环节的生产基地,而一个国家特定产业是否在国际竞争中能够获取强势地位则是由"钻石模型"中的六种因素决定的。因此,比较优势决定产业分工,而竞争优势决定产业在竞争中获取收益的能力。

由此可见,在国家的经济发展中,比较优势和竞争优势是共同起作用的,增强国家竞争力的方式,不是"全面开花"发展各个产业的各个部门,而是首先寻找具有比较优势的产业,而后创造竞争优势需要的条件,提升产业竞争力。在全球化的视野中,国家间的竞争实质上是产业发展能力的竞争,竞争力的影响因素实质上就是比较优势和竞争优势的内在统一①。

①　李东宇:《区域文化传媒产业竞争力综合评价体系研究》,重庆大学硕士学位论文,2009 年 4 月。

3. "趋同理论"与"创新性破坏"理论

对于错过了前两次技术革命的发展中国家来说,赶上信息技术革命的"末班车"无疑是一次不可错失的机遇。关于"赶超"的可行性研究,最负盛名的当属趋同理论(convergence theory)。

趋同理论是在新古典增长模型(又称索洛增长模型)的基础上发展而来的,它假设在给定充分竞争和要素自由流动的环境下,根据资本收益递减规律,后发国家由于资本/劳动的比例低,其经济增长会比发达国家快,理论上这些国家人均产出会走向趋同。在这一模型中,经济增长率与初始人均收入水平成反比,后发国家将比发达国家以更快的速度发展。[1]

趋同理论表明了赶超是可能的,而熊彼特的"创新性破坏"理论则对此作了有力的解释。熊彼特认为,发达国家虽然在技术研发和技术创新方面占尽先机,但在下一项新技术出现时,由于撤出原有"技术经济范式"的机会成本很高,发达国家会产生一种使用新技术的"惰性"。但是后发国家的技术经济范式(包括技术、制度、管理等方面)是在发达国家投入较高的先期成本"开路"之后才较为稳妥地去学习、借鉴和模仿的,因此风险成本和撤出来的机会成本都很低,可以"轻装上阵实现赶超"[2]。

在全球开放的经济条件下,趋同理论的假设前提已经在很大程度上成为现实,原来封闭条件下不能流动的商品、资本、技术、信息和劳动力等要素都可以在全球范围内自由流动,从更高层次的广度和深度推动着经济的"趋同",后发优势的表现可能更加突出,影响更加深远。

但是我们也应该看到,趋同理论和"创新性破坏"理论表述的,仅

---

[1] 参邓翔:《增长理论中趋同假说的理论与现实考察》,《经济学动态》2001 年第 6 期。
[2] 参樊纲、张晓晶:《全球视野下的信息经济:发展与挑战》,中国人民大学出版社 2003 年版,第 14 页。

仅是理论上的可能性,在现实的条件下,要实现赶超,并非模仿和借鉴发达国家的"范式"就可以完成,它还需要社会各方面包括经济、政治以及文化教育等的协同作用。

二、中国信息传播业的比较优势和竞争优势

产业竞争力是比较优势和竞争优势的内在统一,增强国家竞争力的方式,首先是要进行产业优劣势的甄别,寻找具有比较优势的产业链条或部门,而后创造竞争优势需要的条件,最终达到提升产业竞争力的目标。

1. 信息技术产业的优势和劣势

(1) 电子信息产业的"相对劳动密集型"优势

根据比较优势理论,发达国家由于经济水平较高,积累了较为雄厚的资金基础,有能力更广泛地进行技术研发,所以在资本密集型的产业上具有比较优势;发展中国家由于经济发展程度较低,资金积累不足,所以在资本密集型产业上不具有比较优势,但是他们的劳动力价格比较低廉,因此在劳动密集型产业上具有比较优势。

信息技术产业是信息生产和制造的部门,被广泛地认为是资本密集型产业。从理论上说,发达国家发展信息产业是有比较优势和竞争优势的。以美国为例,美国 GDP 水平一直处在世界前列,成熟的资本市场也为美国吸引了来自全球各地的资本。此外,美国还拥有全球最先进的技术,在信息产业发展的历史上,几乎每次重要的新技术革命都是由美国厂商主导。作为全球信息技术产业的领导者和研发中心,美国为此投入的巨额的研发费用和设备更新费用都是发展中国家难以企及的。

美国文化传媒产业的发展亦是如此。通信技术、计算机技术和网络技术为信息传播全球化提供了强大的技术支持,文化传媒产业已经成为美国国民经济支柱产业之一。目前,传播于世界各地的新闻,90%以上为美国和西方国家所垄断,许多第三世界国家电视节目

60%～70%的栏目内容来自于美国。而在美国本国电视节目中,外国节目仅占 1.2%。美国电影产量只占全球电影产量的 10.1%,却占据了全球总放映时间的 50%以上。美国占有全世界 23%的因特网用户,而美国人口仅占世界人口的 4.7%。[①]

中国是发展中国家里的大国,又正处在社会转型的特殊时期,资本的积累比较有限,资本密集型的产业不具备优势。但是,中国的人口数量居全世界第一,劳动力资源尤其丰富,因此劳动密集型的产业具有比较优势。虽然电子信息与文化传媒产业都属于资本密集型产业,但中国在近些年的实践中证明,即使是发展中国家,也可以根据比较优势发展信息产业。仔细考察中国在电子信息产业中取得巨大成功的部门,可以发现电子信息产业中"相对劳动密集型"的部分是突破的关键。

自从 1996 年确立了电子信息产业"大公司"战略以来,中国的机电设备制造业飞速发展,在硬件制造方面已经成为"世界工厂",这部分经过了长期发展已经比较成熟的产业,生产过程早已实现了标准化,只要投资买进设备、原料和基础技术后,剩下的就只有劳动力的投入了。随着计算机教育的热门,高新技术人才不断为电子信息产业补充着新鲜血液,再加上比发达国家低廉得多的劳动力资源,组装和外设制造这类"相对劳动密集型"产业在中国具有了比较优势,获得了长足的发展。

与此同时,日益庞大的电子信息产品需求使中国信息设备制造业在国际市场上获得了一定的竞争优势:低廉的生产成本使得中国信息、通信产品在全球具有很强的价格优势,大量中低端产品的订单纷至沓来,而中国政府对出口的鼓励,更进一步加强了中国产品的出口

① 部分数据源自赵小青、刘东平:《新时期中国电影的海外传播之路》,《对外大传播》2005 年第 10 期;《我国互联网用户数量超过美国居世界首位》,来源:http://www.gsdofcom.gov.cn/Article/ShowArticle.asp?ArticleID=31395。

竞争力。

(2) 在技术标准较高的产业环节上劣势明显

集成电路、软件、电子仪器与专用设备、新型显示器件、电子材料等是决定电子信息产业自主发展的关键产品,若不能在这些产品的技术上取得突破,那么中国的信息设备制造业和通信业的核心技术都只能依靠进口,比较优势也无法转化为竞争优势。从中国电子信息产业现有的产品结构上看,主要优势集中在传统整机和中低端零部件产品的大规模加工组装上,关键技术方面受制于人,竞争优势所要求的创新要素、尖端型和高层次复合人才要素匮乏,还"没有形成依靠开发新技术、新业务和构建完善产业链来促进产业发展的良性机制"①。

在技术标准制定方面,中国尚未形成与国际接轨的标准化工作体系,通信系统技术体制标准、通信协议及其知识产权大部分被跨国公司控制,产业发展受制于人。

2. 文化传媒产业的优势主要是比较优势

中国文化传媒产业的发展才刚刚起步,从目前的发展现状看,比较优势即外部优势比较突出,内在的竞争优势尚未形成。

(1) 蓬勃发展的经济和 ICT 产业

经济的腾飞意味着有了更多充沛的资金可以大规模地投入发展文化传媒产业,近年来中国经济的发展为文化传媒产业提供了强有力的支撑。一方面,作为成长中的经济大国,中国面对国际竞争,需要通过文化的传播来建构国家形象和产业形象,在全球传播体系中占据应有的位置;另一方面,中国迅速进入小康社会的态势也拉动了公众的文化消费需求,公民的收入提高,文化传媒的消费也随之增长。

ICT 产业指的是信息、通信和技术产业。21 世纪初,八国集团在

---

① 国务院信息化办公室政策规划组编:《国家信息化发展战略学习读本》,电子工业出版社 2007 年版,第 201 页。

日本冲绳发表的《全球信息社会冲绳宪章》中提到:"信息通信技术是21世纪社会发展的最强有力动力之一,并将迅速成为世界经济增长的重要动力。"①ICT产业不仅在一国经济中举足轻重,它更与文化传媒产业互相融合、相互依赖。一方面,文化内容是ICT产业崛起的重要动力——不断加速的宽带连接、不断升级的手机媒体、不断更新的视频和音乐播放器——都在迎合着消费者全新的和个性化的文化获得方式。另一方面,ICT产业给创造、生产、分销和消费文化产品带来了新的变化。随着信息时代的到来,国与国之间的文化传播和交流正越来越多地基于网络和电信的平台,文化产品生产、分销渠道的数字化使得以数字形式存储的文件可以低成本地复制和传播,为文化传媒产业的增长提供了新的前景。

(2) 丰富的文化资源

中国有五千年的文明史,历史文化资源十分丰富,在社会主义市场经济的条件下可以转化为巨大的文化资本。若能顺利实现这些文化资本的转化和使用,就能创造出优秀的文化产品,使具有中国特色的文化传媒产业在全球竞争中占有一定的优势。

三、实施中国特色的产业发展战略

落后国家总有一种赶超的梦想,尤其是在以高新技术为基本动力的"新经济"浪潮扑面而来的今天,这个梦想随着"外溢效应"和"后发优势"的凸现而显得不那么遥不可及。但是,"新经济"虽然看起来为发展中国家提供了赶超的契机,但就目前的状况来看,信息时代的受益者仍然是发达国家。因此,对于中国而言,面对的既是"新经济"带来的机遇,同时也有逐步扩大的"数字鸿沟"。

1. 将"新经济"赶超作为一项系统工程

"新经济"的核心是高科技创新及由此带动的一系列其他领域的

---

①　张保明编译:《全球信息社会冲绳宪章》,《互联网世界》2000年第9期。

创新,当代信息传播对技术的依赖更说明了技术创新在信息时代的重要性。但这并不意味着"唯技术论"将占领我们的市场。发展中国家实现"新经济"赶超的重点在于是否能利用发达国家的先进技术,而先进技术是否能转化成后发优势又取决于国家是否有正确的发展战略。要想实现赶超,就必须将产业发展作为一项系统工程来对待,根据比较优势和竞争优势制定、实施中国特色的产业发展战略。

充分利用信息技术的前提是其他相关方面(如研发、教育、基础设施)的投入和成熟的资本市场、利于创新的制度背景等。若过于硬性地追逐技术,不顾比较优势和竞争优势盲目赶超,甚至动用行政手段力保生产这些技术、产品的企业的生存,那么产业发展过程中就会出现各种扭曲,不仅不能实现后发优势,还会拖其他产业的后腿,反而变成"后发劣势"。

总而言之,"新经济"的赶超要做好打"持久战"的准备,也不能仅仅局限于技术层面,而是要在产业发展的每一个阶段都"充分利用要素禀赋结构所决定的比较优势来选择产业"①,使产业结构以"小步快跑"的方式稳步向发达国家接近。

2. 争取世界技术标准竞争的发言权

为什么中国的电子信息产业与文化传媒产业必须在世界技术标准化的舞台上拥有一席之位? 对于标准竞争的重要性有一种很通俗很精彩的描述:三流企业卖苦力,二流企业卖产品,一流企业卖专利,超一流企业卖标准。标准的重要性由此可见一斑。

如果一个产品无标准可依,那么一切就难以界定,如果一个行业想要快速、健康地发展,就必须要有标准作为有力的支撑。而一个国家的产业标准如果能成为世界范围内通用的标准,那么也就直接形成

---

① 李东宇:《区域文化传媒产业竞争力综合评价体系研究》,重庆大学硕士学位论文,2009 年 4 月。

了该行业的技术壁垒,例如美国仅靠微软和英特尔的技术标准,就控制了世界软硬件市场 60%～80% 的份额。从信息的制造、收集、存储、传播等方面来说,不但电子信息产业需要标准,文化传媒产业也需要标准。信息时代的 ICT 竞争,本质上就是标准竞争,对于电子信息产业而言,标准竞争的特点是迅速网罗用户、抢占市场,使自己的产品和技术"先入为主",成为"事实标准";对于文化传媒产业而言,一个统一、开放的行业标准和一个有力的数字支持平台意味着信息的真正共享和深度利用。在文化传媒产业化步伐不断加快的今天,中国若想成功应对全球市场竞争、在全球传播系统中发出自己的声音,就必须用信息技术整合传播系统,以标准化、开放化的技术平台和完整的信息管理方案整合业务,为文化传媒行业的发展做出贡献。

然而,长期以来,中国都只是作为标准竞争的追随者,即使在比较优势明显的硬件产品制造方面,也是在生产过程和产品标准都已经固定下来的条件下,被动地执行标准,因此无法掌握市场的主动权,导致企业在国际化进程中处处受制于人。

如何让中国的企业及早意识到技术标准的潜在优势和未来冲击,如何尽快建立中国的标准体系,以应对发达国家和跨国公司的威胁,同样是我国信息传播企业必须面对的一种严峻的挑战。

3. 以点带面、重点突破:定位"带动型、跨越式的可持续发展"

中国目前的经济实力决定了发展电子信息产业和文化传媒产业不可能"面面俱到"。作为典型的发展中国家,中国迎接全球化和信息化的基本对策,是坚定不移地执行"赶超战略",既占领某些领域的技术制高点,又积极推进"产业转移战略"——承接发达国家转移出来的产业完成技术型的原始资本和技术积累。

(1) 发挥后发优势,缩小技术差距

经济学家胡鞍钢认为:发展中国家追赶发达国家的基本途径就是引进,引进的成本大大低于创新的成本,而且在时间上也大大缩短了赶超的进程①。在中国的赶超之路上,经济的发展可谓是充分发挥了后发国家的"赶超效应",与发达国家的差距正不断缩小,中国高速增长的 GDP 就证明了这一点;然而,从技术创新和科技能力来看,依然存在着巨大的差距,并且这个"技术鸿沟"远远大于经济实力的差距。从目前的状况看来,与发达国家相比,中国科技和文化的弱势地位是短时间内难以改变的,在制定国家信息传播发展战略时,我国仍然需要一定的"拿来主义",具体做法可以考虑以下几个方面。

一是保证引进数目。大量引进国外,特别是西方发达国家的优秀科学技术、信息产品、文化成果和先进的管理经验,承接发达国家转移的高新产业,加快中国科教兴国战略的实施,以改变中国信息传播业的落后局面。二是加大引进力度。缩短中国在科学技术、管理、文学艺术等书刊出版方面与发达国家之间的时间差,使中国有关人员尽快看到国外先进的科研成果,为自主创新提供有力的智力支持和参考,以加快中国科学技术的发展。三是提升引进质量。拒绝盲目引进,简单、粗糙和不加选择的"拿来主义"只能将中国科技文化的发展引入低水平重复建设的怪圈,我们不但要引进优秀的产品,更要引进先进的管理经验,并将这些管理经验和商业模式与中国的国情结合起来加以应用。

(2) 保持比较优势,推动产业国际化

经过近几年的发展,中国已经成为名副其实的世界电子信息产品生产线中的一个主加工环节。从中国现有资源的相对位置来看,发展信息传播业中"相对劳动密集型"的部门是一种顺其自然的做法。丰富低廉的劳动力是中国产业发展最突出的比较优势,继续发展信息产业中的加工制造业,增加利润、剩余和积累,做好"世界工厂",继续落

---

① 参见胡延平编著:《跨越数字鸿沟:面对第二次现代化的危机和挑战》,社会科学文献出版社 2002 年版,第 169 页。

实各项鼓励出口和"走出去"的政策措施,推动产业向国际化更高水平进军,在目前来说仍不失为可行的策略。同时,由于 ICT 尖端硬件核心技术的研发需要很大的资本投入量,而软件的研发投入则相对成本较低,所以中国应该在软件研发上投入相对充足的人力资本,利用劳动力比较优势,加速中国要素禀赋结构的升级。从这个方面来说,印度依靠发展软件业实现信息产业腾飞已经成为发展中国家在某些领域努力赶超发达国家并卓有成效的经典案例之一,值得中国学习和借鉴。

应该认识到,建立在低素质劳动力基础上的比较优势不是未来发展的方向,因此,中国在着重利用劳动力比较优势时还要注意促进劳动力逐渐向具有较高科学文化素质的人力资本发展。无论是电子信息产业还是文化传媒产业,都是资金密集型的产业,而"新经济"时代,全球化和信息技术更新换代步伐日益加快的现状都对人力资源提出了更高的要求。为了适应时代发展的需要,中国应该创新和完善信息传播业人才的培养和激励机制,营造培养和吸收人才的环境,为信息传播业的发展造就一批高水平的企业管理人、产业领军人和技术带头人。

(3) 利用比较优势,让"中国标准"走向世界市场

提起"中国标准",就不得不说到 TD—SCDMA,它是中国技术标准的里程碑。作为世界三大标准之一,据统计,它的市场潜力是东扩后欧洲的 3 倍,美国的近 5 倍,日本的 10 倍。可以说,TD-SCDMA 的成功,是中国利用比较优势占领标准竞争制高点的范例。目前,中国一个月内新增电话用户量超过世界一半以上国家的总人口量,一年内新增电话用户量超过世界 90% 以上国家的人口总量,接近日本的总人口量[1]。由此可以看出,得益于中国巨大的通信市场做后盾,取得大型

---

① 转引自北京软件产业促进中心课题成果:"北京信息技术标准战略与策略研究",来源:http://www.xinxihua.cn/htmlcontent.asp。

电信运营商和设备制造商的支持,中国便无可争议地成为当今世界上最有利于制定手机通信行业"事实标准"的国家。

因此,虽然中国在核心技术上比较落后,但在电信设备、计算机设备制造领域拥有世界上最有潜力的市场,再加上强大的加工制造能力,二者结合起来是中国制定、推广自有标准的优势所在。正是基于这样的基础,目前信息和通信技术领域中"数字和高清电视标准"、"3G标准"、"信息家电通信标准"都是中国可能影响与改变竞争格局的主战场。

(4)突破核心技术,加快基础产业发展

发展劳动密集型产业虽然顺其自然,但如果片面地根据中国现有的比较优势配置产业,中国将永远处在产业价值链的低端,无法获取较高的附加值。"我们现在不需要也不可能生产最先进的技术,但并不是说我们现在就不需要去加强和培育经济和技术的创新能力。"[①]放眼未来,产业的超越最终要建立在技术超越的基础上。

前文曾经提到,中国电子信息产业主要的优势集中在传统整机和中低端零部件产品的大规模加工、组装上,关键元器件和核心技术的受制于人体现了基础产业的薄弱。信息传播业最发达的美国,其产业发展战略最突出的表现之一,就是由政府精心选择并牵头组织部分具有战略性、前瞻性的有助于产业技术领先地位维护的重大科技项目。中国在制定产业发展战略和政策时,也应该以推动核心技术发展、抢占产业制高点为要务。中国在信息产业的核心技术方面与世界水平还有较大差距,在研发上加大投入应该是目前亟待解决的一个问题。虽然在现实条件下,中国信息产业在短期内不能与美国等发达国家匹敌,但有选择地发展核心技术,在某些领域实现技术领先是可能的。

---

① 黄益平:《中国信息技术产业发展前景及政策含义》,《开放导报》2001 年第 8 期。

具体说来,要将软件、集成电路和新型元器件放在重要的战略位置,集中优势力量大力发展。因为这三者在电子信息产业价值链上处于重要的地位,也是中国与先进发达国家或地区差距较大的领域,中国电子信息产业要实现更高层次的发展,就必须在这些领域实现突破。具体来说,一是要注重集成电路生产线的建设,从本国实际出发,建立植根中国的、具有核心竞争力的集成电路产业体系;二是要以嵌入式软件和软件外包为软件业发展重点,进一步扩大产业规模,提高自主创新能力;三是要以新型显示器件为突破口,以国家重大工程项目为支撑,带动新型元器件研发和产业化能力,满足数字电视发展的需要。

除此之外,还要认真面对与文化传媒产业相关的中长期、深层次的技术问题,例如3G、4G和电子纸等未来新技术在传媒领域的应用前景、数字化可能引发的媒体融合等。在现有条件下,文化传媒企业要加强关键技术和核心技术的创新和应用,可以和已有的创业园、大学科技孵化基地等联手,大力发展数字化装备、交互电视系统、卫星电视的发射和接收装置、宽频线路系统和多媒体技术,抢占与文化紧密结合的技术制高点,形成支撑文化传媒产业的高新技术后盾。

(5) 加快产业集团建设,打造集群竞争优势

全球最有名的信息产业基地莫过于美国的硅谷,聚集了九千多家高技术公司,其中60%是以IT为主的实业公司,例如思科、惠普、网景、英特尔等全球驰名的大企业;同时,硅谷也是最优秀的研究开发人员和熟练技能劳动者的宝库,并且与世界著名的研究机构有着密切的联系。正是依托着强大的产业集群,美国的信息技术产业才能形成集技术研发、加工制造、运营服务等配套服务体系为一体的完善产业链,凭借产业基地的辐射作用带动了整个信息产业的发展。

中国目前已经形成了长江三角洲、珠江三角洲和环渤海地区的信息产业制造基地,但无论是规模还是研发能力都还停留在初级阶段。下一步,中国应进一步扩大规模,遵循电子信息产业区域聚集的发展

规律,加快建设一批产业规模大、科研开发能力强、骨干企业相对集中的产业基地和园区,注重产业发展综合环境和配套体系的建设,集中优势资源,形成新的产业增长点,使之成为世界性的信息产业制造基地。

中国有五千年的文明史,幅员辽阔,文化资源丰富多样,具有区域产业集聚与合作的基础。京津唐、长三角和珠三角不仅是中国经济发展的重点区域,也是中国文化产业尤其是传媒产业最繁荣活跃的地区。中国的文化产业要走向世界,比起信息产业,更需要国家的规划和扶持。中国文化产业所拥有的自然资源、实物资产、人文传统、金融资本、专利技术、无形资产和知识资本的存量都是相当可观的,但是时至今日都尚未形成具有国际竞争力的大型文化传媒集团,以致中国的文化、中国的声音一直在全球系统中处于弱势地位。在信息技术高度发展的今天,传播全球化已经成为无可逆转的趋势,中国要提升信息传播国家竞争力,就要致力于建设大型文化传媒集团,全力打造文化产业的中国品牌,生产一大批知识含量多、科技含量高、信息含量大、原创性强的文化产品,形成精品积聚优势。这就要求中国文化传媒产业一要跨越地区和部门的藩篱,对文化资源进行跨地区、跨部门的整合,打造在全国乃至全世界有重要影响力的产业集团;二要打破行业之间的壁垒,建立报纸、广播、电视、出版、音像制作和网络资源共享的跨行业集团。只有充分发挥产业基地和大型文化传媒集团的带动作用,才能真正实现"新经济"时代的跨越式可持续发展。

第二节　大公司战略与信息传播生产力

一、全球传播体系与"大公司战略"

1. 全球信息传播体系的形成

20 世纪 80 年代至今,全球化的趋势日益显著。短短 20 年间,"全球化"这个源于英美语系的新名词在科技进步和商业扩张的双重驱动下迅速传遍世界,它不仅有力地推动了社会生产力的发展,而且引发了社会、经济、政治、文化等各方面的深刻变革。关于"全球化"的内涵,美国斯坦福大学社会学家吉登斯(Anthony Giddens)曾指出,所谓全球化,就是"某个场所发生的事物受到遥远地方发生的事物的制约和影响,或者反过来,某个场所发生的事物对遥远地方发生的事物具有指向意义;以此种关系将远隔地区相互联结,并在全世界范围内不断加强这种关系"的过程①。世界各国日益紧密地被联系在一起,麦克卢汉设想的"地球村"逐渐成为现实。而与全球化的进程相伴相生并不断发展的是信息传播的全球化。全球化改变了社会的基础,促进传统经济向信息经济转变,并使信息成为一种战略资源。

站在世纪之交的起点往回看,一国的信息传播系统通常是由本地的商业化媒体以及国家所有制的媒体系统组成。然而,进入 21 世纪以来,随着资本在全球的扩张和传播技术的突飞猛进,以"信息力"为核心的软力量成为衡量国家实力的重要标准。在这个全球化的时代,掌握传播工具、控制话语权、影响传播效果、制造热点或转移视线,成为国家软实力兴衰的一条主线。可以预见,未来争夺信息传播主导权的国际竞争将越来越激烈。

(1) 科技进步:信息与通信技术的蓬勃发展

信息社会和信息经济唤醒了人们强大的信息获取和发布需求。信息与通信技术升级换代速度明显加快,电子信息产业和通信产业更是依托着蓬勃发展的信息技术广泛作用于文化产品和传媒产品的生产领域,从内容到形式,从生产方式到传播方式,领先的技术成为提升信息传播国家竞争优势的物质基础。传播技术的突飞猛进,使信息的

---

① 转引自邵培仁:《论全球化语境下中国电影的跨文化传播策略》,《浙江大学学报》(人文社会科学版)2006 年第 1 期。

生产、扩散和利用在全球范围内进行,地球上任何一个角落的人们瞬间就可以获取全球任何地方的信息,信息传播全球化已成为无可辩驳的事实。

信息技术的爆炸式发展以计算机技术为典型代表。1946 年 2 月 14 日,世界上第一台电子计算机诞生,其运算速度只有每秒 5 万至 6 万次。1947 年,晶体管的诞生成为科技史上划时代的坐标,集成电路和大规模集成电路应运而生,制造高速的微型计算机成为现实。1997 年,美国宣布第一台每秒万亿次并行的高性能计算机研发成功并投入使用,其后,计算机在不断获得强大功能的同时体积不断缩小,生产成本也逐渐降低,人类由此进入了"PC 机时代"。在这样的背景下,国家进步、企业竞争、个人进步的坐标系已经悄悄转移到信息技术这个维度上来,南北差距、技术霸权和信息殖民等各种依托于国际关系产生的问题,背后都与各个国家信息技术产业的发展以及国民信息化程度的提高有着千丝万缕的联系。

与信息技术相关的还有传播和通信技术的突飞猛进,其意义不仅仅是经济的,也是政治和文化的。从历史上看,世界权力的每一次集中和转移都伴随着传播技术的改良。早在汉唐时代,以中国为中心的驿道和造纸技术的发达,形成了汉唐文化在中亚、东亚和东南亚的文化话语优势;印刷术在欧洲的普及带来了文艺复兴,欧洲文明称霸世界;而近现代以来,以电影、电视、卫星广播和互联网为代表的现代传播技术使以全球化为特征的美国文化与新闻霸权席卷全球。休杰在他新近出版的《1844 年以来的全球化传播:地缘政治与技术》一书中写道:"如果信息是一种权力,那么谁掌握了电子传播系统,谁就可以对全世界发号施令。"[1]这说明了传播技术同全球化过程中资本主义国家

---

① P. J. Hugill:*Global Communications Since 1844: Geopolitics and Technology*. The John Hopkins University Press. 1999, p. 2.

霸权的直接关联。

电视、电脑、电信统统汇入了全球通信的数字系统,由局域网、城域网、家庭网、电视网等各种网络构成的综合体是全球化时代的国家信息基础设施;通信、数字视听、互联网三大技术的结合产生了诱人的信息技术产品和市场,支撑着卫星通信、跨国信息流动、科学和专业性电子邮件和商业广告,是未来国家和社会发展的"数字神经系统"。正如史蒂文森所说,"传播技术使我们的中枢神经系统得到了延伸,使我们在感官上与人类的其他成员进行了全球性的拥抱"[1]。

(2)商业扩张:新自由主义政策在全球的推广

弗里德利克对全球信息系统有过这样一段描述:"假如人能够在宇宙中的一棵树上眺望遍及世界的新闻和信息流动,就会发现它完全类似于人体的血液循环系统。换句话说,世界已经成了一个由川流不停的信息所连接起来的多重有机体。它的血管中充满了不可战胜的数据,连接大陆的海底电缆和相互接通的卫星网络构成了它的动脉。每天充满着血管的是以数百小时计的电视节目、数以百万计的个人电话和数兆比特的信息。带有银翼的雪茄状飞行体越过辽阔的海洋和天空,将数不清的人运往世界各地;右上角附有彩色标志的小小的纸质物体穿越高山大海,畅通无阻地从发件人那里传送到收件人手中。"[2]这是全球化和新自由主义经济政策语境中人类对信息全球传播的最形象生动的描述。

新自由主义兴起于20世纪40年代末,到80年代逐渐在发达资本主义国家占据了主流地位,并随着经济全球化的进程在世界各国蔓延开来。美国学者罗伯特·麦克切斯尼认为,新自由主义指的是国际国

---

[1]　[英]尼克·史蒂文森:《媒介的转型:全球化、道德和伦理》,顾宜凡等译,北京大学出版社2006年版,第138页。

[2]　转引自刘继南主编:《国际传播与国家形象》,北京广播学院出版社2002年版,第111页。

内所制定的一系列政策,而这些政策有利于商业在受到最小阻力的情况下,在所有社会事务上占统治地位。在全球化的视野下,新自由主义是"垄断资本渴求更为自由广阔的市场以赚取更为丰厚的利润的反应"①。就信息传播领域而言,新自由主义政策的核心,就是始终如一地倡导放松对商业化传媒和传播市场的管制,以市场需要和自由竞争作为信息流动的最高准则。

新自由主义精神推动着资本在全球范围内自由流动和配置,成为经济全球化的理论基础,巨额资本的迅速流动、资本信息的全球交换也使信息的传播随着资本的流向扩散到世界各地。跨国公司为了追求利润和市场的最大化,将研究与开发活动向世界的每一个角落延伸;信息产业、文化产业、传媒产业在世界经济中的优先地位,使以知识、知识产权、专利、产品等各种形式表现出来的技术和信息在全球范围内进行贸易、转让和应用;迅速崛起的全球化媒体呈现出爆炸式膨胀的趋势。如果说技术的因素为全球信息传播体系的形成提供了可能,那么新自由主义的自由市场政策则将这个可能转变成了现实。

2. 跨国公司:信息传播国家竞争力的引擎

法国学者阿芒·马特拉指出,在有关全球化的话语中,甚至是那些针对传播体系的话语中,我们总是把那些大公司放在前面,它们是经济全球化过程中的花冠……长期以来,具有国际范围内的运作能力的企业的加工平台是世界化,这些企业在具体领域获得全球化的话语②。信息时代,在巨额资本迅速流动、信息全球交换和新自由主义精神驱动下飞速发展的经济全球化,使信息传播全球化成为不可逆转的趋势。而以数字技术、网络技术和多媒体技术等为代表的传播新技术以及新媒介的日渐成熟和普及,为信息传播全球化奠定了坚实的技术

---

① 尹鸿、李彬主编:《全球化与大众传媒》,清华大学出版社 2002 年版,第 11 页。
② [法]阿芒·马特拉:《世界传播与文化霸权:思想与战略的历史》,陈卫星译,中央编译出版社 2005 年版,第 298 页。

和物质基础。全球信息传播体系的形成,促进了通讯和运输的高度现代化,在速度和效益方面为企业经营国际化创造了新的手段、条件和机制,作为企业经营国际化高级形式和核心组织的跨国公司,越来越成为引领经济社会发展的强大引擎。

(1) 跨国公司是信息传播全球化发展的龙头

国家竞争力是指一个国家参与国际竞争所表现出来的整体竞争能力,以及国家为本国企业在国际市场上的竞争提供一种有效环境支持的能力。在全球化的背景下,信息传播国家竞争力的核心是产业竞争力,而产业竞争力又来源于企业竞争力。

在当今世界舞台上,跨国公司已经成为当之无愧的主角。美国加利福尼亚大学教授盖尔伯特·希尔在《大众传播媒介和文化统治》一书中写道:"多国公司在今天是世界经济的全球组织者,而信息和传播则已成为管理控制系统中不可缺少的组成部分。"①跨国电子信息企业和媒体集团作为跨国企业的一部分,和其他领域的跨国公司一样,对国际关系和国家综合国力的发展有着巨大的影响。以传播界为主要阵地,跨国媒体集团对世界政治、文化和舆论具有呼风唤雨的能量;它们在全球范围内销售的商品、传递的信息,不仅有助于产生对全球化进程有决定性作用的媒介形式和政治文化环境,同时也成为国家微观经济能力的一部分,彰显着国家在全球化竞争中"软实力"的强弱。纵观美、日等信息传播产业发达的国家,都是通过培育自己的大企业(许多已成为跨国公司)来实现和带动产业发展的。

21世纪,随着信息技术的发展和资本在全球流动的日益通畅,信息传播已经成为一个庞大的产业,以跨国公司为载体融入全球化的浪潮之中,成为世界经济发展最快的一部分。在近年《财富》杂志评选的

---

① 转引自洪沫:《西方电子传媒全球化和世界文化形态》,《世界广播电视参考》1998 年第 3 期。

世界五百强企业中,信息类和通信类企业的比重持续上升,到 2009 年已达 72 家,占总数的 14.4%,而在这些企业中,大多来自在全球传播体系中有强势话语权的美国、日本和欧洲。可以说,跨国公司既是企业经营国际化的高级形式和核心组织,又是信息传播全球化的重要主体和发展的"龙头"。

更为重要的是,信息已成为一种战略资源,影响着经济、文化和意识形态的传播。在新自由主义盛行的时代,众多跨国企业成为全球传媒体系遍布世界的"触角",以信息产业、文化产业和传媒产业为代表的"新经济",不但成为经济增长的全新范式,推动着发达国家由要素驱动阶段、效率驱动阶段进入"创新驱动阶段";也成为这些国家软实力生存的沃土,尤其是全球化的传媒,既是跨国公司广告的主要载体,支持跨国公司在新的国家、地区和市场的扩张,同时又为宣传和促进自身的文化价值观在世界范围内的传播提供讲坛。

这里讨论的与信息传播相关的跨国公司主要分为两类,一类是作为信息传播硬件部门的信息技术企业、通信企业,另一类则是作为信息传播主体的传媒与文化企业(主要是传媒集团)。

(2)跨国公司是推动信息生产要素全球流动的主体

信息生产要素是信息传播的物质基础,没有信息生产要素,信息传播只能是无米之炊,信息传播国家竞争力也成为一纸空谈。根据迈克尔·波特的理论,产业生产要素一般包括基本要素和高级要素:基本要素包括自然资源、气候、位置、非熟练和半熟练工人;高级要素包括资本、技术、知识、现代化的通讯设施和高科技人才等。信息产业是知识密集、技术密集型产业,因此从生产要素的角度而言,对于高级要素的需求和使用是信息产业的突出特征。信息产业要具有持续的竞争优势,就必须拥有高级的人力资源、内化的技术能力和稳定的产业资本。

在信息技术和信息传播全球化的发展潮流中,跨国公司起着主导作用。信息技术及其产业的绝大部分由跨国公司管理,跨国公司已控制了国际技术贸易的 60%,国际技术转让的 80%,科研开发的 90%[①]。跨国公司的市场、业务、人力、资本来源都是全球性的。据《世界报》对法国各大企业进行的一项调查显示,接受调查的大部分企业都自发地表示它们已在国外建立了一些研究中心。"这些公司不同于其他产业的一些先导或领头企业,它们大都有自己独特的社会影响力较大的专有信息技术,并能以这些技术的研发为基础,为信息技术全球一体化、信息产品生产与服务全球化开源辟路。"[②]实力雄厚的跨国公司,凭借最先进的技术进行"超强竞争"。在信息的研究与开发领域,跨国公司能够投入的人力、物力甚至财力都是一般小公司所难以企及的。源于对利润最大化和市场占有率的追求,跨国公司之间还建立起以技术为基础的国际战略联盟,例如微软、AT&T 和 Intel 公司联合开发将电视、电脑和网络连接在一起的最新技术,使自己在网络迅速发展后能够保持关键技术的主流化。

信息生产要素的另一个重要组成部分是人力资源。如今,关于技术的发明与创造已经成为国际国内信息产业最重要的竞争资产之一,这样的现状也越来越强烈地要求人力资源的全球性流动,为全球信息资源的配置提供智力支持。而跨国公司在人力资源开发方面有着丰富的经验,尤其在信息技术企业,不少跨国公司不仅投资于企业内部培训,还专门成立培训机构,对相关企业进行培训。

跨国公司在全球范围内的到处落户,除了促进自身的经营发展之外,还带动了信息产业资本的跨国界流通,20 世纪 90 年代兴起的电信公司与计算机、网络和新兴技术公司的并购热潮,造就了一批实力强大的跨国信息企业,仅 1999 年前 4 个月,全球 947 起并购交易中就有

①　李昌凤:《当前跨国公司对华技术转移的消极影响及其对策》,《中国民营科技与经济》2005 年第 4 期。

②　郑英隆:《信息产业的全球一体化研究》,经济科学出版社 2006 年版,第 119 页。

103 起发生在电信业,420 起发生在计算机硬件、软件和信息服务业,占并购交易的 55%。[①]

(3) 跨国传媒公司是全球传播体系的核心

20 世纪 80 年代以前,在一个国家的传媒系统中占支配地位的主要是本地的商业化媒体和国有性质的媒体,然而,从 20 世纪 80 年代到 21 世纪初不到 20 年的时间里,媒体部门经历了最富戏剧性的行业整合,跨地区、跨媒体、跨行业的兼并在世纪之交达到了高峰。

1999 年 4 月,雅虎以 60 亿美元兼并网络广播公司;9 月,维亚通讯公司宣布出资 350 亿美元兼并作为美国三大电视网之一的哥伦比亚广播公司。2000 年 1 月,法国媒体公司维旺迪和英国的沃达丰电信集团各出资一半组建欧洲最大的因特网站。同月,美国在线宣布兼并时代—华纳公司,实现了一次大规模的跨媒体兼并,形成了一个集网络通讯技术、新闻信息网站、杂志书籍出版、全球电视网络和音像娱乐等为一体的超级媒体集团。这种超级媒体集团不仅有数字化传播的技术,还有传播的网络和传播的内容。新闻集团在媒体发展上走的是另一条路,从报纸扩展到电视,从电视扩展到娱乐业,从娱乐业再扩展到网络媒体的渐进发展模式;在地域拓展上,采取了从澳大利亚到美国,从美国到亚洲,从亚洲到欧洲的逐步占领全球的模式。但其总的方向也是朝跨国超级媒体集团发展,与美国在线殊途同归。

如今,控制全球传媒市场的是 30 到 40 家大型跨国公司,而位居前五名的时代华纳、迪斯尼、贝塔斯曼、维亚康姆和新闻集团(News Corporation)更属于其中的"超级巨无霸"。

这些巨型媒体集团的出现进一步加速了信息传播的全球化。以默多克领导的新闻集团为例,如今它已经成为全球规模最大的综合性传媒集团,业务涉及报纸、杂志、书籍、广播、电视、电影等领域,在美

---

① 张波:《跨国并购对中国 IT 业发展的影响》,《商场现代化》2005 年第 15 期。

国、英国和澳大利亚等国都拥有不少媒体。而在遥远的东方,从 1999 年起,随着新闻集团北京代表处的设立,中国的部分受众也早可以观看其经营的星空卫视和凤凰卫视的中文节目了。

默多克的新闻集团是全球化媒体的典型代表,与其发展模式类似的跨国传媒正在逐年增加。巨型媒体集团不仅掌握尖端的通信技术,拥有覆盖全球的通信网络,还垄断着大量的新闻信息和娱乐资源。它使曾经或不久前还在新闻信息传播领域居霸主地位的报系集团和电视网均相形见绌。它的出现预示着报系和电视网将退出在新闻信息传播领域的统治地位,跨国媒体集团已然成为全球传播体系的核心。

二、培育有国际竞争力的大型信息传播企业集团

波特等曾经这样描述企业之于国家的重要性:"一个国家的生产力最终由企业的生产力所决定。一个国家不可能具有竞争性,除非在其中运营的企业具有竞争性,不论这些企业是本土企业还是外国企业的分支机构。"①

1. 实施信息传播企业"大公司战略"的重要性

当今世界,争夺信息传播主导权的国际竞争全面展开,这是一场科技战、商业战,更是主流话语权的争夺战。一国在国际舞台上传播信息的力量成为维护、争取和实现国家利益的重要手段,成为新时代综合国力竞争中必不可少的内容。信息传播国家竞争力的比拼,首先在企业层面上展开。企业在全球市场上的主要竞争目标之一就在于培育大型企业集团和跨国公司,通过国际化的经营建立强势的国际性品牌。从全球范围来看,美国有通用电器、英特尔、时代华纳,日本有索尼、东芝、松下,韩国有三星、LG 等,企业竞争力的强大意味着产业竞争力的优势,产业竞争力的优势则是国家竞争力的基本条件。中国

____

① 奥古斯托·洛佩兹-克拉罗斯、迈克尔·E.波特、克劳斯·施瓦布:《2006—2007 全球竞争力报告:创建良好的企业环境》,锁箭、杨世伟、毛剑梅等译,经济管理出版社 2007 年版,第 56 页。

信息技术与传媒产业从纵向来看,起步较晚,发展较快;但若与其他发达国家进行横向比较,则在不少方面还存在着显著的差距。推进信息技术与传媒产业的"大公司战略",成为跨越"数字鸿沟",让中国的"声音"更强势地传遍世界的必由之路。

什么是"大公司战略"? 一言以蔽之,就是培育在国内外市场上有国际竞争力的大型企业集团,创建具有中国特色的跨国公司。

胡锦涛总书记在中共十七大报告中明确提出:创新对外投资和合作方式,支持企业在研发、生产、销售等方面开展国际化经营,加快培育中国的跨国公司和国际知名品牌[①]。这说明,中国已经充分认识到培育有国际竞争力大型跨国公司的战略意义。

许多国家发展的实践证明,只有拥有世界水平的跨国公司,才能立足于世界之林,才能在国际市场竞争中取胜。随着世界各国(地区)间的联系日益紧密,国际市场的竞争必将日趋激烈,只有具有国际化经营能力的大企业,才能在国际市场中生存。当代国际竞争主要是跨国公司之间的竞争。跨国公司已经成为国际贸易的主要承担者和世界市场的主宰者。尤其是对于信息传播业而言,其国际竞争力的大小不仅关乎经济发展水平,更关乎国家的信息安全和文化安全。

如果信息传播全球化最终呈现出的是"发达国家化"甚至是"美国化"的局面,那么轻则使本土、本国的传媒内容和文化产品、信息产品丧失立足之地,重则使本国青少年逐渐培养起完全西化的生活方式、消费方式、思维方式、行动方式乃至价值观念、文化观念,进而威胁到本民族文化的存亡。而从信息安全的角度看,若西方特别是美国仍然掌控着电信、电脑、互联网等当今国际信息流通渠道硬件的主要标准、关键技术和基础设施(包括深入各国政府、企业机构、个人家庭电脑的

---

① 胡锦涛:《高举中国特色社会主义伟大旗帜 为夺取全面建设小康社会新胜利而奋斗——在中国共产党第十七次全国代表大会上的报告》,人民出版社 2007 年版,第 27 页。

操作系统等核心软件),那么国家的信息流通实际上监控在西方手中。一旦涉及国家利益冲突,那么美国和西方不仅能够利用自身在国际新闻报道、国际信息流通方面的强大优势垄断全球信息传播,形成对自己极为有利、对利益冲突对立国家(地区)极为不利的国际舆论环境,还能够随时局部瘫痪甚至封闭互联网,甚至还可以"对操作系统软件采取政府行为,实施升级换代等变相封锁措施,使得现在已经须臾离不开美国版操作系统的各国政府、企业、机构、军队和个人电脑系统无法运行"①。

目前,我国信息传播产业仍然在全球系统中处在弱势地位,在跨国信息技术企业、文化传媒集团遍布全球的时代,只有做大做强自己的信息传播企业才能在信息时代占领经济发展的制高点,才能争取到全球传播体系中的话语权,化解文化安全和信息安全的潜在危机,将中国政治、经济和文化的影响力扩散、辐射得更远。近年来,全球信息传播企业间惊心动魄的并购热潮显示,各国信息传播产业的价值取向是:企业个体越大越好,业务范围越广越好,块头越硕大行动越敏捷越好。正如有学者所说的那样:"21 世纪,在最聪明的头脑的驯服下,大象也能跳出最优美和赏心悦目的舞蹈来。"②

2. 信息技术产业:中国的"大公司"究竟强不强?

中国信息技术企业"大公司"战略的起步始于 1986 年,原电子部为抓重点企业以引导和促进行业的发展,组织了电子百家企业活动;1996 年"电子百家企业活动"更名为"电子百强企业活动"。二十多年来,在电子信息百强企业中涌现出一批规模化和具有国际竞争力的大企业,有力地带动了产业的发展。1990 年,中国电子信息行业开始出现销售收入超过 10 亿元的企业,1994 年出现超过 50 亿元的企业,1996 年出现超过 100 亿元的企业,到了 2009 年,百强企业合计营业收

---

① 明安香:《传媒全球化与中国崛起》,社会科学文献出版社 2008 年版,第 40 页。
② 卢新德:《信息传播全球化与企业经营国际化战略》,人民出版社 2002 年版,第 131 页。

入达到 11194 亿元,占全行业总量的 18%,营业收入超过 100 亿元的企业有 23 家,其中位居榜首的华为技术有限公司的年营业收入已突破 1200 亿元,"接近《财富》全球 500 强企业的入围标准"。①

虽然发展速度很快,但与发达国家相比,中国的电子信息产业仍有以下不足:

一是规模实力差距明显,盈利水平弱。从营业规模上看,位列中国电子信息百强企业第一名的华为技术有限公司营业收入为 1227 亿元,不到同期索尼营业额的 1/4,约为 IBM 的 1/6;全行业利润额为 3.5%,而同期 IBM 的利润率为 16%。由此可见,与世界高水平的 IT 巨头相比,中国电子信息百强企业营业收入利润率普遍较低,无论是"大"还是"强",中国电子信息百强企业还远远达不到跨国公司的重量级。

二是技术和研发实力相对落后。据国家工业和信息化部发布的《2009 年信息技术领域专利态势报告》,截至 2009 年 9 月 30 日,国家知识产权局已公开的信息技术领域专利申请量达 98 万件,增长速度超过 2008 年的 22%,但在多数信息技术领域,国内与国外的专利积累对比仍存在差距(见图 4-1)。"虽然中国在信息产业九个技术领域中有七个技术领域的专利申请总量(发明专利和实用新型专利)超过国外,但就发明专利数量而言,仍有七个技术领域低于国外。国外在各技术领域的发明专利比例均超过 97%,而国内发明专利比例则在 30%—70% 之间,可见差距依然明显。以国内发明专利比例较高的通信、信息材料与加工工艺两个技术领域为例,与国外相比差距仍超过 30 个百分点。"②

---

① 古晓宇:《2009 电子信息百强企业出炉 华为海尔联想分列前三》,《京华时报》2009 年 7 月 11 日。

② 工业和信息化部科技司:《2009 年信息技术领域专利态势报告》,来源:http://ip. people. cn/GB/10395467. html。

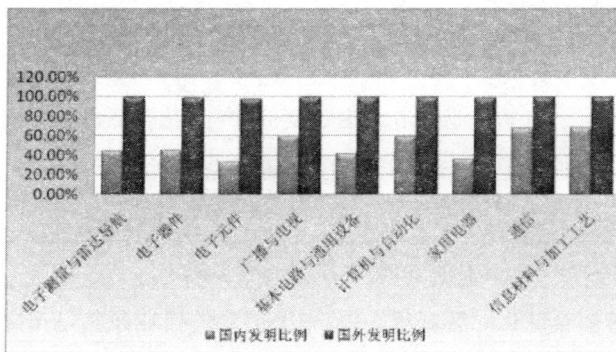

图 4-1　九大类技术领域国内外发明专利比较①

　　据统计,2009 年上榜的国内电子信息百强企业研发经费超过 400 亿元,占营业收入的比例为 3.5%,高于全行业平均水平 1%。其中华为研发投入最高,达到 100 亿元,占其营业收入的比例超过 8%。但这样的数据,与国外大型跨国信息企业相比仍然相形见绌。

　　技术专利差距的主要原因是中国企业研发投入资金不足,许多企业觉得研发投入不仅风险大,而且即使投入有限的研发资金也无法与跨国公司相提并论,无法与之进行技术竞争,干脆把有限的资金用在营销方面。长期下去,必将导致信息技术创新上的"马太效应"。由于在核心技术上受制于人,很多企业还要支付高额的进口成本和专利费用,只赚取微薄的加工费,而把利润的一部分交给拥有核心技术知识产权的跨国公司,由此陷入了高营业收入、低利润率的怪圈。

　　三是市场化程度较低。在 2009 年《财富》杂志评选的世界五百强企业中,上榜的信息企业共 72 家,中国有 8 家,而这 8 家企业的产生和发展大多是行政力量的推动而不是市场竞争的结果。2007 年的统计数据显示,全国 6000 余家增值电信运营商中,属于国有全资、国有控股以及国有法人控股的企业仍然偏多。

---

　　①　工业和信息化部科技司:《2009 年信息技术领域专利态势报告》,来源:http://ip. people. com. cn/GB/10395467. html。

目前,中国电子信息企业(包括通信企业)的竞争模式主要还是价格竞争,2009 年电子信息百强企业营业收入只占全行业总量的 18%,说明中国电子信息企业的市场集中度低,产业发展不成熟。前些年的彩电价格大战、国美电器等电子零售商对生产商的价格捕杀,都不同程度地说明中国企业仍然停留在传统的竞争形式层面。

3. 传媒产业:中国距离媒体强国还有多远?

在传播全球化的客观现实中,中国信息传播业尤其是传媒产业的现状到底如何? 通过上一章的数据比较,可以简单地说,中国已经是一个媒体大国,但还远不是一个媒体强国。

传媒普及率和人均占有率是衡量传媒发展水平的"硬"指标,彰显一国传媒产业的发达程度。改革开放以来,中国虽然在传媒总量上已经逐步赶上发达国家,尤其是互联网普及率 2009 年已经超过世界平均水平。但是人口多、底子薄的国情使再庞大的传媒总量也不得不大打折扣。进一步分析,中国传媒在地区和部门之间的分布也是不平衡的。东部传媒产业发展水平高,中、西部则偏低;电视媒体、互联网媒体、手机媒体等时尚且不受文化水平限制的媒体人均占有量高,报纸、杂志、图书等纸质媒体普及率则较低。这显示,中国传媒结构是不均衡的,在传播渠道的竞争力方面,中国与发达国家相比,也仍然落后。

从国际传播的能力来看,虽然有资料显示中国已做了多方面努力并取得了一定成效,但在全球传媒体系中,中国仍与发达国家相去较远。目前传播于世界各地的新闻,90% 以上为美国和西方国家所垄断。在美国本国电视节目中,外国节目仅占 1.2%;美国电影产量只占全球电影产量的 10.1%,却占据了全球总放映时间的 50% 以上[①]。西方 9 家大型媒体跨国公司占领了世界 95% 的传媒市场。在因特网上的信息输入与输出流量中,中国信息在输入流量中仅占 0.1%,输出流

<hr>

① 蒋旭峰:《新媒体时代中国的国际传播能力》,《对外大传播》2009 年第 12 期。

量更是只占 0.05％①。中国的报纸、广播、电视、期刊、图书等传媒产品的进口远大于出口。2008 年,中国电视节目的进出口金额分别为 45420.67 万元和 12476.06 万元,进出口比例为 2.64：1;进出口小时比例约为 2：1②;版权输出量仅为输入量的 1/4,而且结构单一,几乎只有图书一项具有输出能力;音像、电子出版物方面更是乏善可陈,进、出口金额分别为 4557 万元和 101 万元,进出口比例约为 45：1;2009 年,在中国电影综合收益的 106.65 亿元中,海外销售收入为 27.7 亿元,仅占总收入的 26％,而在美国,海外票房与本土票房约 2：1 的比例已经保持 7 年不变③。

由此可见,中国传媒业虽然拥有非常强大的基础设施,在"硬实力"的一些方面已经赶超西方,但在传媒软实力方面,中国还无法生产出具有国际影响力的产品,传媒产品的进出口结构也极不合理,中国由一个媒体大国蜕变成一个媒体强国还有很长的路要走。

二、传媒大公司的特点与国际竞争优势

据统计,2009 年中国传媒产业的总产值为 4220.82 亿元,约合 635 亿美元。美国权威市场研究机构 Datamonitor 称,美国传媒产业 2008 年的总收入为 3015 亿美元④,与之相比,西方仅一家传媒集团的经营收入就接近或超过中国传媒产业全部收入的一半。例如美国时代华纳(未拆分 AOL 和 TWC 之前)2008 年的总收入达到 469.84 亿美元,新闻集团 2009 年的总收入达到 304.23 亿美元。这些数据既反映了中国传媒产业的现状,也足见西方传媒集团实力的雄厚。纵观美、日

---

① 《美国软实力:中国互联网企业利润大多被美占有》,来源:http://tech. 163. com/10/0127/21/5U2IL3EG000915BF. html。

② 数据来源于国家统计局社会和科技统计司:《中国社会统计年鉴 2009》,光盘版。

③ 吕岩梅:《美国电影 2009 年全球票房进账 299 亿美元》,《综艺报》2010 年第 5 期(电子版),来源:http://www. dooland. com/magazine/13856。

④ 崔保国主编:《2010 年中国传媒产业发展报告》,社会科学文献出版社 2010 年版,第 456 页。

等传媒业发达的国家,都是通过大公司来实现和带动产业发展并取得国际竞争优势的。

传媒大公司具有这样几个突出的特点:一是规模化经营,对市场具有支配力量,能够实现成本分摊和资源共享;二是品牌化运作,充分利用品牌效应来达到效益最大化;三是采用先进的现代公司管理制度,通过科学管理和有效的激励与约束机制,获得更高的劳动生产率和经济效益;四是具有完善的产业(品)链,能够把内容生产、技术开发、营销手段等诸多环节紧密联系在一起,形成范围经济和集群优势。

正是因为这些特点,传媒大公司在国际竞争中都具有以下四个突出的优势:

第一,成熟的盈利模式与超强的盈利能力。传媒大公司规模经济的特性和不断延伸的产业链,决定了其在市场、人力、技术甚至财力上都拥有强大的优势,可以对媒体资源进行"横向"和"纵向"的整合与扩张。通过横向的设立子报子刊、异地办报或办台等方式实施跨地区、跨媒体经营;通过纵向的上下游产业资源的整合打通原材料供应、生产销售、公司资本运营的产业链条,实施多元化战略,扩大传媒产品的分销渠道,摊薄内容成本,形成多点经营、多点盈利的产业格局。同时,传媒大公司善于通过资本市场进行产业的升级与扩张,通过资本运营进行资源的有效整合,使其盈利能力始终有强大的资本做后盾。

第二,丰富的内容产品和领先的生产技术。新闻集团总裁彻宁谈到卫星电视在英国成功的经验时曾说:"人们最终付钱看这些频道只有一个理由——节目内容……观众可以在成批的、高质量的产品中去选择,这些他们从其他地方是得不到的——这就是 BskyB 获得巨大成功的原因。"[①]传媒企业是以内容生产为核心业务的,跨国传媒大公司

①　王学成:《全球化时代的跨国传媒集团》,社会科学文献出版社 2005 年版,第155 页。

拥有庞大的资产和专业化人才队伍,能够率先进行内容创新和技术革新。媒介产品最丰富的传媒公司,往往是生产制作技术最领先、拥有最多新技术成果、实力最强劲的大企业。

第三,强大的抗风险能力。这主要表现在两个方面:一是企业的规模越大,它的偿付能力就越强,这使得许多传媒大公司在扩大规模特别是并购联合的过程中敢于采取负债经营的方式。负债经营具有较大的风险,但强大的实力和规模经济的特点使传媒大公司可以承受短期的亏损,进行长期的战略投资①。二是传媒大公司多点化的经营模式和盈利模式,遵循了"不要把鸡蛋装进一个篮子里"的规律,不但可以使媒体资源得到更有效的配置,而且可以在竞争中达到东方不亮西方亮的结果,从而在整体上提升了媒体的抗风险能力。

第四,广泛的品牌影响力。品牌是企业获得竞争优势的来源,从企业外部(市场)来看,竞争优势也表现为品牌优势。如今,传媒大企业与其品牌(产品品牌或企业品牌)正日益融为一体,新闻集团、时代华纳、迪斯尼等传媒集团,本身既是著名的大公司,旗下企业或产品也是享誉全球的"名牌"。在媒介产品种类不断增多和消费者选择日益多样化的时代背景下,受众越来越趋向于"认牌购物",处在传媒市场中心和领先地位的传媒大企业,其产品辨识度和认可度高,其品牌影响力更容易在全球市场上得到扩散。

三、以大公司战略助推信息传播企业走向世界

改革开放以来,中国经济实力迅速增长,与 1978 年相比经济总量翻了 70 倍。特别是 1999 年之后,中国相继赶超意、法、英、德、日,成为世界第二大经济体。相比之下,中国文化在国际上的影响力却提升缓慢,尤其是中国传媒在国际上的话语权依然微弱,这与中国作为一

---

① 王学成:《全球化时代的跨国传媒集团》,社会科学文献出版社 2005 年版,第155 页。

个大国的形象很不相称。目前,中国传媒走向世界已经具备了强大的经济基础,更有其强烈的内在需求,而在这方面能否取得突破,起点和前提都在于有正确的战略选择。

1. 整固产业基础,聚合集群效应

迈克尔·波特在"钻石模型"中阐明,国际竞争中的成功产业必然先经过国内市场的洗礼,激烈的国内竞争是迫使一个产业进行改进和创新的压力和动力,海外市场则是国内竞争的延伸,而在政府的保护和补贴下所形成的在国内没有竞争对手的"超级明星企业",通常并不具有真正的国际竞争能力①。这对中国来说是一个特别值得重视的观点。我们不能寄希望于在政策扶持下发展所谓专门的国际传媒集团,如果将来能有这样的企业,它也一定是先从国内竞争中脱颖而出,然后再走向国际市场的。基于这样的认识,中国需要花大力气培育和整固传媒产业的基础,争取逐步形成传媒产业的集群优势,有了良好的产业基础条件,就自然会有大的传媒集团脱颖而出。竞争优势理论认为,有国际竞争力的产业一般都有其他产业作为先导或后盾,这些相关产业的集合就是"产业集群"。"产业集群"现象说明,一个优势产业往往是同国内相关强势产业一同崛起的。因为有"产业集群"的存在,一个优势产业就可能获得世界一流供应商的支撑以及上下游产业的密切合作。在这方面,中国的战略是可以将包括信息产业、创意产业和传媒产业在内的大文化产业作为一个整体来对待,采取整体推进、重点突破的方法。对传媒业来说,尤其要重视冲破传统的产业模式,通过对传媒资源的开发利用衍生出新产品,挖掘新市场和新机遇,在创意产业的族群中寻找相关多元化经营的机会。在广告、艺术、电影、音乐、表演艺术、出版、软件、电视广播等领域,更要推动传媒业基于创

---

① [美]迈克尔·E.波特:《国家竞争优势》,李明轩、邱如美译,华夏出版社 2002年版,第110页。

128

意的产业整合,变"二次售卖"的盈利方式为"一次售卖",使媒体生产的知识本身成为盈利的工具,建立包含创意生产、加工复制、市场营销、延伸开发等诸多环节为一体的产业链。

2. 放宽管制范围,扶植强势媒体

如果说良好的产业基础和来自产业内外的协同效应只是为传媒大公司的产生提供可能性,那么在中国的特定语境中,国家对媒介市场管制力度的调控便是决定传媒大公司能否脱颖而出的直接因素。当下中国与管制相关的传媒发展难题主要有两个:一是属地管理和多部门管理的模式,使得传媒业的区域化分隔和行业化分割成为常态,跨区域和跨媒体的整合困难重重,统一有序、公平竞争的市场体系很难建立起来,信息、技术、人才、资金等各种生产要素无法自由流动,媒介生产与需求的互动关系大多只能在人为设定的局部区域发生作用;二是对媒体投融资的严格限制,使得优质媒体的外部扩张和内部创新速度都远远低于预期。一方面是优质媒体很难上市,只能主要依赖自有资金滚动发展,对资金的渴求日甚一日;另一方面是已上市的少数幸运儿又多是分拆上市,通过上市而获得的大量资金无法有效地流入作为公司主业的内容生产领域,这就使得中国媒体面临资金不足与投资渠道不畅的双重瓶颈。在以上两大问题的共同作用下,中国传媒业的规模经济和范围经济的效应都无法体现出来,传媒大公司的出现几无可能。建议国家尽快从传媒国际竞争战略的角度出发,研究让部分强势媒体能够整体上市的路径和措施,同时放松这些强势媒体跨区域、跨媒体投资和收购兼并所受到的政策限制,使其快速扩张和发展能够得到政策层面的有力支持。

3. 利用政策杠杆,引导外向发展

由于种种历史与现实条件的作用,中国传媒企业绝大多数是"内向型",即使在改革开放三十多年后的今天,它们依然普遍缺乏外向发展的动力。其主要原因:一是国内庞大的传媒市场,使得大多数媒体觉得应对好国内竞争特别是本地竞争才是安身立命之关键;二是没有进入国际传媒市场的通道,缺乏参与国际竞争的经验和实力,所以根本无法走出去。对于很多小型的地方媒体而言,走向世界也许确无必要,但对于一个大国来说,有部分媒体首先行动起来并终将走向国际竞争舞台却是必然。在此过程中,从国家和媒体的层面都需要有明确的面向国际竞争的发展战略,而初期国家层面的战略导向尤为重要。综观西方发达国家,在国际竞争过程中都逐步形成了一套鼓励和促进本国传媒企业和产品参与国际竞争的法律和政策。例如,美国从 20世纪 30 年代开始,对电影产业制定了"限制国内垄断,鼓励国际出口"的法律,禁止在美国境内实行从创作、投资、制片、发行到电影院线的垂直垄断,以保护自由竞争;鼓励电影的对外出口,在 GATT 谈判中由政府出面动用各种手段,逼迫欧盟国家开放电影市场。可见,国际竞争优势的确立不可能简单地只靠企业一方就可以达到目的,政策和法律可以起到非常重要的杠杆作用,美国这样的发达国家如此,中国这样的发展中大国尤其如此。当务之急,首先是要按先易后难的原则确定可能进军国际市场的传媒企业的梯级,在每个梯级中选择几个培养对象,通过减免税收、出口补贴、融资优先、人才奖励等一系列政策调节手段,对它们进行有力的政策引导,促进有条件的传媒企业率先参与国际竞争,在实战中逐步发展壮大起来。

第三节　造就更坚实的国家信息传播基础

波特指出,国家创造并延续企业的竞争条件,它不但影响企业所做的战略,也是创造并持续生产与技术发展的核心[①]。对于信息传播

---

① ［美］迈克尔·E. 波特:《国家竞争优势》,李明轩、邱如美译,华夏出版社 2002年版,第 17 页。

国家竞争力来说,通过优化需求条件和发展完善相关与支持性产业,造就更坚实的国家信息传播基础,是保证竞争力稳步提升的重要因素。

一、需求条件与信息传播国家竞争力

1. 中国信息传播国内需求状况分析

(1) 信息传播需求规模

中国人口约占世界人口的五分之一,这对于中国信息传播来说,无疑使一个庞大的总体需求规模成为可能。进入 21 世纪以来,一方面,随着信息经济时代到来,信息消费在人们的工作、学习和生活中变得越来越重要,逐渐成为中国居民新的消费热点。另一方面,随着中国居民收入水平提高和生活质量改善,人们的消费结构也随之不断升级,信息消费所占的比重越来越大。在这两方面一推一拉的作用下,中国信息传播产品的需求规模迅速扩大。以中美日俄印五国主要信息传播产品为例,如图 4 - 2、4 - 3 所示,据世界银行的统计数据,2010年中国的互联网用户数已达 4.6 亿人,手机用户达 8.59 亿人,在中美日俄印五国中居首位。另据 WAN—IFRA(世界报业和新闻出版协会)统计,中国报纸日均销售量也仅次于日本,处于第二位,见图 4 - 4。

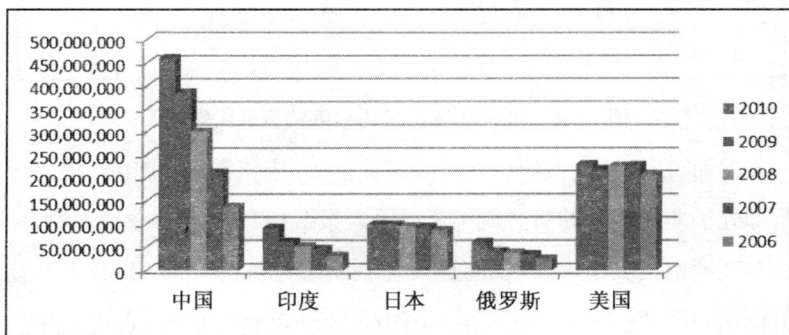

图 4 - 2　2006—2010 年五国互联网用户数比较①

① 数据出自世界银行数据库,来源:http://data.worldbank.org/。

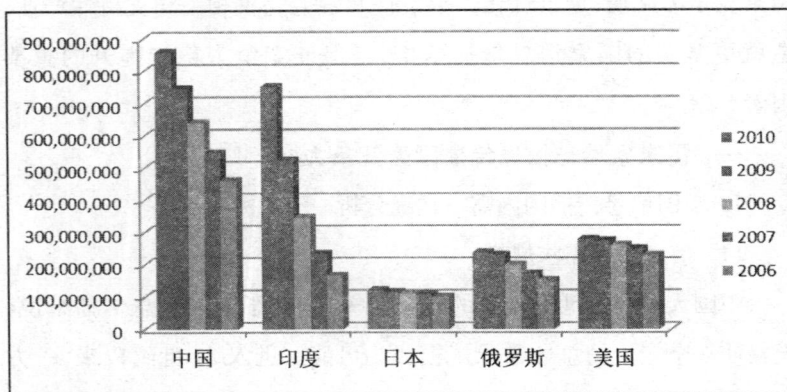

图 4 - 3   2006—2010 年五国手机用户数比较①

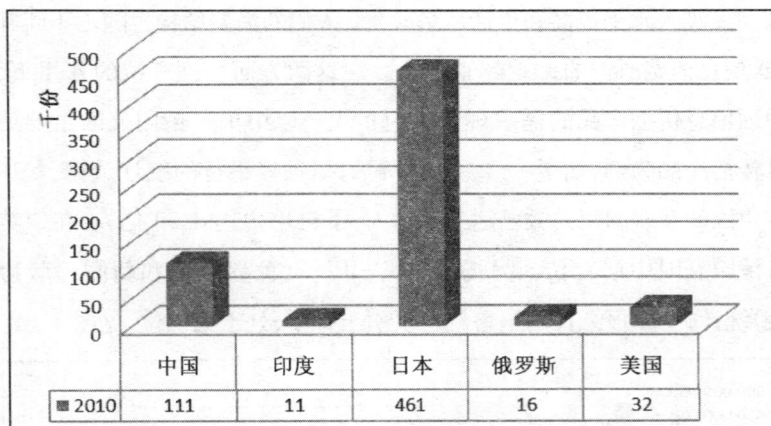

图 4 - 4   2010 年五国日均报纸销售量比较②

　　然而,在貌似庞大的总体规模的优势下,应该看到,中国人均需求量却处于非常明显的劣势地位。以千人报纸拥有量(图 4 - 5)来看,中国在五国中仅高于俄罗斯,而百人互联网用户数(图 4 - 6)、百人移动电话用户数(图 4 - 7),中国在五国中仅比印度稍占优势,远远低于美

---

　　①　数据出自世界银行数据库,来源:http://data. worldbank. org/。

　　②　WAN-IFRA/Christoph Riess, World Press Trends 2011, http://www. wan-if-ra. org/articles/2010/11/26/world-press-trends-and-more-reports.

国和日本。

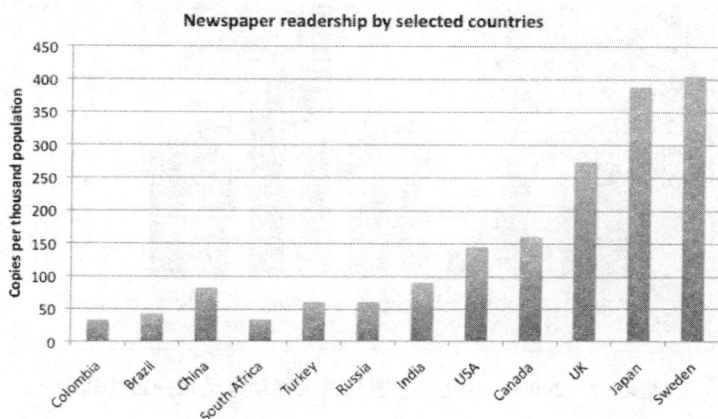

图 4-5　多国千人报纸拥有量比较①

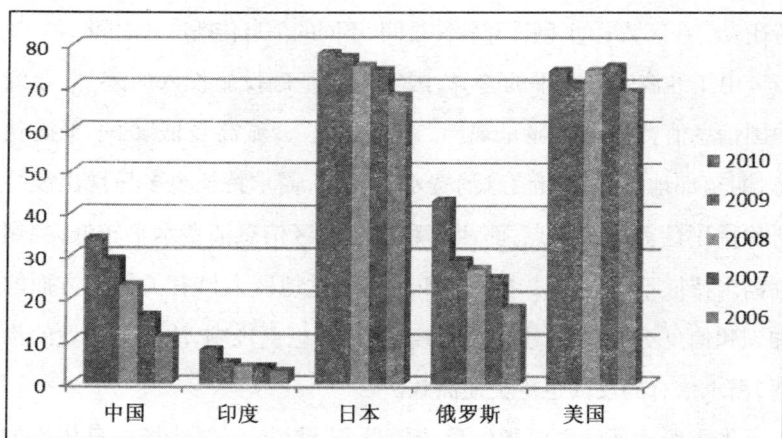

图 4-6　2006—2010 年五国每百人互联网用户数比较②

---

① WAN-IFRA, World Press Trends 2011, http：//www. wan-ifra. org/articles/2010/04/17/world press trends-2011.

② 数据出自世界银行数据库，来源：http：//data. worldbank. org/。

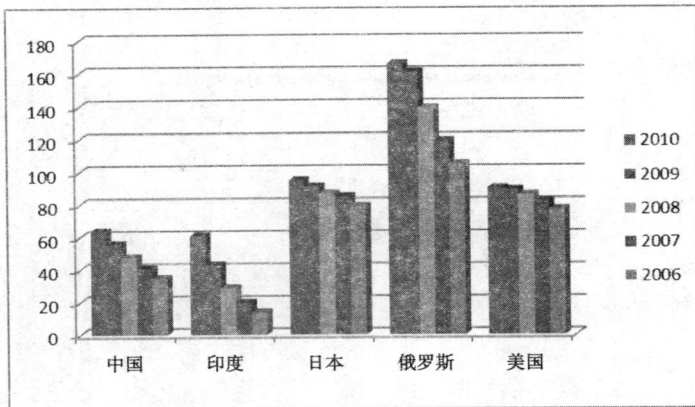

图4-7 2006—2010年五国每百人移动电话用户数比较①

（2）信息传播需求结构

中国信息传播的需求结构特性总体来说呈现出不均衡的特征。这种特征表现在区域之间、硬件和软件之间、不同的信息传播产业之间。

由于经济发展水平的差异,国家信息基础设施投入的差异,导致中国信息消费需求明显呈现出"东高西低"、"城高乡低"的不平衡状态,即东部地区和城市信息消费水平较高,需求特征更多呈现出波特所称挑剔性需求的特点,而西部和农村地区信息消费水平较低,挑剔性需求特征不明显。城市人口和东部发达地区人口有关需求方面的知识和信息更加充分,组织化程度也更高,也更挑剔,注重与企业的沟通,需求信息的反馈也更灵便高效。

本书所称硬件主要指信息传播设备、终端,而软件指信息传播的内容和服务。中国居民对信息传播设备和终端需求已经颇为成熟,开始重视品牌的选择,追求高质量的产品和精致的服务。如在家用电视行业、手机生产行业、个人电脑生产行业,用户挑剔性需求特征明显,促使国内各生产厂家不断创新,推动产品迅速更新换代。而在软件方

---

① 数据出自世界银行数据库,来源:http://data.worldbank.org/。

面,由于中国居民的整体文化素质偏低,严重制约了信息传播产品内容和服务需求的数量和质量。

信息传播包含诸多产业,在这不同产业之间,用户的需求特征也表现出很大的差异性。在 ICT 领域,由于市场开放,竞争充分,用户需求发展成熟。而其他行业如传媒领域,由于其格局呈条块分割的状态,各地区、各类型的传媒竞争较弱,导致用户需求水平较低。同样,在通信领域,由于中国通信产业采取的是国家垄断经营的战略,通信产品的消费主要由国家计划指导和通信企业主导,消费者处于被动的地位。尽管近年来国家采取了分拆的方式引进了竞争机制,但总体上仍表现出垄断经营的特点。这种状况使消费者的需求被严重限制,难以形成挑剔性需求。

(3) 信息传播需求成长

进入 21 世纪以来,中国居民的信息传播类消费支出总额及其占总支出的比例呈稳步提升的态势,但增长缓慢(如图 4-8、4-9 所示)。笔者根据国家统计局相关数据进行计算,在 2001 年,城市居民信息传播类消费总金额为 1147 元,占总生活消费支出的23.18％,到 2010 年增长到 3611.3 元,比例为 26.81％,增长幅度为2.15％;而农村居民2001 年为 302.6,比例为 11.87％,2010 年各为 827.8,15.81％,增长幅度为 1.34％。这其中值得注意的是,城市居民的支出总额上升较快,但占生活消费支出的比例却上升幅度较小。农村居民支出总额上升幅度较小,占总体生活消费支出的比例提升幅度在 2005、2006 年比较明显,显著高于同期城市上升幅度,但随后却逐步减缓下滑。这一方面说明城乡收入差距仍然很悬殊,另一方面表明农村居民近年来更加注重信息传播消费,消费结构升级一度非常迅速,但近期遇到障碍。

2. 优化需求条件要素,提高信息传播国家竞争力

信息消费的本质是精神消费,信息消费最终消费的是知识和信息。这就决定了对信息传播的需求本质上是一种精神需求,在需求层

次上属于较高级的需求,需求的数量和质量受制于主体的个人素养。如前所述,中国拥有庞大的人口规模,这使得中国的信息传播获得大规模的国内需求成为可能,然而如何才能使这种可能变为现实,如何在实现需求规模的同时提高需求的成熟度,形成波特所谓的挑剔性需求? 笔者认为以下几方面是可行的路径。

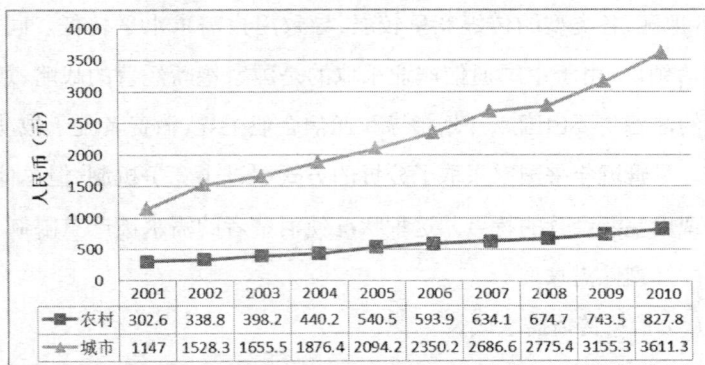

	2001	2002	2003	2004	2005	2006	2007	2008	2009	2010
农村	302.6	338.8	398.2	440.2	540.5	593.9	634.1	674.7	743.5	827.8
城市	1147	1528.3	1655.5	1876.4	2094.2	2350.2	2686.6	2775.4	3155.3	3611.3

图 4-8　中国居民信息传播类消费支出总额①

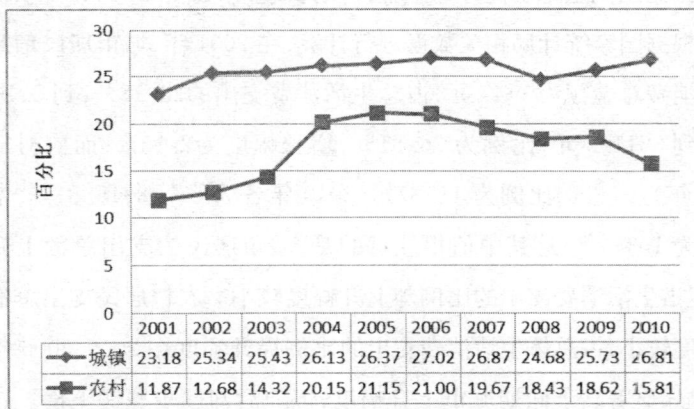

	2001	2002	2003	2004	2005	2006	2007	2008	2009	2010
城镇	23.18	25.34	25.43	26.13	26.37	27.02	26.87	24.68	25.73	26.81
农村	11.87	12.68	14.32	20.15	21.15	21.00	19.67	18.43	18.62	15.81

图 4-9　中国居民信息传播类消费支出占总消费支出比例②

---

① 根据国家统计局"国家统计数据库"整理,主要包括交通通信和文教娱乐用品。
② 根据国家统计局"国家统计数据库"整理,主要包括交通通信和文教娱乐用品。

（1）提高需求主体素养

通过分析,我们发现信息传播的消费需求与需求主体的文化素养、媒介素养、信息素养密切相关,需求的数量与层次都受其制约。

信息传播产品的消费相对于其他生活消费品来说对文化知识的要求更高,它需要消费者具备一定的文化知识素养,要具备阅读、写作的能力。在信息传播高度发达的现代社会,各类媒介成为信息传播的主要渠道,这就要求消费主体具备较高的媒介素养。此外,随着现代信息技术的普及,以计算机和互联网为代表的新技术、新媒体成为信息传播的重要载体,这对用户具备现代信息传播技术知识、掌握现代信息传播设备的功能、独立熟练地操作这些设备提出更高的要求。人们的文化素养、媒介素养、信息素养越高,越能够顺利通过各种信息传播渠道获得信息,并对信息进行甄别和加工处理,使之为己所用,这样才能提高需求的层次和成熟度,并使需求的规模不断扩大。反之,如果相关素养较低,其获取和使用信息的难度将较高,获取信息所需的时间长、得到的信息量有限,人们对信息的需求被限定在一个很低的层次,需求的规模也不可避免地会受到限制。

首先,要提高社会公众的文化素养。信息传播产品的消费要借助经济的形式实现,信息传播市场需求也要靠现实的货币支付能力支撑。在此意义上,信息传播市场的消费需求与一般商品市场的消费需求并无不同。然而,我们要看到,信息传播产品的消费更为主要的内涵却是对信息、文化的接受,是一种精神消费,这要求消费者具备文化素质,具有阅读能力。文化教育状况是影响信息传播需求的决定性因素,消费主体的文化教育程度不仅影响信息传播需求的数量,还进一步影响需求的层次与结构。一般情况下,文化程度越高,接受信息传播产品的能力就越强,需求数量也就越多,对产品的质量也就越具备鉴赏的能力,需求的挑剔性也就越强。因此,为扩大国内信息传播需求的规模和提高需求的层次,首先要做的就是全面提高中国人口的平均教育水平。根据联合国教科文组织的统计数据显示,中国人口的教育水平整体仍处于较低水平,与美俄日印相比,尽管中国初等教育毛入学率比较高(图4-10),但中等教育入学率远低于美、日、俄三国,仅超过印度(图4-11)。教育水平偏低带来的直接后果就是中国人口的

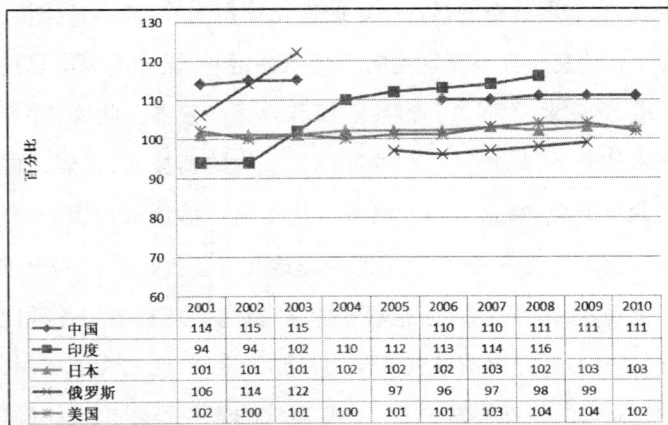

	2001	2002	2003	2004	2005	2006	2007	2008	2009	2010
中国	114	115	115			110	110	111	111	111
印度	94	94	102	110	112	113	114	116		
日本	101	101	101	102	102	102	103	102	103	103
俄罗斯	106	114	122		97	96	97	98	99	
美国	102	100	101	100	101	101	103	104	104	102

图4-10 五国初等教育毛入学率[1]

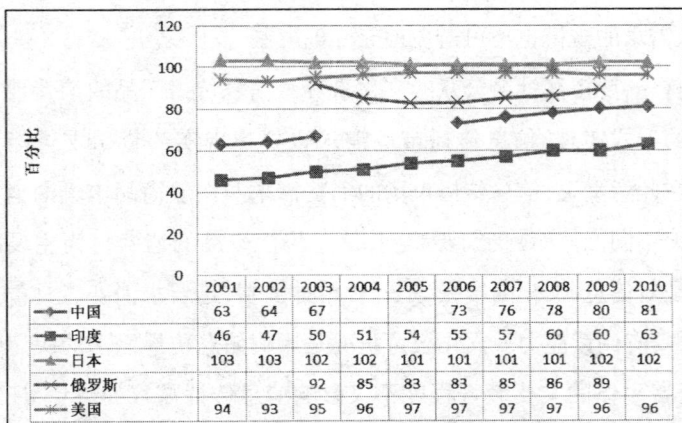

	2001	2002	2003	2004	2005	2006	2007	2008	2009	2010
中国	63	64	67			73	76	78	80	81
印度	46	47	50	51	54	55	57	60	60	63
日本	103	103	102	102	101	101	101	101	102	102
俄罗斯			92	85	83	83	85	86	89	
美国	94	93	95	96	97	97	97	97	96	96

图4-11 五国中等教育毛入学率[2]

---

[1] 数据出自世界银行数据库,来源:http://databank.worldbank.org。
[2] 数据出自世界银行数据库,来源:http://databank.worldbank.org。

文化素质偏低,这对于对文化水平有较高要求的信息传播需求来说,无疑会产生不利的影响。采取措施提高教育水平,是进一步扩大中国信息传播国内需求规模以及提高需求质量的必由之路。

其次,要提高我国公民的媒介素养。所谓媒介素养,根据美国"全国媒介素养指导会议"的定义,即获取(access)、分析(analyze)、衡量(evaluate)及传播(communicate)讯息的能力①。如果说媒介是人体的延伸,那么,媒介素养就是传统文化素养的延伸,它包括人们对各种信息的解读能力,除了现在拥有的听、说、读、写诸能力之外,还应具有批判性地接收和解码影视、广播、网络、报刊和广告等媒介信息的能力,以及使用电脑、电视、照相机、录音机、录像机等广泛的信息技术来制作各种媒介信息的能力。媒介素养有认知层面、情感层面、审美层面和道德层面等多个层面:就认知层面而言,指受众所具有的获取、分析、评价和传输各种形式信息的能力,侧重的是对于信息的认知过程和加工思考过程;情感层面侧重的是人的情感触知能力,以及体认媒介信息的价值和力量,判断其正当性、合法性;审美层面是从艺术的角度欣赏、理解和鉴赏媒体信息的能力,掌握不同媒介和艺术形式的不同符号表征及其经验形象;道德层面是从伦理的角度,从媒介信息内部提取价值观念的能力。概而言之,即正确地、建设性地享用大众传播资源的能力。这种能力包括受众利用媒介资源的动机、使用媒介资源的方式方法和态度、利用媒介资源的有效程度以及对媒介的批判能力②。只有具备一定的媒介素养,人们在通过媒介进行信息传播消费时,才能够正确地辨别、鉴赏信息传播产品,才能够不断地对不同信息传播产品进行挑剔,并通过反馈渠道与信息传播产品的制造者沟通,促使制造者不断提高生产制作水平,使需求成熟度不断提高。

---

①　田磊:《传播法学》,上海交通大学出版社 2004 年版,第 204 页。
②　冯资荣:《泛信息时代的受众媒介素养》,《中国广播电视学刊》2007 年第 4 期。

再次,要提高中国公民的信息素养。信息素养和媒介素养密切相关,其包含的内容互有交叉,但内涵又有很大差别。所谓信息素养(Information Literacy)是指在信息社会具备信息意识、信息交流和获取、运用信息的能力[①]。

信息素养反映了个体获取信息、使用信息的能力。正如 Robert Burnhein 所说,具有信息素养的人能够确定何时需要信息,并且具有检索、评价和有效使用所需信息的能力[②]。因此,信息素养高的人无疑能够更加明确自己的信息需要,主动获取信息,其对信息需求的数量更多,对获取的信息也更具备辨别意识和能力,对信息传播产品也更为挑剔。公众信息素养的整体提高将会促使中国信息传播需求的规模进一步扩大,也会使需求的精致性和挑剔性程度更高。

(2) 提高公众的收入水平,缩小收入差距

一般说来,需求是具有购买能力的消费欲望,而经济收入决定实际购买能力,从这个意义上说,信息传播消费者的经济收入,在现实实现方面规定着信息传播消费者需求的数量和结构。这种影响又通过两个方面发挥作用,一是绝对收入水平,二是收入差距。

恩格尔定律认为,收入水平越低,用于食品的支出在家庭收入中所占的份额就越大,随着收入水平的提高,用于食品支出所占的份额下降,用于服装、文化、娱乐等方面支出所占的份额增加。根据该定律,收入水平的提高会增加个人用户对信息传播产品消费的需求。

经济学家马歇尔认为,不同性质的商品,需求弹性不同。凡维持生命的生活必需品如粮食非得到不可,得到之后,欲望又很容易满足,其需求弹性最小。无关紧要的奢侈品,如化妆品,在人的欲望中可有

[①] 参刘英华、赵哨军、汪琼:《信息资源检索与利用》,化学工业出版社 2007 年版;秦殿启:《文献检索与信息素养教育》,南京大学出版社 2008 年版;张厚生,袁曦临:《信息素养》,东南大学出版社 2007 年版。

[②] 张厚生、袁曦临:《信息素养》,东南大学出版社 2007 年版,第 9 页。

可无,其需求弹性大。需求收入弹性是用来衡量收入变动的比率所引起的需求量变动的比率,即衡量需求变动对收入变动的反应程度,通常是在假定价格不变的情况下进行的。对于高级物品,又称正常物品,需求量和实际收入量呈正方向变化,即当收入增加时,需求量也随之增加,收入下降,需求量也随之下降。对于低级物品,又称非正常物品,需求量和实际收入量呈反方向变化,即当收入增加时,需求量减少,收入下降,需求量反而增加。与食品、衣物等生活必需品以及一般工业品比较,信息产品的需求收入弹性和需求价格弹性均较大①。既然信息需求富有弹性,那么居民收入的变化就会对其产生较大影响。在其他条件不变的情况下,居民收入的增加会使实际的购买力增强,给信息传播的潜在需求转变为现实需求提供条件,所以信息传播需求量就会相应地增加。反之,居民的收入减少会导致消费品的购买力下降;而由于相对于其他生产生活必需品来说,信息传播类产品需求弹性大,所以就不可避免地要削减实际的购买量,现实的信息传播需求量就会减少。

收入水平不仅影响信息消费数量,而且对其结构也有影响,白振田等通过对北京城市部分居民家庭进行调查后发现:收入对信息消费的结构具有影响,中低收入群体主要以传统的信息产品和服务为主,如书刊、电影、收音机等;高收入群体以高档信息产品为主,如移动电话、DVD 等;少数高收入、高智力群体以计算机网络消费为主②。

中国社会科学院李雪松、娄峰的研究表明,中国城镇居民收入差距对消费具有显著的负向效应。城镇居民的基尼系数的绝对值每增加 0.01,消费平均将减少约 0.33%。当引入了消费的惯性影响后,收

---

① 王明明:《信息产业促进经济发展的机制》,中山大学出版社 2001 年版,第 181~182 页。

② 白振田、宣江华:《中国城市家庭信息消费结构浅析》,《农业图书情报学刊》2006年第 2 期。

入差距对消费影响的负向效应将更大。或者说,城镇居民的基尼系数的绝对值每增加 0.01,消费平均将减少约 0.35%[1]。中国人民大学杨天宇、侯祀松的研究也得出类似结论。他们研究发现,中国的收入分配显著影响了居民消费。根据其模拟计算,即使中低收入阶层的收入份额只有微弱的提高,也可以提高总体居民边际消费倾向约 2 至 3.5 个百分点,增加 320 亿至 560 亿元的居民消费需求。由此证明,缩小居民收入差距,加大居民收入再分配的力度,对刺激中国居民消费需求具有积极作用[2]。

而中国的现实情况是居民收入整体不高。据世界银行最新统计显示,2011 年中国人均国民总收入为 4270 美元,在世界银行对 216 个国家和地区的排序中,仅居 121 位[3]。世界银行按人均国民总收入,对世界各国经济发展水平进行分组。通常把世界各国分成四组,即低收入国家、中等偏下收入国家、中等偏上收入国家和高收入国家。但以上标准不是固定不变的,而是随着经济的发展不断地进行调整。按世界银行公布的数据,2010 年的最新收入分组标准为:低于 1005 美元为低收入国家,在 1006 至 3975 美元之间为中等偏下收入国家,在 3976 至 12275 美元之间为中等偏上收入国家,高于 12276 美元为高收入国家。[4] 尽管近几年中国经济发展迅速,已跻身中等偏上收入国家行列,但仍远低于世界平均水平。而且,2011 年我国居民收入增长远远低于

———————————

　　① 李雪松、娄峰:《中国城镇居民收入差距对消费影响的动态效应分析》,载陈佳贵主编:《中国经济持续增长展望——机遇与挑战》,社会科学文献出版社 2007 年版,第126 页。

　　② 杨天宇、侯祀松:《收入再分配对中国居民总消费需求的扩张效应》,《经济学家》2009 年第 9 期。

　　③ 数据出自世界银行数据库,来源:http://data.worldbank.org/。

　　④ 国家统计局:《人均国民总收入的概念及世界银行国别收入分组标准》,来源:http://www.stats.gov.cn/tjzs/t20090911_402586498.htm。

财政收入和企业收入增长,使得居民收入占国民收入相对比重不升反降[①]。而与此状况同时存在的是大幅度的收入差距。据国家统计局公布的基尼系数来看,中国目前的基尼系数已经接近 0.5(2006 年为 0.47,此后几年仍不断扩大),已经超过了国际公认的收入差距警戒线(基尼系数为 0.4)。收入水平整体偏低、收入差距过大给信息传播需求带来的后果就是,信息传播类消费成为中国居民的奢侈品,在整体消费支出中占据较小比例,需求规模难以扩大。如果说居民的文化素养、媒介素养和信息素养通过影响信息传播需求的动机和欲望最终对需求的规模和成熟度产生影响的话,那么居民收入状况将影响潜在的信息传播需求向现实需求的转变。为此,在保证不断提高居民收入的前提下,逐步缩小收入差距将是中国信息传播需求规模不断扩大、结构不断升级、成熟度日益提高的必要条件。

(3) 积极挖掘农村地区需求潜力

波特认为,在竞争优势中,国内市场的成长率和市场需求的规模,是一体的两面。国内需求的快速成长可以鼓励厂商投资,勇敢而果断地引进技术、更新设备,并兴建更大型、更有效率的厂房。反之,当一个国家的市场成长趋缓,厂商的扩张也趋于保守,并担心引进新技术会造成现有设备、人力的闲置;当产业科技发生重大改革、企业需要更强的信心才能投资新产品或新设备时,快速的内需成长更显其重要性[②]。那么,如何才能实现中国信息传播需求的快速成长呢?

通过前面对中国居民的信息传播消费成长情况的分析可见,2001—2010 年间,农村居民消费支出占总生活消费支出的比例最高时(2006 年前后)比前一年提高了近 10 个百分点,提升幅度明显高于城

[①]　《人社部研究员:中国基尼系数已逼近 0.5 警戒线》,来源:http://news.xinhuanet.com/politics/2012 - 09/19/c_123733242.htm。

[②]　[美]迈克尔·E. 波特:《国家竞争优势》,李明轩、邱如美译,华夏出版社 2002 年版,第 89 页。

市。这说明农村信息传播消费需求潜力巨大。因而,有必要进一步挖掘这种潜力,使之转化为现实需求,从而推动中国信息传播整体需求的迅速成长。

首先,要不断提高农民收入,完善农村社会保障体系。

中国长期实行城乡二元体制,导致城乡经济发展水平、人均收入水平差距悬殊,农村居民收入过低,增长缓慢。2000—2007年,中国城镇居民人均纯收入年均增长率达到10.1%,而农民人均纯收入年均增长率只有6.2%。与此同时,农村消费的地区差异也越来越显著。如目前东部地区农村居民家庭生活消费支出比西部地区高1.73倍,比中部地区高1.48倍。从长期趋势看,城乡、地区间消费市场规模差距将呈继续扩大趋势,形势将更加严峻。农民消费预期不稳定。另外,长期以来,农村上学难、治病难、养老难等问题比较严重,农民对未来的收入与风险预期具有不确定性,防老养病、子女教育等储蓄倾向较强。2007年农村居民生活消费支出3224元,相当于同期农民纯收入的77.8%。其中,用于食品和住房的生存性消费支出高达60.88%,而家庭设备、文教娱乐等享受型、发展型支出只占1/3。农村公共产品投入严重不足,增加了农民生产性消费支出负担,压缩了生活消费空间[1]。这一现状在主体性上限制了农民的消费动机和能力,使农民不可能增加信息传播消费投入,无疑也就限制了作为发展性需要的信息传播整体需求的增长。基于上述原因,我们认为应想尽一切办法提高农民收入,这是扩大农民信息传播需求的必备条件;同时应不断完善农村社会保障体系,使农民减少后顾之忧,将更多的支出投入到信息传播类消费中。

其次,加强农村信息传播基础设施建设,打通农民信息传播需求的通道。

---

① 程国强:《力解扩大农村消费迷局》,《中国报道》2009年第5期。

信息传播基础设施是信息传播产品传输、扩散并最终使得受众需求得以实现的基础。目前,中国农村信息传播基础设施普遍陈旧,跟不上信息时代的要求。虽然近年来广播电视网、通信网和互联网覆盖面不断扩大,但农村信息传播平台呈现出布局分散、区域分割、缺乏横向交流沟通的特点。同时,尽管农村基层电视、电话等信息终端设备的普及率逐年提高,但使用功能相对单一,综合利用不够。根据中国农业大学李道亮教授的调查,农民信息传播渠道仍局限于传统媒体,计算机、互联网之类的现代信息传播工具在农民获取信息的渠道中仍处于次要地位(见图 4-12)。这种情况近年来虽有所改变,但从根本上扭转还有待时日。要充分挖掘农村信息传播需求的潜力,首先要做到的就是以政府为主导,调动各方力量,加强农村信息传播基础设施建设,将农村信息传播通道连接到每个农民,突破农村信息化中的"最后一公里"的瓶颈;与此同时应注重建立统一的综合性的信息传播体系,实现信息的充分流动。

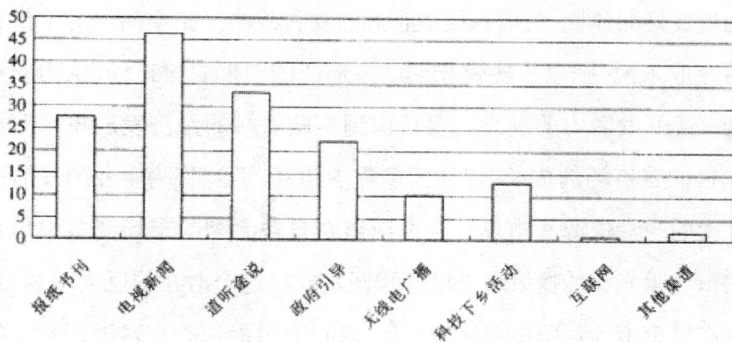

图 4-12 中国农民常用信息传播渠道调查统计情况[1]

再次,政企合力,开发农村信息传播市场。

造成目前农村信息传播需求难以启动的一个重要原因,还在于长

---

① 李道亮:《零公里的探索:基层农业信息服务体系建设研究》,中国农业出版社2007 年版,第 231 页。

期以来农村信息传播市场不发达,现有信息传播机构、企业忽视农村信息需求,涉农信息资源开发缺乏。

涉农信息资源从开发到最终为农民用户所使用,需要经过生产、收集、加工、储存、传递和使用等多个环节,每个环节都需要成本,从而导致农业信息资源到达农民手中的成本值积累很高。同时,目前的信息利用途径,如网络、语音电话、手机短信等方式的收费,在部分地区仍然偏高。而中国农业的特点是经营分散、规模小,农民收入有限,难以支付各种信息费用[①]。如前所述农村社会保障的不完善,农民缺乏文化素养、媒介素养、信息素养,又导致对信息需求动机不足。这使得农村信息传播市场尽管社会效益较高,但更是一个市场准入成本较高、风险较大的领域,因而信息传播企业不愿冒风险投入到农村信息资源的市场开发中来。

政府应当通过产业政策倾斜、资金支持、税收支持等宏观调控手段,大力扶植信息传播企业开拓农村市场,为农村信息传播市场的开发创造良好的环境,为信息传播企业的农村战略开拓空间。对于信息传播企业来说,则应该转变长期以来形成的忽视农村市场、认为农村市场缺乏开发潜力的观念。要认识到广阔农村的经济发展将带动整个农村消费市场的成长,包括信息需求市场,而这将为企业的发展提供巨大的受众资源和市场。企业应该在日益激烈的市场竞争中用积极的市场眼光和传播策略去培育和开发农村这个潜在的巨大市场,意识到在城市市场竞争白热化的时代,农村有可能成为应对激烈竞争的战略转向地。

(4) 细分市场结构,建立统一信息传播市场,实现充分竞争

波特认为,一国市场要想产生国家竞争优势,该国的需求形态需

[①] 王长胜:《中国电子政务发展报告 No. 4:从政府信息上网到政府服务上网》,社会科学文献出版社 2007 年版,第 109~110 页。

具备三项特色,其中第一个条件是需求的结构,也就是市场需求呈现多样细分。细分市场需求之所以重要,是因为它能调整企业的注意方向和优先发展顺序。①

由于地域广阔,地理环境复杂,中国各地区人口数量、密度、性别与年龄构成的差异明显,各地环境、风俗习惯和文化传统也有极大差异;社会、文化、经济发展的不平衡使得阶层分化极其复杂;不同阶层和地域的人群心理需求、决策能力、消费能力也存在诸多差异。这导致中国信息传播市场是一个总体规模极其庞大,情况纷繁复杂的市场。各信息传播企业应充分评估自身的资源,找到自身的优势所在,找准特定的受众,根据受众消费需求的差异对市场进行细分,以专门化的、有针对性的信息满足受众多样化的需求。进行市场细分的好处在于:第一,它可以更好地廓清当前信息传播市场的需求结构和边界,有利于充分把握各类消费者的不同需求和同类需求的规模与比例,使市场营销活动的目标变得更加明确,提高投入—产出效率。第二,通过市场细分,企业可以了解市场各部分的购买能力、潜在需求、顾客满足程度和竞争者的结构与能力状况,从而能够及时发现最优的市场机会,及时采取相应策略,形成竞争优势。第三,它可以使信息传播组织扬长避短,发挥优势,集中人力、物力、财力,使有限的资源集中使用,以最少的经营成本取得最大的经营效益,从而提高核心竞争力。

细分市场需求是企业为提高生产、营销效率,在激烈的竞争中取胜而进行的理性选择。而市场细分存在的客观基础在于,一方面在市场上消费者的需求客观上存在着差异性,另一方面市场需求还具有相似性。这种交叉中的相似性和差异性就使市场具有了可聚可分的特性,为企业按一定标准细分市场从而选择自己的目标市场提供了客观

---

① 〔美〕迈克尔·E. 波特:《国家竞争优势》,李明轩、邱如美译,华夏出版社 2002 年版,第 82~83 页。

可能性①。信息传播市场细分需要足够的消费者支持,这就必须突破地理区域的限制,以更广地域的受众相似性获得一定规模,而突破细分特定区域的差异性带来的限制,也就要求目标市场不能被地域所局限。而目前中国的信息传播产业,其中主要是传媒产业还处于区域条块分割的状态下,传媒企业的活动范围被限定在一定区域、一定领域内。

中国媒介大部分依据行政区域组建,除中央级媒体外,都是属地管理,属地管理带来的地方政府对利益的追逐是造成中国传媒市场存在严重分割现象的根本原因。市场分割的问题本质上就是产品的流通问题和资源的配置问题,由于存在分割,所以产品不能实现自由流通,资源也得不到最优配置,人为降低了生产效率。例如中国广电系统始终在政府直接管理下有计划地按照行政级别和行政区划开办电视台、电台,尽管电台、电视台数量猛增,但整个行业行政区域壁垒分明,各自为政②。传媒市场分割还造成大量的重复性建设和资源浪费,导致传媒分布的失衡,重点地区(如省会城市、核心城市)数量过多过滥,竞争无序,而其他地区则数量过于稀少,缺乏竞争。

除此以外,市场分割带来的更为严重的后果,就是限制了不同地区不同行业传媒企业之间的竞争。而这种竞争对于促进国内需求、提升国家竞争力是非常必要的。因为激烈的国内市场竞争不但刺激了国内市场需求,同时也可以通过产品和营销的创新,创造新的市场需求。活跃的国内市场竞争也可以提升国内市场水平,当地厂商彼此激烈竞争会产生教育客户的效果,客户因此敢于开条件、要求更高,他们的角色也更明显。这样的产业一旦走向国际竞争,本地市场的优势会

① 参惠碧仙、王军旗:《市场营销:基本理论与案例分析》,中国人民大学出版社2004年版,第127~128页。
② 冉华、周丽玲等:《传媒风云:来自武汉传媒市场的报告》,武汉大学出版社2007年版,第382页。

马上反映在国际市场的竞争力上面。活跃的国内市场竞争也会吸引外国市场的需求。一国的产业在国内市场激烈竞争时,会为该国在国际间打出名声,其他国家的客户必然将该国相关产品列为可以考虑的采购来源;毕竟,该国厂商的厮杀竞争将会降低外国客户采购时选择不足的风险①。中国传媒业的市场分割使得传媒产业失去了通过国内竞争进行磨砺而获得国际竞争力的机会。而要改变这种现状,必须打破行政壁垒,建立统一的国内市场,努力培育和扩大中国的传媒市场,逐步完善传媒市场的竞争机制,使传媒产业的总量不断增长,传媒市场的运行机制逐步走向规范。应该鼓励媒体之间进行多种形式的收购、兼并与合作,促进媒体跨地区、跨行业、跨媒介、跨所有制重组,实现大规模的低成本扩张和产业结构调整,在竞争中形成一批规模和实力雄厚、品牌形象良好的大型传媒集团。

（5）不断提高信息传播企业创新能力,以创新刺激需求

国内市场对需求的提早反应有利于国家竞争力的提升,因为本国市场最先对某项产品或服务产生需求,会使本国企业比外国竞争对手更早行动,发展该项产业,进而产生满足其他国家客户需求的能力。企业可以因此抢先建立大量生产设施并累积经验,获得竞争优势②。而企业对于提早需求的产生具有至关重要的作用,这种作用的发挥就在于企业的创新能力,因为企业可以通过不断推出新产品,刺激消费欲望,创造新的消费需求。

在信息传播市场中,信息传播组织可以通过不断进行产品创新、工艺创新、技术创新,在需求与创新的关系中把握主导地位,用创新的市场努力让消费者改变需求偏好。根据 Witt 和 Mcmeekiu 等的创新

---

① 参[美]迈克尔·E.波特:《国家竞争优势》,李明轩、邱如美译,华夏出版社 2002年版,第 128~129 页。

② [美]迈克尔·E.波特:《国家竞争优势》,李明轩、邱如美译,华夏出版社 2002年版,第 92 页。

理论,可以采取的策略是:企业或其他信息传播组织根据最挑剔和复杂的消费者的偏好设计创新产品,将其投入市场后,由这部分消费先驱者首先接受这种新产品,然后通过社会的选择和适应过程改变普通消费者的偏好。当消费者需求结构改变后,创新企业就能凭借对新产品的垄断优势和旺盛的需求而得到巨额的垄断利润。当然,巨额利润又刺激了模仿行为,竞争加剧。为了在竞争中取胜,企业把利润的一部分用于研发,从而推动了新一轮的创新。巨额的利润还能刺激企业扩大生产规模,并积累生产经验①。这样一国信息传播产业会不断创造出新的产品或服务的需求,在越来越多的领域提早发展并积累经验,在国际竞争中处于优势地位。

近年来,中国信息传播产业的创新能力不断增强,对信息传播国家竞争力的提升起到了重要作用。

在信息技术创新方面:第一,国家出台了一系列措施鼓励自主创新,积极创造有利于技术创新和产业结构升级的政策环境。2007 年,《2007 年中国保护知识产权行动计划》、《自主创新产品政府首购和订购管理办法》相继颁布,《软件与集成电路产业发展条例》已经列入国务院的二类立法计划,《信息技术应用条例》正在抓紧制定,落实《国家中长期科技发展规划》的配套政策也在陆续推出。第二,科技创新取得成效,企业研发能力进一步增强。2007 年,电子信息行业新品产值率超过 20%,比 2006 年提高了 0.2 个百分点。全行业研发投入超过 1000 亿元,电子信息百强企业研发投入占销售收入比重接近 4%,其中有 11 家企业超过 6%,海尔、华为等研发投入均超过 50 亿元。第三,下一代万联网(CNGI)示范工程取得阶段性成果。2007 年 2 月,中国电信承建的中国下一代互联网(CNGI)示范工程核心网和上海互联

---

① 参汪琦:《技术创新与市场需求的互动机制及对产业升级的传导效应》,《河北经贸大学学报》2006 年第 1 期。

交换中心项目通过国家验收。中国电信 CNGI 核心网和上海互联交换中心主要采用国产设备,共包括 7 个核心节点,节点最大中继带宽达 lOG,技术达到了国内外同期、同等规模、同类设备组网的先进水平。第四,具有自主知识产权的 TD—SCDMA 第三代移动通信技术已进入商用化阶段。TD—SCDMA 产业化工作取得重大进展,已形成了覆盖系统设备、网管、核心芯片、终端产品等环节在内的完整的产业链,TD—SCDMA 产业链多厂商供货环境已经形成。TD—SCDMA 产业链系列产品已完全做好商用准备。第五,新一代无线宽带国家专项启动。2007 年 12 月 26 日国务院审议并原则通过新一代宽带无线移动通信网专项实施方案。新一代宽带无线移动通信代表了信息技术的主要发展方向,实施这一专项将大大提升中国无线移动通信的综合竞争实力和创新能力,推动中国移动通信技术和产业向世界先进水平跨越。[①]

在传媒创新能力方面,谢耘耕、周志懿的中国传媒创新能力调查显示,中国传媒创新体系建设加快,成功开发一批新的有影响力的传媒产品。在调查的 75 家传媒研发机构中,非常健全的占 24%,比较健全的占 46%,一般的占 17%,非常不健全的只有 1%[②]。

然而,我们还应看到,"中国信息技术核心技术还处于受控于人的局面"[③],和世界发达国家还有很大差距,中国不同地区之间、城乡之间的信息化程度还很不平衡,"文化创新能力弱,消费者文化需求没有得到有效开发"[④]。为此,中国需要按照既定的发展目标,进一步进行信息技术创新,突破制约中国信息技术和信息产业跨越发展的关键技

---

① 参王长胜主编:《中国信息年鉴 2008》,中国信息年鉴期刊社 2008 年版,第 13～14 页。

② 谢耘耕、周志懿:《中国传媒创新能力调查报告》,《传媒》2008 年第 3 期。

③ 邬贺铨:《中国信息技术发展的现状和创新》,《中国信息界》2006 年第 12 期。

④ 祁述裕主编:《中国文化产业国际竞争力报告》,社会科学文献出版社 2004 年版,第 92 页。

术,开发涉及产业结构调整与升级、改造和提高传统产业、促进产业发展和信息化建设急需的应用技术。要加强以制度创新、技术创新、产品创新为核心的文化产业创新体系建设和传媒创新体系建设,并通过工艺创新、产品创新挖掘中国信息传播资源,深度开发中国的消费需求,不断开拓并满足中国人民日益增长的文化需求。通过创新推动中国信息传播产业结构的优化升级,提升中国信息传播产业的竞争力。

二、相关产业和支持性产业与信息传播国家竞争力

相关产业和支持性产业是波特钻石理论中形成国家竞争优势的第三个关键要素。它对竞争力的促进作用主要体现在两个方面。一是由上而下的扩散流程。上游产业具备国际竞争优势时,它对下游产业的影响是多方面的。首先是下游产业在来源上具备及早反应、快速、有效率甚至降低成本等优点;其次是上游产业还是创新和产业升级中不可缺少的一环。二是相关产业内的"提升效应"。竞争力强的产业如果有相互关联的话,会有"提携"新产业的效果。有竞争力的本国产业,通常也会带动相关产业的竞争力,因为它们之间的产业价值相近,可以合作、分享信息。这种关系也形成相关产业在技术、流程、销售、市场或服务上的竞争力①。对于信息传播产业来说,相关支持性产业包括与其关系密切的教育产业、旅游产业、物流产业、造纸产业等。

1. 教育产业

(1) 教育产业与信息传播产业相关性

教育产业为信息传播产业发展在人才保障、需求主体素养等方面提供关键的知识与智力支持,其竞争力强弱对信息传播产业国际竞争力产生着重要影响。

---

① 参[美]迈克尔·E. 波特:《国家竞争优势》,李明轩、邱如美译,华夏出版社 2002年版,第 95~99 页。

首先,教育产业为信息传播产业发展提供必需的人力资源。信息传播产业从总体上来说是一个技术密集型和知识密集型的产业,它对于从业人员的科研能力、创新素养、技术水平都有着较高的要求,而这必须依赖于教育的发展。

其次,如前文所述,信息传播产品的消费需要消费者具备一定的文化知识素养、媒介素养、信息素养。这些素养大部分来源于教育训练。

(2)中国教育产业国际竞争力分析

如表4-1中 WEF 对全球竞争力的研究结果显示,在相关教育指标上,中国初等教育入学率和初等教育质量的排名相比于其他四国劣势并不明显。而在较高级的教育和培训上排名则远低于美、俄、日,仅比印度略高。在教育投入方面,中国排名远落后于其他四国。

另据中央教育科学研究所国际比较教育研究中心《中国教育竞争力报告》显示,在其研究的 53 个国家中,美国教育竞争力排名第 2 位,日本排名第 12 位,俄罗斯排名第 24 位,中国排名第 29 位,印度排在最后五位。在其所计算的所有 16 个指标中,中国的初等教育毛入学率、全职研发人员人数、主要劳动人口受过高等教育人数、在校大学生人数、专利数量、科技论文数量等指标与其他 52 个国家相比具有一定的优势,而其他大部分指标都处于中等或中下等水平,排名低的指标主要体现在中等教育毛入学率、高等教育毛入学率、每百万居民中在校大学生人数、国民预期受正规教育年限等。可见,中国教育竞争力的优势主要体现在初等教育和人力资源总量上,而在中高等教育和人力资源相对数量上存在较明显劣势。①

因此,要从整体上提升中国教育竞争力,还需要在以下方面做出

---

① 《中国教育竞争力综合排名第 29 位 提升速度最快》,《中国教育报》2009 年 11 月 27 日。

努力:

首先,进一步提高中高等教育入学率。如上所述,制约中国教育竞争力的最重要的因素是中等教育和高等教育发展水平,因此提高中高等教育毛入学率,延长国民预期受正规教育年限,是突破中国教育竞争力发展瓶颈的有效着力点。

表4-1　全球竞争力中美俄日印五国教育相关指标排名[①]

国家	排序				
	中等教育入学率	高等教育入学率	初等教育入学率	初等教育质量	教育体系质量
中国	93	85	9	31	54
印度	108	100	84	86	38
日本	22	35	1	19	36
俄罗斯	75	13	80	58	82
美国	50	6	77	37	26

其次,加强教育经费投入强度,开拓教育投资渠道。教育投入是提升教育竞争力的基础和保障。一方面,政府要加大公共教育经费投入的总量及其占 GDP 的比例;另一方面,应加大各级各类教育的开放程度,向国外、向民间开放,吸引社会各种力量参与教育发展,探索利用直接途径和间接途径通过资本市场发展教育的方式,建立和完善多元化的教育投入体制。

2. 旅游产业

(1) 旅游产业是另一个与信息传播产业密切相关的产业

旅游产业在发展过程中不可避免地要进行宣传推广,这必然给传媒产业带来发展空间。国家新闻出版总署副署长孙寿山认为,旅游业文化品位的提升和高层次旅游文化品牌人文内涵的打造,必须依靠文

---

① 数据出自 WEF:*The Global Competitiveness Report 2011 - 2012*,来源:http://www. weforum. org /issues /global-competitiveness。

化积淀、文化创新和文化创意,依靠文化传承、传播的有效载体,这为传媒业不断开辟新领域、搭建新平台增添了动力,拓展了空间①。

　　现代旅游业对地理位置、酒店预订、交通班线等旅游信息的需求,为互联网和定位导航等信息传播产业相关领域带来发展契机。如新浪网首席执行官兼总裁曹国伟所提出的,3G 技术的发展成熟使得移动互联网将成为现代旅游业必不可少的工具。移动互联网的创新理念和应用模式将为旅游业和消费者带来非凡的网络体验,其定位导航、信息推送等定制化的应用和以人为本的服务特性将得到广泛普及,用户将能够随时随地地获取旅游信息,更加便捷地订购旅游产品,享受贴心的旅游服务②。而在促进旅游业发展的同时,移动互联网、定位导航等信息传播产业门类也获得了稳定的客户和明确的发展空间,双方共融发展将会日益向纵深方向挺进。

　　有创意产业之父之称的英国学者约翰·霍金斯(John Howkins)把广告、建筑、艺术、工艺品、设计、时装、电影、音乐、表演艺术、出版、研发、软件、玩具和游戏(除视频游戏)、广播电视、视频游戏共 15 类典型行业归入创意产业③。我们可以看出,这其中有部分行业属于信息传播产业范畴。近年来,创意产业与旅游产业也呈现出融合发展的态势。创意产业链的多个环节可为旅游产业所用,其创意生成的过程、创意产品的展览展会、创意产品的观赏与体验、独具创意的舞台演出、创意影视作品、大型歌舞"秀"等等,都可以成为旅游体验的过程。旅游产品设计、营销也可以充分利用创意产业手段,其中数字技术为旅游产品、旅游商品、旅游营销的设计提供了多种体验的手段。例如激

---

　　①　郭景水、李佳飞:《传媒业与旅游业如何共融发展》,《海南日报》2010 年 3 月 22 日。来源:http://news.china.com.cn/rollnews/2010/03/22/content_1188485.htm。
　　②　郭景水、李佳飞:《传媒业与旅游业如何共融发展》,《海南日报》2010 年 3 月 22 日。来源:http://news.china.com.cn/rollnews/2010/03/22/content_1188485.htm。
　　③　[英]约翰·霍金斯:《创意经济》,洪庆福、孙薇薇、刘茂玲译,上海三联书店 2007 年版,第 6～7 页。

光、全息影像技术等广泛应用于旅游活动的设计,非编技术、互动技术、高清技术在影视中得到应用,这些新技术手段增强了旅游产品的互动性、生动性和体验性,提升了旅游参与、旅游营销的效果①。

(2) 中国旅游产业国际竞争力分析

吴翌琳基于 IMD 的数据进行的实证研究认为:中国旅游产业国际竞争力优势体现在国际旅游收入、商务旅游、生产效率、居民收入水平、居民消费水平、居民旅游倾向等方面,这 6 个指标构成的核心竞争力中国排名位于 21 位。而在基础竞争力(包括资源状况、旅游基础设施、金融服务、人力资源等指标)及环境竞争力(包括开放性、社会稳定安全、产业发展环境等指标)两个方面,中国劣势明显,亟待改善。②

要提高中国旅游产业竞争力,笔者认为可以从以下三个方面去努力:

首先,加大开发创意产业园区的力度,形成新的文化旅游景观,通过挖掘传统地域文化、发展创意旅游等方式,促进创意产业与旅游产业深度融合,拓展旅游产业的新空间。

其次,加快中国旅游产业信息化建设。综合运用移动网络技术、多媒体技术、遥感技术、地理信息系统技术等,开发面向不同层次用户的旅游信息系统,提高旅游业的用户体验。

再次,注重旅游产业链的建设。深度开发旅游资源,搞好景区、景点、酒店、旅游度假区建设,增强旅游产品的吸引力和竞争力,同时注重环境与生态保护,走可持续发展之路。加强旅行社组织建设,提高旅游服务水平,完善包括金融、交通在内的各项服务,加强交通等基础设施的配套建设。

---

① 张建:《都市创意产业与旅游产业融合发展的态势及其整合对策研究》,《旅游论坛》2009 年第 1 期。
② 吴翌琳:《中国旅游业国际竞争力评价和分析研究——基于 IMD 的数据分析》,《华南师范大学学报》(自然科学版)2007 年第 1 期。

3. 物流产业

(1) 物流产业与信息传播产业的相关性

物流作为一种先进的组织方式和管理技术,被誉为继降低物资消耗和提高劳动生产效率之后广大工商企业的"第三利润源"。由于物流业关系到其他产业竞争力的提升,在国家重点产业调整和振兴规划中最终入选十大行业规划①。物流产业对信息传播产业的相关性首先就体现在它的这一基础性作用上。

现代物流业的发展对物流业的信息化提出了迫切的要求。中国政府于 2009 年 3 月下发《物流业调整和振兴规划》,提出加快发展现代物流业要"以先进技术为支撑,以物流一体化和信息化为主线",把"提高物流信息化水平"作为一项主要任务,把"物流公共信息平台工程"作为提升物流信息化水平的重点工程,这充分说明了信息化在物流业调整和振兴中的重要作用。而这项任务的完成依赖于物流信息技术的开发和物流信息网络的建设,这无疑会为信息传播业的发展提供新的机遇,其中最为直接的一点就在于物流业的振兴与物流信息技术的应用,将在很大程度上促进电子信息技术和产品的应用,并以应用带动国内自主电子信息产业的发展。这种发展主要体现在三个方面:一是信息技术的应用将促进电子信息技术和产品的创新;二是软件和信息服务业将有新的增长点;三是推动电子商务和现代物流业协同发展②。

(2) 中国物流产业国际竞争力分析

2007 年世界银行会同国际运输代理协会等机构对全球 150 个国家和地区的物流业进行了分析评估,根据货物清关速度、运费、基础设施质量、货物准时到达率、国内物流业竞争情况等指标进行排名。日

---

① 《物流业关系到其他产业竞争力提升 最终入选十大行业规划》,来源:http://gb. cri. cn/27824/2009/02/27/106s2441060. htm。

② 黄征宇:《物流信息化:越过"黑大陆"》,《中国信息化》2009 年第 15 期。

本居第 6 位,美国列第 14 位,中国排名第 30 位,在发展中国家中位居前列。[①]

很明显,中国物流业与发达国家物流业仍存在较大差距。丁俊发在第四届中国产业国际竞争力论坛上指出,中国物流业存在四大难题。难题一:中国物流业"三高一低",物流总费用占 GDP 比率过高、商品周转慢造成的物流库存费用过高、刚性的体制性约束带来的物流管理费用过高、物流总体水平明显偏低。难题二:企业商业运作模式仍然是"大而全"、"小而全",市场化、社会化、专业化水平低。难题三:物流市场不发达、不成熟、不规范。难题四:物流人才短缺,明显存在一个 3 至 5 年的断层,且在理论、设施和技术准备方面均显得不足[②]。

为了促进中国物流业更好更快发展,提高中国物流业的竞争力,需要从以下几个方面做出努力。

树立现代物流业观念,加快第三方物流发展。现代物流企业作为一种先进的管理技术和组织方式是对物流方式的一场革命,是提高经济运行质量和效益的需要。第三方物流模式能够降低社会总体物流成本,是较为先进的一种物流管理模式,应加快发展专业化、市场化水平较高的第三方物流企业。

加快中国物流信息系统化的建设,以信息化带动现代化。信息化是现代物流的基础和核心,应整合原有的分散、狭小、信息化水平低的物流网络,积极引入现代化的电子信息技术和电子商务技术,建立全国性的现代化公共物流信息网络平台。

加快培养各种层次的物流专业人才。要立足市场需要,积极推进物流业人才教育培训,建立以各层次学校学历教育为基础,以社会各

---

① 《全球物流业竞争力排名:新加坡第一 中国第30》,来源:http://news.xin-huanet.com/fortune/2007 - 11/06/content_7021087.htm。

② 《丁俊发:中国物流业的发展与国际竞争力》,来源:http://finance.sina.com.cn/hy/20071109/17234158016.shtml。

种行业组织培训为补充,以物流企业为实践训练基地的物流教育体系。

4. 造纸产业

(1) 造纸产业与信息传播产业的相关性

造纸业属于信息传播产业的上游产业,信息传播产业中的图书、期刊、报纸、广告等门类都受造纸业的影响。根据中国造纸协会的统计,2008 年国内新闻纸全年消费量 425.5 万吨,图书、期刊的总印张数 718.71 亿印张,折合用纸量 168.97 万吨①。造纸业的发展状况直接对图书、期刊、报纸、广告等的生产成本产生影响。国内造纸业的发达将会保证信息传播产业获得稳定、优质、廉价的纸张来源,使得信息传播产品在成本上获得竞争优势,从而增强竞争力;反之,则会提高生产成本,降低国际竞争力。

(2) 中国造纸产业国际竞争力分析

华中科技大学徐声星在其博士论文中对中国造纸产业国际竞争力进行了研究,在国际市场占有率、贸易竞争指数、比较优势指数、显示性竞争优势等方面进行了实证分析。国际市场占有率分析结果显示,中国纸及纸板产品的国际市场占有率呈现逐年增长的势头,但是和国际造纸强国相比仍有差距。贸易竞争指数分析说明中国的贸易竞争进口大于出口,生产效率低于国际水平,缺乏贸易竞争优势。比较优势指数分析结果显示,中国主要纸产品的国际竞争力普遍不强。显示性竞争优势分析说明,中国四种主要纸及纸板产品均不具有竞争优势。实证分析结果说明了中国造纸产业的国际竞争力不强,和造纸强国相比差距明显。②

中国造纸业发展中的主要问题在于:

---

① 《2009 年中国造纸工业产销情况分析》,来源:http://www.chinappi.org/total-info.asp? id＝138。
② 参徐声星:《中国造纸产业国际竞争力研究》,华中科技大学博士论文,2008 年。

其一,产业结构不合理。主要体现在两个方面,一是原料结构不合理。以木浆为主要原料、进行"林纸一体化"和规模化生产,是现代造纸工业发展的基本要求,同时也是世界造纸工业发展的成功经验。在造纸工业较发达的国家,木浆占造纸原料的比重均在95%以上,而中国由于木材资源匮乏,造纸原料以草浆等非木材纤维原料为主,木浆比重只有9%(加上进口木浆也不到15%)[①]。二是生产规模小。据统计,中国木浆生产企业和造纸企业平均规模仅为6万吨和1.2万吨,而世界(不含中国)平均规模分别达到17万吨和8万吨[②]。这导致中国造纸业水资源消耗水平居高不下,污染治理水平较低。

其二,产品结构不能适应市场需求。中国造纸工业的市场总量供给短缺与产品结构性有效需求不足并存,形成了一种结构性矛盾。造纸工业难以满足纸业市场需求的一个重要方面,表现为高档产品供给不足、低档产品生产过剩、现有产品结构不能适应纸张消费市场的变化和市场需求。[③]

对此,应该在政府和企业两个层面,采取有效措施,促进中国造纸业的发展,提高造纸业国际竞争力。

在政府层面上,首先要深入推进林纸一体化战略,在造纸工业集中且适于种植速生丰产林的地区,以制浆造纸企业为核心,以造纸林基地建设为切入点,实现投资一体化和经营一体化,促进造纸产业结构优化升级,逐步以木代草,使中国造纸业真正走上可持续发展的道路。其次,要严格执行环境保护政策,淘汰落后的小企业,通过推行循环经济,解决环境污染。再次,要进行合理的产业布局。通过产业集

---

① 林云华、张德进:《中国造纸业国际竞争力的实证分析与发展对策》,《国际贸易问题》2005年第4期。

② 《中国造纸业 如何走出环境困局?》,来源:http://www. china. com. cn/aboutchina/txt/2008 - 06/23/content_15874514. htm。

③ 参徐声星:《中国造纸产业国际竞争力研究》,华中科技大学博士论文,2008年。

群发挥规模经济效益,树立区位品牌,提高资源利用效率;通过区域布局合理配置资源数量、环境容量、市场需求、交通运输等,发挥比较优势。

在企业层面,应积极调整产品结构,建立合理的、能够适应多元消费层次需求的产品体系。抓住机遇,通过联合、兼并、资产重组等各种方式,提高产业集中度和企业规模。

□ 第五章　中国信息传播的传播力分析

第一节　中美日俄印渠道要素竞争力比较

价值链理论认为,在一个特定行业中开展竞争的所有活动都可以综合归类,这就是价值链。在价值链中的所有活动都构成购买者价格的一部分。从广义上说,这些活动既包括生产过程、营销、传送和产品服务(初级活动),还包括投入品采购、技术、人力资源以及其他支持活动(辅助活动)的所有基础设施功能的提供。每项活动的开展都离不开原料采购、雇佣人力资源、综合利用不同技术,以及企业基础设施的使用。

无论是生产性行业还是服务性行业,企业的经济活动都可以用图5-1的价值链加以分析,只是不同行业的价值链构成并不完全相同,而且同一环节在各行业价值链中的重要性也可能迥然而异。运用价值链的分析方法来比较产业的国际竞争力,就是比较哪个国家在特定行业中具有某些特定环节的绝对优势,哪个国家抓住了特定行业中的这些关键环节,也就抓住了整个价值链。这些特定环节就是行业的战略环节。一个国家要保持住某个行业的竞争优势,关键是要掌握产品价值链上战略环节的竞争优势。这些决定国际竞争中经营成败的战略环节可以是产品开发、工艺设计,也可以是信息技术、市场营销,或

162

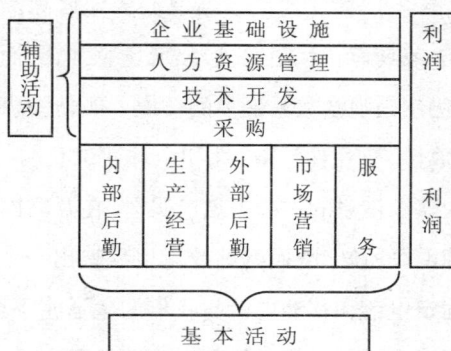

图 5‐1 基本价值链示意图

者管理流程等等,视不同行业而异。在大众消费品行业,这种战略环节主要是广告宣传和公共关系策略;在餐饮和零售业,这种战略环节主要为地理位置的选择;而在高档时装业,这种战略环节则一般是创意设计能力。

那么,在信息传播行业,决定国际竞争力的关键环节又是什么呢?

按照拉斯维尔的"5W 模式",媒介渠道和传播效果是传播过程的两个重要环节,而胡鞍钢与张晓群先前关于我国传媒业国际竞争力的研究中也认为,渗透力和影响力最为关键,胡文中的"渗透力"主要就是指媒介渠道环节,"影响力"侧重于考察传播效果环节。而且"渗透力"的大小在一定程度上还可以反映"影响力"的强弱。故而,作为信息内容的载体,传播渠道毋庸置疑地占据着极为重要的关键性地位。

在我国信息传播行业中,身居关键环节的传播渠道,其国际竞争力究竟如何呢?

一、信息传播渠道国际竞争力要素指标

在当前的信息传播环境下,信息的主要传播通道有报纸、广播、电视、网站与电话。作为历史最为悠久的媒体,报纸一直是最有影响力的传媒之一。兴起于 20 世纪 20 年代的无线广播,由于覆盖面广、传播迅速以及收听便捷,成为一种重要的信息传播渠道,特别是近十年来,立足于细分市场,广播又迎来了新一波的发展高潮。而作为强势媒体的电视,能够兼具声音和图像,形象现场感强,因而获得了受众的普遍青睐,目前仍然是观众数量最多的传媒。而新型媒介形态的互联网,由于具有开放性、交互性、穿透性和全球化的优势,已成为现代公民尤其是年轻人获取信息的主要渠道。另外,在互联网上发布的信息可以即刻为全球网民所知,故而网站数量也反映出一个国家网络信息传播的实力。固定电话和移动电话与我们的生活密不可分,已成为现代社会的主要通讯手段和工具。故而在本节的研究中,选取以上几种主要传播渠道的数量作为国际竞争力中传播力的衡量指标。

就总体概况而言,伴随着我国经济的持续快速发展,我国的信息传播渠道建设已取得了长足的进步,无论是报纸、广播、电视、互联网抑或电话与手机,都呈现过爆炸式增长的态势,多项传媒指标平均年增长率在20%以上,传媒渠道实力大大增强。就宏观总量而言,相关渠道的数量已跃居世界首位,很多渠道方式也都名列前茅,但人均拥有量却相形见绌,有的甚至还达不到世界平均水平,而就传媒集团的媒体规模而言,更是没有一家能与跨国传媒集团相媲美。这亦显示,在渠道竞争力上,我国仍然处于弱势地位,尤其与西方发达国家相比,仍相去甚远,渠道建设之路,任重而道远!

二、评价对象和数据处理方法

本研究的评价对象为中国、印度、俄罗斯、日本和美国。之所以选择上述国家,其缘由在前文已有阐释,故不赘述。

从理论上说,传播渠道国际竞争力的评价当以媒体海外分支机构数量的衡量作为基础,但各国在这方面的准确数据基本无法获得。参照国内外类似研究的常用方法,我们以国内传播渠道竞争力作为比较基准,通过国内渠道实力的比较研究从一个侧面来反映和映射其海外传播渠道的相对竞争力。一方面,海外传播渠道的国际竞争力是以国内传媒综合实力和传播路径作为基础和依托的,国内传播渠道竞争力的强弱在一定程度上决定了海外渠道竞争力的高下；另一方面，随着"地球村"时代的来临，信息传播早已跨越国界和地理空间的局限，尤其是伴随着互联网的广泛使用，信息传播和信息接收的全球化日益显现，传播渠道的边界也逐渐消融，从这一角度说，国内传播渠道尤其是互联网等新兴媒体传播通道的多寡和影响力的大小更是直接反映出国际竞争力的强弱。因此，以国内视角评判传播渠道要素国际竞争力的高下，既是囿于数据可获得性的无奈之举，在一定程度上又是有道理的。

在数据处理方法上，我们采取标杆阈值法，对数据进行无量纲化处理。由于对不同影响因子所赋权重的不同会导致评价结果的迥异，而本章所列主要传播渠道亦无主次轻重之分，故而在各项指标的权重上，采取等权的赋值方法。在具体的标杆阈值上，我们将每个指标上的最优国家作为标杆。因为一般而言，所评价之五国在不同的指标上会有优劣之别，不会有一国在所有指标因素上均达到最优，而如果挑选某一国作为标杆，对于其非最优的指标，那些在该指标更优的国家的评价值将超过100，这在计算和比较中显然是不合适的，因此，这里采用标杆阈值无量纲化处理方法。

三、信息传播渠道国际竞争力的具体比较分析

1. 报纸渠道国际竞争力的比较

如图 5-2、5-3 所示，就日报而言，在 2004 年之前，我国日报总数量平均约为 980 种，落后于美国和印度，但是远远超过日本、俄罗斯。我国非日报类报纸与日报数量相当，远远落后于美国、俄罗斯和印度。尤其是美国，非日报类报纸达 7000 多种，与之相比，我国非日报类报纸发展缓慢，数量过少，这与我国庞大的人口数量是极为不相称的。另据国家新闻出版总署统计，在报纸总量上，我国近年来大约维持在 1900 多种，仅强于日本，但如果比及人均数量，考虑到我国庞大的人口基数，在人均指标上我们是远远落后于日本和美国的，只与印度和俄

罗斯旗鼓相当,这亦反映出在报纸人均拥有量上发展中国家与发达国家之间尚存在较大的差距。

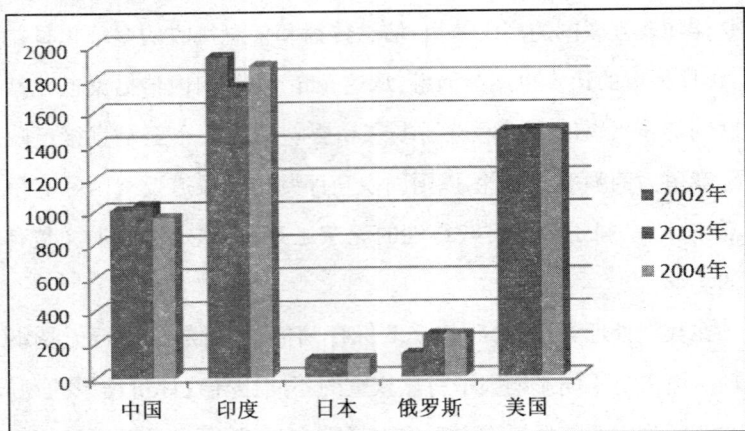

图 5 - 2　2002—2004 年五国日报种数①

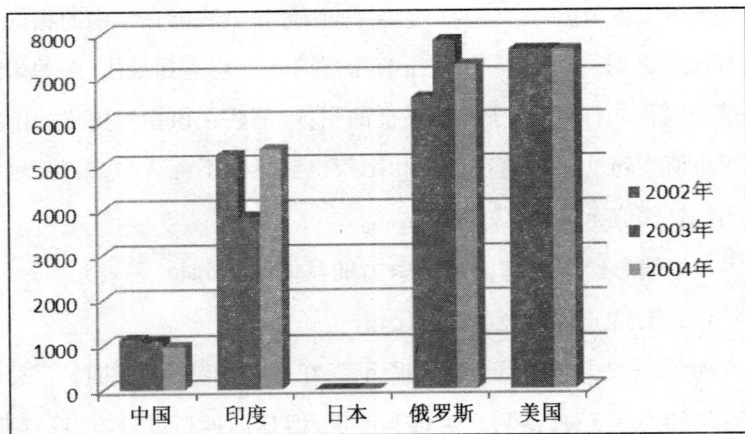

图 5 - 3　2002—2004 年五国非日报报纸种数②

---

　　① 数据出自联合国教科文组织数据库,来源:http://www. uis. unesco. org/Pages/default. aspx。
　　② 数据出自联合国教科文组织数据库,来源:http://www. uis. unesco. org/Pages/default. aspx。说明:日本无数据。

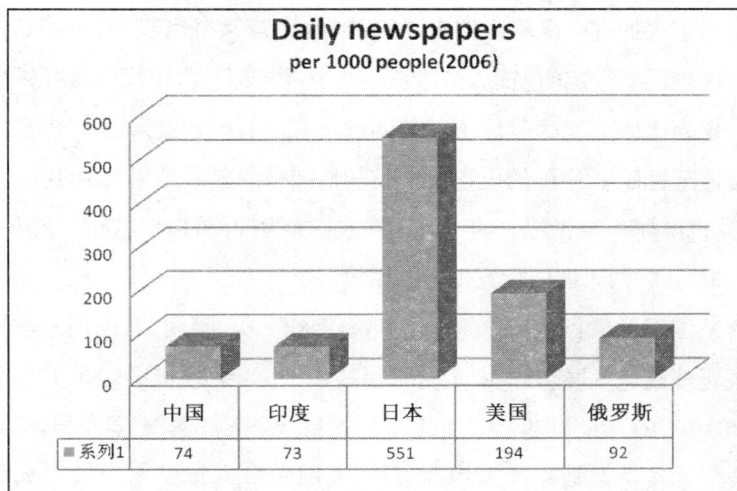

Daily newspapers
per 1000 people(2006)

	中国	印度	日本	美国	俄罗斯
■系列1	74	73	551	194	92

图 5 - 4　2006 年五国千人日报拥有量[①]

2. 电视渠道国际竞争力比较

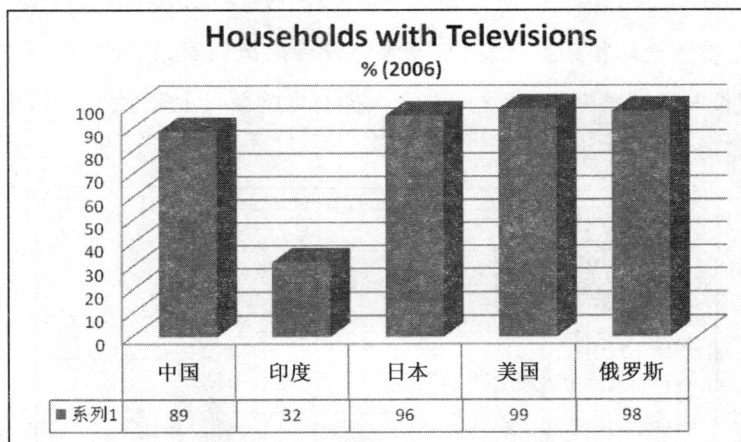

Households with Televisions
% (2006)

	中国	印度	日本	美国	俄罗斯
■系列1	89	32	96	99	98

图 5 - 5　2006 年五国家庭电视普及率[②]

————————

① 数据出自世界银行统计数据库,来源: http://search. worldbank. org /all? qterm=Newspapers。

② 数据出自世界银行统计数据库,来源: http://search. worldbank. org /data? qterm=Television。

从家庭拥有电视的比例来看,我国电视普及率比较高,与美、日、俄三国也还有一定的差距,但是差距很小,相较而言,印度倒是在家庭拥有电视比例上远远落后于其他四国。在所有的传播渠道当中,就家庭覆盖比例而言,中国的电视渠道与其他国家的差距是相对最小的,当然,这也得益于 20 世纪 90 年代政府在农村大力推行的"家电下乡"政策。

3. 互联网渠道国际竞争力的比较

从国际互联网宽带来看,自 2008 年到 2010 年间,我国的互联网发展延续高速发展态势,固定宽带用户由 2008 年的 82879000 户增长到 2010 年的 126337000 户,宽带用户数量一举超越美国、日本等国,位居世界第一。但是算及人均拥有量,我国每百人宽带用户量在 2008 年只有 6.26 户,到 2010 年也只有 9.44 户,仅高于印度,与美国的 27.71 户和日本的 26.71 户仍存在较大的差距。在人均拥有电脑数量上,从 2006 年世界银行的统计数据来看,我国仅强于印度,但与日本,尤其是美国之间相距甚远,而且就整体发展层次而言,发展中国家中、印、俄与发达国家美、日之间在个人拥有电脑数目上完全处于不同的数量级,差距悬殊。

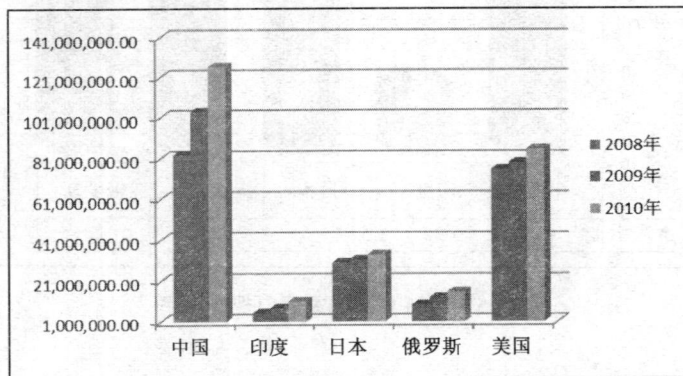

图 5 - 6　2008—2010 年五国固定宽带互联网用户数①

① 数据出自世界银行统计数据库,来源:http://search.worldbank.org/data?qterm=Internet。

168

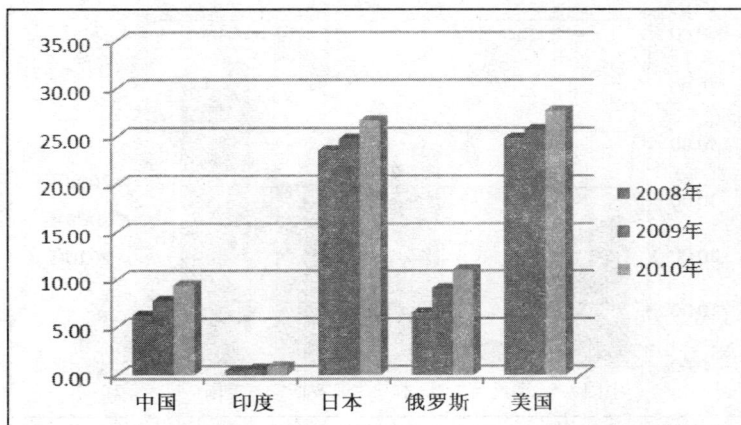

图 5 - 7 2008—2010 年五国每百人固定宽带互联网用户数①

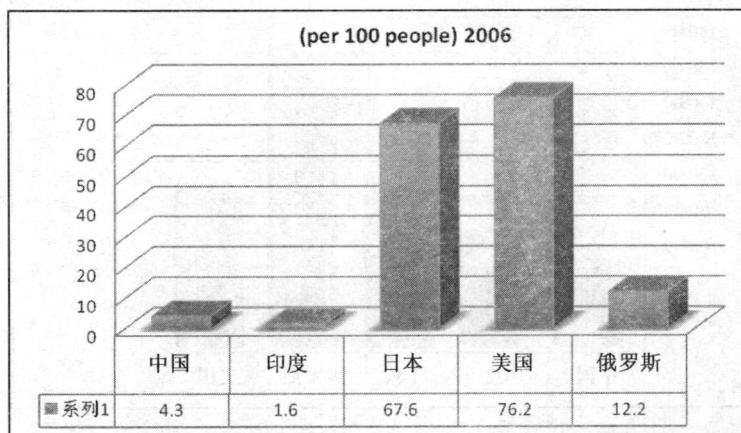

图 5 - 8 2006 年五国每百人个人电脑拥有量(单位:台)②

4. 电话渠道国际竞争力的比较

据最新数据统计,截至 2012 年 4 月 30 日,我国电话用户累计总数

---

① 数据出自世界银行统计数据库,来源: http://search. worldbank. org/data?
qterm=Internet。

② 数据出自世界银行统计数据库,来源: http://search. worldbank. org/data?
qterm=Personal+Computers。

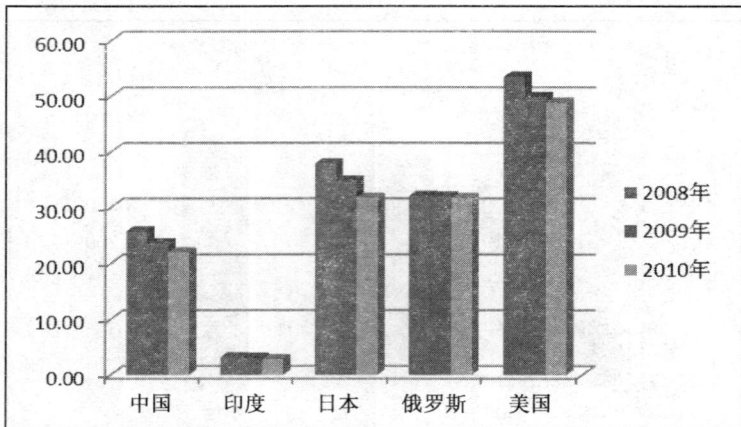

图 5 - 9   2008—2010 年五国每百人固定电话拥有量(单位:部)①

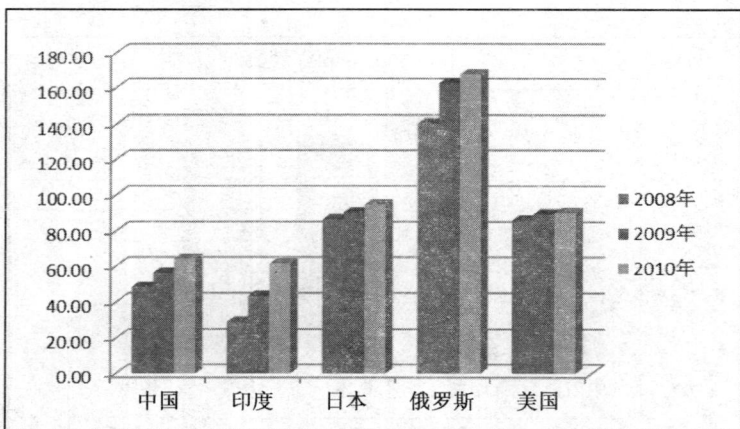

图 5 - 10   2008—2010 年五国每百人移动电话拥有量(单位:部)②

达到 131381.0 万户,其中移动电话用户数达到 103005.2 万户,固定电话用户达到 28375.8 万户③。就绝对数量而言,无论是移动电话抑或

---

① 数据出自世界银行统计数据库,来源: http://search. worldbank. org /data?
qterm＝Telephone。

② 数据出自世界银行统计数据库,来源: http://search. worldbank. org /data?
qterm＝Telephone。

③ 工信部:《2012 年 4 月通信业运行状况》,来源: http://www. miit. gov. cn/
n11293472 /n11293832 /n11294132 /n12858447 /14620393. html。

固定电话拥有量,我国都已跃居世界第一位。但是论及人均数量,至最近的 2010 年,我国固定电话主线普及率仅为 22.0 部/百人,移动电话普及率为 64.19 部/百人,仅仅强于印度,比起其他三国还有一定差距。这说明,在电话渠道领域,我国总量虽然领先,但人均拥有量在竞争力上仍处于劣势,电话传播渠道的建设,也有待加强。

5. 信息传播渠道综合竞争力比较

囿于数据获取全面性和覆盖率的限制,这里信息传播渠道综合竞争力的比较和评价将以世界银行 2008 年发布的 World Development Indicators 之统计数据为准绳,依照前文所述标杆阈值无量纲化处理方法,对中、印、俄、日、美五国的渠道综合实力展开评分。

表 5-1　五国信息传播渠道综合竞争力概况

指标 国家	报纸	电视	网络	电话			总评 得分	排名
				固话	移动	综合		
日本	100	96.97	88.71	75.44	95.24	85.34	92.76	1
美国	35.21	100	100	100	92.86	96.43	82.91	2
俄罗斯	16.7	98.99	16.01	49.12	100	74.56	51.57	3
中国	13.43	90.82	5.64	49.12	41.7	45.41	38.83	4
印度	13.25	32.32	2.1	7.02	17.9	12.46	15.03	5

比较发现,中国的渠道竞争力在五大对象国当中位列第四,相较美国、日本等发达国家,依然存在显著的差距。报纸、电视和网络渠道虽然在绝对量上占据领先地位,具有比较优势,但论及人均占有量,仍然相形见绌。而纵观五大国在信息传播渠道领域的综合竞争力,显而易见,作为发展中国家典型的中国、印度与俄罗斯,与已是发达国家的美国、日本,明显处于两个不同的维度和数量级,特别是印度,在渠道基础设施的建设上更为薄弱和滞后。以中国为代表的发展中国家,要想进一步提高在信息传播领域的国际竞争力,增强话语权与影响力,渠道建设的巩固与加强势在必行。

第二节 传播渠道建设乃当务之急

一、内容为王,渠道制胜——渠道建设之重要性

"内容为王"概念的提出由来已久,伴随着传媒竞争的升级,产品为王、品牌为王等理念亦应运而生。在传媒业日新月异、传媒风向变幻不定的当下,内容为王是否应当重温重提呢? 毋庸置疑,影响力是构筑传媒核心竞争力的重要基石,而传媒影响力的形成则有赖于内容的精心打造。通过内容的传播,满足消费者的信息需求,实现价值认同和引导,是传媒公信力与美誉度升华的必由之路。故而,整合报道资源、调整报道结构、改进报道质量,打造精益求精之内容,成为当下传媒博弈所公认的重要手段与有效途径。

内容为王的理念迫使新闻媒体不断推陈出新,加强手法创新,提高产品质量,一批批精品栏目或报道应运而生。但是,在现有的制度框架下内容质量的提升空间有限,媒介产品的客观差异越来越小,仅仅依靠内容来取胜还是不够的,激烈的市场争夺需要强大的渠道建设和销售能力作为依托和后盾。传媒发展历史亦证明:报纸从过去的依托邮局展开发行到现在自办发行,在努力构建自己的发行网络;在电视台的竞争中,上星的卫视频道比本省的在地频道具有更深远的影响力,日子也更加舒坦;网络媒体也因为拥有与受众面对面接触和反馈的直接渠道,正瓜分着大批受众,并对传统的媒体格局产生强烈冲击。"'内容为王'解决了传媒产品的内容问题,但没解决市场问题。"①内容可以让你生,渠道却可以让你死。渠道建设和终端客户销售,成为决定传媒竞争成败的另一关键性因素。

---

① 谢晶:《从"内容为王"到"渠道为王"再到"营销为王"》,来源:http://media.people.com.cn/GB/40628/4186692.html。

事实上,传媒行业典型的规模经济和范围经济特性也决定了渠道制胜乃大势所趋。传媒信息产品的独特性在于传播过程中始终处于"零损耗",不会因为渠道的扩大而发生消耗问题,这也是媒介产品跨媒体、跨地域、跨行业经营实现利润最大化的重要基础。一般而言,传媒产品生产成本固定,规模与范围的扩大有助于分摊不断增长的内容成本,同时增加从其他渠道获得的收入。即越多的读者和观众通过不同媒体渠道阅读报纸或收听、收看节目,则媒介产品的平均成本就会越低,随着消费者规模的扩大,即发行量和收视率的提高,广告收入亦会增加,利润率得以提高。媒体经营可以通过尽可能多的传播分销渠道来分摊内容成本并取得更多收益。因而,传媒集团纷纷展开跨媒体、跨地域经营,通过设立子报子刊,异地办报、办台等纵向渠道拓展来增强自身影响力。譬如南方报业集团北上创办《新京报》,与《南方都市报》资源共享;台湾东森电视台开办亚洲台、美洲台和澳洲台,实施重要资源联享共播。放眼国际传媒的业务结构,越来越多的公司也试图将传媒运作的各个环节都纳入到自己的版图,从而达到资源共享、发挥最大协同效应之目的。例如新闻集团战略的核心,就是要用自己的渠道向全世界的用户传播它所生产的独特内容。

进一步来看,渠道的概念可以理解为媒体产品制作完成以后到达消费者过程的经营性组织,包括传播终端、发行促销、营销手段等。对于广播电视媒体,只有积极扩张传播渠道,才能实现内容资源的合理配置和充分利用,而且传播渠道的多寡宽窄还直接关系到广告投放额度的大小,典型者莫过于地方台与上星台广告报价的差异。对于报纸而言,在激烈的竞争情势下,开拓发行渠道,构建发行网络,重视报亭等销售终端的经营管理也显得尤为重要,例如《广州日报》,作为国内报纸广告的排头兵和领头羊,连续多年位居广告投放收益榜榜首,就是因为它非常注重渠道建设和促销活动。除了作为党委机关报通过行政命令公费订阅,它还积极构建了强大的发行网络,"广州读者不仅可以在 80 家连锁店与中国工商银行的 186 家储蓄所订报,而且可以向专职的发行零售队伍(广州报刊发行公司拥有 400 多名专职投递员和 1000 名报贩)与发行站、代订点订报"①。更为甚者,广州日报报业集团还时而发起扫楼运动,号召全体员工几千人利用节假休息日深入新建社区甚至远到珠三角住宅小区逐户征订报纸。也正是由于这般重视渠道建设,苦心经营发行渠道网络,才创造出如此影响力和广告收入的奇迹。

在电视节目方面,中国尚缺乏完善的发行渠道。而在美国,很早就拥有良好的电视节目发行通道以及成熟的发行模式。美国的节目供应商按照受众的特点把收视市场进行细分,并按照差异化定价策略对节目进行区隔性定价,依次通过"固定付费频道"、"免费初级频道"、"免费二级频道"、"录像带、光碟"等不同层次的渠道窗口,来最大限度地开发利用节目,进而实现产品价值和收入的最大化。"他山之石,可以攻玉",对此,我们可加以借鉴和学习,努力构建适合中国电视节目发展的销售渠道。

在渠道制胜的时代,得渠道者得天下,掌控了渠道也就掌握了市场话语权和盈利平台,渠道在很大程度上就代表着影响力和市场利益。我国传媒机构的信息传播,尤其是面向海外的国际传播,如果没有强大有效的传播渠道和载体,再精彩的内容也不会为国外受众所获知,也难以形成影响力并掌握话语权,诚所谓"皮之不存,毛将焉附"。然而,中国媒体在国际传播过程中恰恰存在着技术落后、传播渠道匮乏之障碍。就国际传播中的主要资源无线电频率和卫星驻留轨道点而言,"仅占世界 10% 人口的发达国家控制了 90% 的无线电频率,美国公民和企业就拥有占世界 1/4 强的电话,1/3 强的收音机,个人电脑百分比最高,卫星地面站的数量最多,美国拥有世界上覆盖面最广的

---

① 曹鹏:《中国报业集团发展研究》,新华出版社 1999 年版,第 127 页。

通信卫星网络"①。发达国家在收集、制作和传播信息能力方面占尽优势,而中国则在这些方面处于明显劣势。"中国占世界总人口的21.2%,因特网主机数仅占0.13%,因特网用户数占6.11%,每万人口因特网拥有数为世界平均水平的50%,是美国的4%。"②在硬件渠道和设备条件方面,中国与西方媒体之间也存在着一定的差距。因此,顺应发展的需要和趋势,利用一切可以利用的资源来加强传播渠道建设,提高对于传播渠道的拥有和掌控能力,已经成为中国打造信息传播国际竞争力的当务之急。

二、机构稀少,效果欠佳——渠道建设之必要性

通过本章第一节中的比较可以看到,我国在传媒机构数量特别是在人均拥有量上,与西方发达国家还存在较大差距。而在国际信息传播上,2001年,国家广播电影电视总局开始实施广播影视"走出去"工程,2006年,中共中央、国务院发布《关于深化文化体制改革的若干意见》,提出大力实施"走出去"的战略目标,这之后,更多的媒体加入了对外"直接传播"的行列。

相关资料显示,中央电视台中文国际频道、英语国际频道、西班牙语频道、法语频道信号通过卫星传送基本覆盖全球,并在北美、欧洲、非洲、亚洲、大洋洲和中南美洲的120多个国家和地区实现了落地入户③;中国国际广播电台在境外拥有21座整频率调频或电台、153家境外合作电台,通过53种语言对外播出④;中国外文局每年以10多种文字出版3000多种图书、近30种期刊,同时支持具有一定实力的期

---

① 许正林:《中国媒体国际传播的障碍与应对策略探讨》,载《全球化华文媒体的发展和机遇》(论文集),复旦大学出版社2007年版。

② 胡鞍钢:《中国面临三大"数字鸿沟"》,来源:http://www.china.com.cn/chinese/jingji/127961.htm。

③ 《中央电视台概况》,来源:http://cctvenchiridion.cctv.com/20090617/113152.shtml。

④ 《中国国际广播电台》,来源:http://zh.wikipedia.org/。

刊社到国外办刊,目前已有 24 种期刊印刷版和 27 种期刊网络版发行到世界 182 个国家和地区①。

"2007 年,新华社海外有效用户增加到 14500 多家,新闻信息产品已进入 200 多个国家和地区;用中、英、法、西、印尼文 5 种语言向海外用户提供专版服务,月均 120 版,落地稿件 3000 多条。中央电视台第四、第九和西语、法语频道新增落地项目 10 多项,长城(北美)平台订户数超过 4 万户,成为美国最大的中文卫星直播平台。中国国际广播电台每天播出总时数达 556.5 小时,覆盖全球 60 多个国家和地区,节目境外落地初具规模。2006 年,继《上海日报》之后,《天津日报》正式进入全球卫星售报系统,《新民晚报》等地方报刊在境外的报纸开辟专版,实现海外落地;2007 年 5 月,全新改版的中国国家形象专刊《中国专稿》随《华盛顿邮报》发行,发行量由原来的每期 2 万份增至 72 万份。2007 年,《占芭》、《大陆桥》等 10 种外宣期刊的印数及对外发行增加近 2 万册,在周边国家产生越来越大的影响。2007 年,中央重点新闻网站互联网接入总带宽达到 7801 兆,提供新闻频道 930 个,新闻专题 13817 个,每天境外页面浏览量达 3600 万。新华网用多语种、多媒体每天 24 小时向全球播报重要新闻,受众遍布世界 200 多个国家和地区,在每天 1 个多亿的页面浏览量中,来自境外的访问接近 20%,被境外网民誉为'中国最好的互联网站之一';中国网拥有 9 种外文语种和 11 个外文版;国际在线以 42 种语言、48 种语音上网,数量分别居世界第一位和第二位。"②

尽管我国的国际传播已经取得了长足而显著的进步,但是放眼全球传播格局与体系,美联社、路透社、法新社和合众国际社每天发出的

---

① 苏向东:《外文局对外传播 60 年:让中国与世界架起友谊桥梁》,来源:http://discovery. china. com. cn/international /txt /2009 - 09 /04 /content_18465224. htm。

② 魏武:《别有鲜花满庭香——十六大以来我国对外宣传和对外文化交流工作综述》,来源:http://news. sohu. com/20080121 /n254796933. shtml。

新闻信息量约占整个世界全部发稿量的 80%,而占世界人口三分之二以上的第三世界国家的新闻仅占 10%～20%。西方 9 家大型媒体跨国公司占领了世界 95% 的传媒市场,其中美国就控制了全球 75% 的电视节目的生产和制作,第三世界国家的电视节目中有 60%～80% 的内容来自美国,而美国的外来电视仅占 1.2%。在因特网上的信息输入与输出流量中,我国信息输入流量仅占 0.1%,输出流量更只占 0.05%。而与西方强势传媒机构相比,我国新闻传媒在重要指标如境外发射转播台、技术保障、全球落地覆盖、驻外机构分布、人力资源存量等方面,还有很大的差距。"西强我弱"的国际舆论格局并没有发生根本改变,西方媒体对我们进行新闻信息的强势输入,而我们的声音却难以传播出去并为外界所获知,就新闻信息传播而言,仍存在着巨大的逆差与鸿沟。

具体而言,广播台方面,在海外转播点上,我国在海外只有 8 个转播点,转播点较少,且海外节目播出时间短,而美国播出点有 30 多个,英国也有 20 多个;在覆盖手段上,我国远距离仍然以短波为主,缺少中波和调频,但是在西欧、北美、日本等海外传播重点地带,短波听众群体正在日益萎缩减少;在设备技术上,由于资金匮乏之故,国内对外发射台设备老化过时,难以与国外电台一流装备抗衡。在电视领域,中央电视台大多采用 C 波段发射信号,在北美、非洲和欧洲租用 KU 波段转发器,要收看这些节目,需要对应的价值达 200～300 美元的卫星接收天线,收听经济门槛的提高使很多用户望而却步,导致覆盖面狭小。

在全球性重大新闻事件的报道和传播中,中国传媒的声音微乎其微,甚至在某些国内要闻的对外报道中,我国传媒也丧失了主动权。而雪上加霜的是,即便这微弱的声音能够传出,也难以达到令人满意的传播效果。2000 年底,一个中国新闻代表团在访问美国多家媒体后,在考察报告中写道:"我们的 CCTV - 4 和 CCTV - 9 虽然进入了有线网,但由于落地时段和节目质量问题,还不能有效地吸引华语受众,更谈不上进入美国的主流社会。我们在洛杉矶的熊猫电视台因为租用频道昂贵等原因,每天只有一个小时的节目……报纸方面更严重,《人民日报》海外版根本不见踪影。"①由此可见,我国对外传播媒体因为种种缘由特别是技术设备和节目质量方面的原因,无法大面积覆盖国外受众,更难以深入当地社会,这就使得国际传播犹如无源之水、无本之木。

另外,根据蓝海国际传播促进会(BON—ICC)2008 年委托美国 PRI 调查公司进行的一项名为"美国人眼中的中国"调查结果显示,"在两百万受调查的美国成年人中,有 23%认为新加坡是中国最著名的城市,27%的人认为三星是中国品牌。从他们所了解和接受的信息来看,'最著名的中国人'名列前两位的是成龙和李小龙"②,这从一个侧面反映了外国人对于中国认知状态的模糊,国人希望外部世界认识中国、理解信任中国的热情和努力,并未产生预期的良好效应,这也难怪在一段时间内"中国威胁论"和"中国在非洲实施新殖民主义"等言论甚嚣尘上。此次调查也透露出中国在国际信息传播领域的缺乏作为和效果欠佳。

由此可见,我国虽然已经初步形成包括对外印刷媒体、对外广电媒体、网络媒体和通讯社对外发稿平台组成的对外传播媒介系统,但与西方强大的传播输出能力比较而言,仍然相形见绌,相去甚远。故此,加强信息传播渠道的建设,逐渐形成多元化、全方位、立体化、多层次的对外传播平台,以拓展我国在国际舆论格局中的影响力和掌握更多的话语权,已是迫在眉睫的战略问题。

---

① 转引自柯泽:《中国传媒发展战略的认识误区及现实困窘》,《湖南社会科学》2005 年第 6 期。

② 《调查显示美国民众对中国认知程度低》,来源:http://www.lookinto.cn/overseas/2018/。

三、体制束缚,资金匮乏——渠道建设之挑战与障碍

1. 戴着镣铐跳舞,政策体制束缚

囿于政策体制的束缚,我国目前传媒业呈现的是一种各自为政、小而多、零而散、结构失衡的状态。行政区域的限制,使得媒体系统间横向联系松散,而纵向的中央、省、市、县四级办媒体,又导致媒体数量庞大,结构散乱,难以有效形成规模。目前体制机制上的条块地域分割、行业壁垒和其他利益纠葛,使得跨地域、跨媒体集团的组建存在行政和资产的双重障碍,限制了传媒渠道的扩张和延伸。新闻出版总署署长柳斌杰也曾直言不讳地表示,和国际传媒相比,我国媒体的弱势主要在体制方面,媒体是按部门、按行政级别设置的,不能参与市场竞争,也就难以发挥市场配置资源的基础性作用,进而将部分媒体做成传媒航母。

解铃还需系铃人,从行政隶属系统来看,无论是报纸还是广电,无论是地方传媒抑或中央媒体,所隶属的都是党和政府,从性质上讲,也都属于国有资产。"只要中央政府和宣传领导部门敢于打破条条框框,组建跨媒体传媒集团的行政阻力是可以消除的。"[①]面对种种体制性障碍,我们应借助行政力量的推动,勇于打破各自为政的经营格局,突破低效率的传媒管理体制,进行跨区域、跨媒体、跨所有制的媒介重组,实现传媒资源最优化配置和跨平台高度融合,以壮大产业规模和产业实力,提高传媒的综合竞争力。

阻止和妨碍我国传媒集团扩张做大的另一体制性障碍为产权所有者缺位。在我国,媒体的产权皆属国家所有,产权所有者是全体人民,但全体人民事实上无法对媒介行使所有权,此即为"所有者缺位"。"所有者缺位"必然导致传媒国有资产权利与责任的失衡,对于传媒经

---

① 蒋晓丽、石磊:《培育跨地域跨媒体传媒集团的路径选择》,《广州大学学报》2008年第 7 期。

营者而言,经营决策失误导致的国有资产流失,并不需要承担相应的责任,传媒集团资产的增减只会影响个人职务的升迁。由于产权关系不明晰,媒介所有者和媒介经营者之间的权责关系、权力结构不明确,两者之间无法形成真正的委托—代理关系,国家对传媒资产的监管制度难以建立。产权不清的体制性痼疾,也阻碍了统一传媒市场体系的形成和传媒产权的正常流动,导致传媒产业难以真正通过资本运营实现资产的优化配置、产权重组和集团发展。

根据科斯定理,产权的界定和有效流通是资源得到有效配置的前提,故而,我国政府应当依法划分财产所有权和经营权、使用权等产权归属,明确各类产权主体行使权利的财产范围及经营管理权限。另外,还应逐步建立起传媒产权交易市场与交易准则,通过产权的转让,促进生产要素的集中和集聚,从而通过跨行业的兼并重组实现现代化大生产所要求的规模经济效益。以政策瓶颈的突破为前提,借助资本运营实现重组和扩张,进而培育出中国的世界级传媒航母。

2. 资金匮乏,融资渠道单一

众所周知,企业发展创新与资金的支持密不可分,没有资本的有力支援,企业就难以壮大变强。当下我国传媒企业的成长,尤其是对外传播事业的发展,正遭遇着资金瓶颈,而这主要有两大缘由,其一为政府投入不足,其二是融资不畅、渠道单一。

(1)政府对国际传播事业投入不足

面向海外的国际传播事业,是世界聆听中国声音的重要渠道,直接关系到国家形象,以及我国的国际地位和话语权,政府应该在一定程度上将其当作社会公益事业来对待,视为一种特殊事业展开投资。但是,自20世纪90年代以来,政府不断缩减对媒体的财政拨款,要求媒体自负盈亏,而我国对外媒体一般只有投入,少有产出,资金相对不足一直是困扰我国国际传播机构的一大问题。

当前,我国对外传播机构的资金来源一般有两种:一是国家拨款,二是媒介母体的资助和支持。比如,"中国国际广播台英语台的资金靠国家拨款,而中央电视台 CCTV - 9 则基本靠央视资助,《人民日报》(海外版)依附于《人民日报》母体支持,地方性的广播电视媒体则主要得益于本属传媒集团的投入"①。但国家财政拨款的额度逐步减小以及国内传媒竞争的日趋激烈,都使得各家媒体发展国际传播事业心有余而力不足。尤以为甚的是英语广播和电视媒体,因为广播和电视都是以技术为基础和依托的媒体,设备平台对其至关重要,而技术设备的更新都有赖于资金的充盈。从某种程度上看,资金因素是决定我国对外广播电视媒体能否发展壮大的关键所在。

对于国际传播依靠母体支撑的那些媒体而言,海外传播是个吃力不讨好的活儿,也是一个极大的财务负担。以央视为例,一方面,央视实行市场化运作模式,根据收视率采取末位淘汰制;另一方面又要通过其他频道的收入来供养 CCTV - 4、CCTV - 9,如此这般就会造成角色和利益上的冲突。其他如《人民日报》、《中国日报》面临的问题亦复如此,既要肩负承担传播政府方针政策、塑造中国形象的重任,又要走市场化之路,面临市场竞争的压力和风险,由此经常导致双重身份的错位和冲突。

对于这一问题,政府可以根据媒体宗旨目标的不同而实施分类监管,把那些原本面向海外传播的频道和子报从传媒集团当中分拆剥离,变成纯粹公营性的媒介另行管理,然后政府投入专项资金予以资助和支持,以扶助面向海外传播的媒介发展。就像美国政府对待"美国之音"(VOA)一样,作为当今世界上规模最大、实力最雄厚的国际广播电台,VOA 是美国政府对外宣传其政策的最重要的工具和喉舌,其经费来源主要为国家财政拨款,秉承"在宣传上花 1 美元就等于在军

---

① 郭可:《我国英语广电媒体发展趋势及战略思考》,载《当代对外传播》,复旦大学出版社 2004 年版。

事上花 5 美元"之理念,美国当局一直非常重视对 VOA 的拨款支持,每年的预算额度均达几亿美金。我国要发展面向海外的国际传播事业,也需要政府着眼全局,通盘考虑,在财政拨款上进一步加大投入力度,在经济政策上给予优惠支持,以解决资金之忧。

(2) 融资不畅,渠道单一

企业之发展成长与扩大规模,需要更多的资金支持,但是仅靠自身留存利润的积累无疑杯水车薪,企业的迅速壮大还需外部资金的保驾护航,因而融资渠道的开拓亦是培育企业核心竞争力的重要保障。传媒产业属于高投入高产出的行业,要开拓市场空间,展开跨地域和媒体经营,必须有强大的资金作为后盾,这也是媒介资本运营日显重要之缘由。纵观全球传媒行业,目前世界上大部分传媒集团都不是依仗自我积累进行扩张的,而是充分利用资本市场资源,运用资本运营等手段,借助外部资金渠道来进行资本积累,以实现集团规模的加速扩展。但在当下中国,由于融资体系不健全以及体制机制的束缚,传媒产业直接融资渠道不畅,间接融资效率低下,很多传媒企业只能依赖自身留存利润收益缓慢发展。

"社会资源、生产要素及经济体所拥有的其他各种形态的资本,由价值流动转变为媒介优化配置,是媒介资本运营的目标。"[1]我国传媒企业要想实现跨越式发展,必须充分借助外源融资。可以积极利用银行贷款、引进民资外资、国内外上市、股权融资、项目融资、发行债券等多重渠道方式,实现资本的优化配置。另外,并购也是传媒行业中一种非常通行的融资渠道,国际传媒巨头在发展进程中或多或少都采用过这种方式。并购之案例有成有败,关键是看两者是否契合匹配,能否带来附加增值。相比其他诸种渠道,这种融资方式虽然操作难度较

---

① 刘建明:《我国媒介资本运营的瓶颈与增值》,载郑保卫编:《论媒介经济与传媒集团化发展》(论文集),中国人民大学出版社 2003 年版。

大,但成本相对较低。

当然,展开资本运作的前提是政府要进一步加强我国资本市场的建设步伐,规范证券市场并积极开拓债券市场,建立多层次、多渠道的资本市场体系,为传媒企业的融资提供更多的选择渠道。另外,在展开资本运作和整合扩张之后,还需要进一步加强公司治理和改善经营管理,促进关联企业的对接融合,形成合理完善的公司治理模式与科学有效的管理机制,为渠道的延伸扩展奠定坚固的基石。

四、苦练内功,做大做强——渠道建设之基础与依托

20世纪80年代后期以来,发达国家普遍展开了传媒产业重组,致力于解决传媒产业的规模经济问题,而且重组浪潮此起彼伏,愈演愈烈。迪斯尼买下ABC,西屋买下CBS,时代华纳收购CNN,这就使得广播、影视、报纸、杂志在内的所有权归一为综合性媒体巨头,全球性"巨无霸"传媒公司应时而生。面对国际传媒巨头的强势压进,我国传媒企业要想保护好已有市场阵地,并通过对外渠道的建设扩展实施"走出去"战略,在渠道和技术上迎头赶上,首先必须做大做强自身,打通上下游产业链,形成规模大、效益好的巨型传媒集团。以雄厚的资本和强劲的实力作为平台和依托,方能借钱开道,不断打通关节,通过加大媒体外派记者、站点力度,实行版权输出、版权合作,建立海外播出平台、增加落户据点、收购或参股国外主流媒体等方式,不断增强我国对外信息传播能力。

1. 以资本为纽带,展开内涵式整合扩张

资本运营对于传媒企业的重要性不言而喻,它能够提高媒体的抗风险能力,有助于克服传媒产业结构单一、利润来源太过集中的经营缺陷;更为重要的是,它能够在短期内迅速筹集产业发展所急需的大量资金,以资本为纽带整合传媒产业链,通过关联企业的整合重组实现传媒企业的跨越式发展。

我国传媒产业展开本运营的历史尽管为时不长,但上市的传媒企业无疑都借助资本市场解决了资金燃眉之急,而且为后续的扩展布局奠定了基础。纵观证券市场,目前共计有数十家传媒企业完成了上市之路。其名单如下表5-2。

表5-2　中国传媒企业上市概况一览表

传媒名称	上市时间	上市方式	上市渠道	上市地点
赛迪传媒	1992年	分拆上市	借壳"琼港澳A"上市	深圳证券交易所
东方明珠	1994年	分拆上市	直接上市	上海证券交易所
成都商报	1997年	分拆上市	买壳"四川电器"上市	上海证券交易所
中视传媒	1997年	分拆上市	直接上市	上海证券交易所
电广传媒	1999年	分拆上市	直接上市	深圳证券交易所
中国计算机报	2000年	分拆上市	借壳"赛迪传媒"上市	深圳证券交易所
广电网络	2001年	分拆上市	借壳"ST黄河"上市	上海证券交易所
歌华有线	2001年	分拆上市	直接上市	上海证券交易所
北青传媒	2004年	分拆上市	直接上市	香港联交所
华闻传媒	2006年	分拆上市	借壳"燃气股份"上市	深圳证券交易所
新华传媒	2006年	分拆上市	借壳"S华联"上市	上海证券交易所
解放日报集团	2007年	分拆上市	借壳"新华传媒"上市	上海证券交易所
粤传媒	2007年	分拆上市	借壳"九州岛阳光传媒"	深圳证券交易所
新华文轩	2007年	分拆上市	直接上市	香港联交所
出版传媒	2007年	整体上市	直接上市	上海证券交易所
时代出版	2008年	整体上市	借壳"科大创新"上市	上海证券交易所
华谊兄弟	2009年	整体上市	直接上市	深圳证券交易所
蓝色光标	2010年	整体上市	直接上市	深圳证券交易所
华策影视	2010年	整体上市	直接上市	深圳证券交易所
省广股份	2010年	整体上市	直接上市	深圳证券交易所
天舟文化	2010年	整体上市	直接上市	深圳证券交易所
华谊嘉信	2010年	整体上市	直接上市	深圳证券交易所
中南传媒	2010年	整体上市	直接上市	上海证券交易所
中文传媒	2011年	整体上市	借壳"ST鑫新"上市	上海证券交易所
凤凰传媒	2011年	整体上市	直接上市	上海证券交易所
长江传媒	2011年	整体上市	借壳"ST源发"上市	上海证券交易所

续　表

传媒名称	上市时间	上市方式	上市渠道	上市地点
浙报传媒	2011 年	整体上市	借壳"ST 白猫"上市	上海证券交易所
方直科技	2011 年	整体上市	直接上市	深圳证券交易所
光线传媒	2011 年	整体上市	直接上市	深圳证券交易所
大地传媒	2011 年	整体上市	借壳"ST 鑫安"上市	深圳证券交易所
华录百纳	2012 年	整体上市	直接上市	深圳证券交易所
人民网	2012 年	整体上市	直接上市	上海证券交易所

承前启后,继往开来,随着文化体制改革的逐步深入和我国多层次资本市场体系建设的不断完善,传媒与资本联姻的日趋紧密和深入,传媒企业试水证券市场将更加容易便捷,我国传媒企业应利用好资本市场这一利器,通过 IPO 或借壳或买壳上市,筹集更多的资金为扩展和发展奠定坚实的资金基础。

有了充足的资金,就应着手充分发挥资本的效用,使之价值最大化。从我国传媒产业目前的结构现状和发展调整的目标来看,可以用资本做纽带,以优势互补为原则,从横向和纵向两大维度对产品、技术和市场等相关联的企业,通过采取投资控股、联合、购并、委托经营等形式,整合和优化传媒企业产品结构、资本结构和组织管理,从而实现传媒企业规模经营与资源优化配置,以提高市场竞争力。具体而言,横向重组侧重于企业的优势互补和强化,是以现有的产品、技术和市场为中心,积极拓展传媒主营业务,通过报刊、广播、电视等不同的渠道实现对同一内容的重复利用,以提高资源利用率,充分发挥范围经济效应。纵向扩展则是以现有的产品、技术和市场为依托,以产品市场交易内部化为目的,在垂直方向上与产业相关联的上游企业和下游企业进行重组,比如与传媒企业相关的原材料厂、印刷厂、广告公司等,通过整合上下游产业链来实现交易内部化,从而降低成本,提高效益。当然,这还需要打破地区和行业的藩篱,突破一定的政策壁垒,方能对传媒资源展开跨地区、跨部门的优化整合。

放眼海外,默多克新闻集团的扩张历程即是跨地域、跨媒体、跨行业运作的典范。从20世纪60年代末期开始,默多克即开始跨越性发展的全球布局:1968年收购英国《太阳报》,1976年底买下美国《纽约邮报》,1981年大手笔购入具国际影响的主流大报《泰晤士报》。自20世纪80年代以来,默多克又开始将触角伸向亚洲,1986年购买了香港《南华早报》;1996年,历经20多轮谈判,默多克的STAR TV公司与今日亚洲公司各控股45%成立了凤凰卫视[①];1999年1月,新闻集团与Yahoo达成一项技术推广协议,该集团旗下的9家娱乐和新闻公司和Yahoo在传媒、市场运作、节目制作等方面联合起来,以扩大用户群。2001年又创办了面向广东地区的星空卫视。通过跨媒体、跨地域运作和发展,默多克新闻集团不仅成功地壮大了自身的实力,从最初的偏安于澳大利亚一隅,逐渐攻城略地进入欧美主流社会,并最终成为一家全球著名的跨国传媒集团,实现了脱胎换骨般的飞跃。西方主流传媒集团的历史演进大同小异,通过媒体并购扩张,实现各种媒体优势互补,以及信息资源多重开发利用和高度共享,使传媒业的经营从粗放型转变为集约型,进而成长为传媒巨头。

联系国内,跨地域、跨部门的这种整合扩张在我国广电行业显得更加必要和迫切。从当前的广电格局来看,一级政府对应一级广播电台,在省会等重要城市,则呈现出众多电台零乱无序的恶性竞争局面,而且各级电台之间彼此封闭割据,导致节目流通市场难以形成。而作为广电实体中最有价值之一的网络传输部分,有线网的利用率很低,只有1/3的宽带资源被数十套模拟电视节目所占用,剩下的却被浪费闲置。并且不同地域的有线电视都是各自投资,属于地方拥有,彼此并不相连,30万公里的有线网络,被分割为3000多个,彼此难以衔接。

① 顾涧清:《报业的变局与方略:中国报业集团化产业化研究》,中国传媒大学出版社2008年版,第165页。

地方割据的藩篱,削弱了整体的信息流通价值①。要想实现电视产业的发展壮大,就务必展开整合和重组。一方面必须进行技术与设备的区域优化配置,建立统一相连的广电网,实现系统内资源价值共享。另一方面必须整合不同级别地域的广电企业,通过兼并实施联合重组,并打破市场割据,形成统一有效的产权流通市场,进而做大做强。

2. 加强公司治理,改善经营管理

公司治理机制是现代企业制度中最重要的架构,一个现代公司能不能做大做强,进而形成强大的竞争力,在很大程度上取决于它的治理机制是否有效,它的管理是否科学。对于国有传媒企业尤其如此。公司治理水平的高低,直接影响到传媒企业竞争力的强弱。合理完善的公司治理模式、科学有效的管理机制是支持我国传媒集团做大做强和应对国际传媒巨头挑战的重要一环,也是由此延伸进行渠道扩展建设的前提和基础。

从广义上看,公司治理分为外部治理和内部治理(详见图 5－11),外部治理是指公司的出资者(股东和债权人)通过产品/要素市场、经理市场、资本市场、并购市场和控制权市场等市场体系对经营者进行控制,以确保出资者收益的方式。公司的外部治理机制是通过市场的外部制约而发生作用的。公司的内部治理则为公司的出资者为保障投资收益,就控制权在由出资者、董事会和高级经理层组成的内部结构之间的分配所达成的安排。公司的内部治理机制是直接通过股东大会、董事会和经理层等公司内部的决策和执行体制产生效果的。在外部治理上,囿于市场机制的不健全、社会监管体系的不发达和法制环境的不完善,我国传媒集团的外部监督制约乏善可陈。在内部治理上,因为体制和行政因素束缚所引发的产权不清、股权结构不合理、激

---

　　① 参胡正荣:《21 世纪初我国大众传媒发展战略研究》,中国广播电视出版社 2007 年版,第 289～290 页。

励约束机制匮乏等问题积重难返。从《广州日报》黎元江贪污受贿腐败案到"北青传媒"高管被拘事件,都暴露出我国传媒集团在公司治理上隐忧重重。

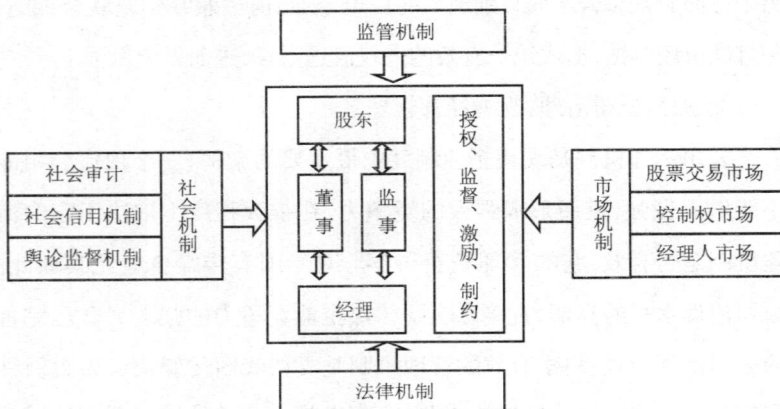

图 5 - 11　公司治理的体系结构

我国传媒企业要想做大做强,必须不断完善公司治理机制,内外兼修,在内部治理与外部治理设计上不断改进,相互配合,形成科学合理的管理模式。

(1) 外部治理机制设计

一是理顺管理归属、明晰产权。科斯定理揭示,不论产权的初始分配是否合理,只要产权界限定义清晰,则市场交易成本为零,此时市场机制就是充分有效的,从而通过市场机制即产权流通能够使资源得到有效的配置。因而,国家应当依法划分财产所有权和经营权、使用权等产权归属,明确各类产权主体行使权利的财产范围及经营管理权限。对于公益性媒体,中央政府作为媒体国有资产所有者(国家)的一级代理人,拥有资产的所有权,地方政府只有管理权。"而对改制后的经营性媒体或从媒体中剥离出来的经营性资产,其所有权则需要根据出资人的具体情况做明确的界定,依据股份制公司的相关法律法规,赋予各所有权主体相应的责任与权力。"①在界定产权的同时,政府还应逐步建立传媒产权交易市场,通过产权的转让,促进生产要素的集中和集聚,从而实现现代化大生产所要求的规模经济效益,不断调整和优化传媒产业结构。

二是健全市场机制,规范完善资本市场。政府应继续加强市场基础性制度建设,进一步夯实市场基础,培育和发挥市场机制作用,积极探索强化资本约束的制度安排,加强市场主体自我约束和相互制衡,不断完善有利于传媒市场健康发展的体制机制。在资本市场的管制上,要依据市场改革和发展的新情况、新特点,进一步改进监管理念、监管模式,提高监管效能,依法严惩内幕交易、利益输送等证券违法犯罪行为。同时要充分发挥交易所和自律监管功能,逐步完善资本市场的自我约束机制,形成高效的多层次监管体系。

三是加强中介机构的监管力度,强化信息披露制度。高质量的信息披露有助于维护投资者对资本市场的信心,节约投资者搜集信息的成本,有助于投资者的正确决策。因此,要强化信息披露制度,规定信息披露的范围、形式、内容、频率;同时,加强各种中介机构包括会计事务所、律师事务所、新闻媒体等对传媒集团信息披露的监督作用,加大对事务所及从业人员与传媒公司合谋等违规行为的处罚力度,敦促其以良好的职业精神发挥作为专业团体的督导优势,以增强传媒公司的透明度,防止内部操作。

四是建立和完善传媒业相关法律法规,并加大执法力度。有效的公司治理机制既取决于相关主体的素质和内部治理规则的有效,也在相当程度上取决于社会法制环境。传媒集团治理单靠公司利益各方的自由契约不能保障其公平性,还必须靠外在的法律保障。要加强对

---

①　丁和根:《我国传媒业经济成分和产权制度改革取向分析》,《新闻大学》2007 年第 2 期。

于传媒行业性法规如《广播电视法》、《媒体投融资法》等的法制建设，同时，要对相关的违法行为及违法分子给予严惩。

（2）内部治理架构设计

在我国传媒集团内部架构上，可以设立以董事会、监事会、编委会、经理会为基本框架的组织结构，实行决策层、管理层和监督层既互为配合又相互制约的领导体制。行政主管部门以及出资方委派代表参加董事会，董事会下设编委会和经理会，分别由总编辑和总经理负责，由此将集团的新闻业务和经营活动分开管理。各层级机构相应的责权为：董事会由国家和有关投资方委派代表履行所有者权利，决定集团重大发展战略问题；编委会负责新闻的采编播出，从大的原则方向上把握内容质量；经理会作为经营管理机构，依照法律规定的职权和董事会授权，决定集团的经营活动；而作为督导机构的监事会，可以由国家委派代表和集团职工代表组成，对集团的采编业务和经营管理进行有效监督。以电视台为例，其模式架构如图 5 - 12 所示：

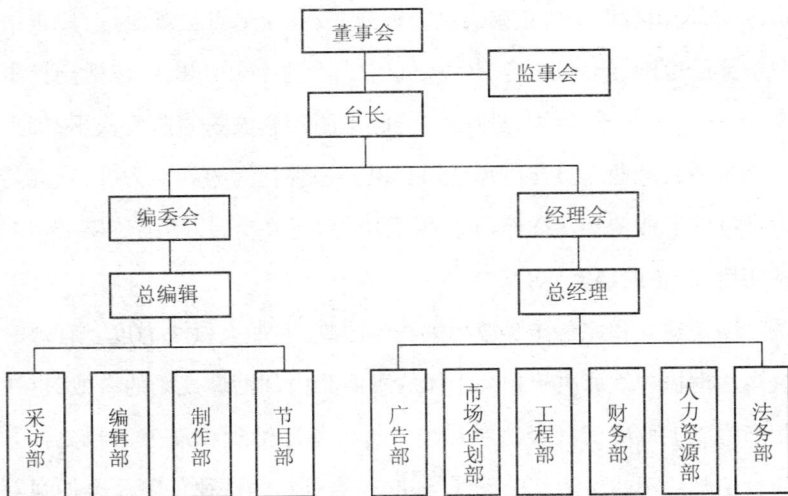

图 5 - 12 电视传媒集团内部治理架构设计

其他媒体的内部治理架构亦可依此类推。在传媒公司具体的内部治理中,以下机制细节还须注意:一方面需要强化董事会职能,构建合理的董事会成员比例,并完善独立董事制度;另一方面还需要建构经营绩效评估体系,实行多元化薪酬激励机制,从而调动代理人的积极性;此外,还应进一步完善监事会制度,在人员构成的独立性、专业性以及如何实施全程监督等方面加强监事会建设,在可能的情况下,董事会可聘请专业人士充当外部监事,以增强监事会的效能,避免虚与委蛇、形同虚设的现象产生。

第三节　中国对外传播渠道建设的路径选择

一、独资落地,直接进入

2010 年新年伊始,CIPG(中国国际出版集团)在拉美推出《今日中国》秘鲁西文版,这是继 2008 年《中国新闻周刊》英文版《NEWS CHINA》在北美正式创刊发行以来,中国期刊走出去的又一个最新进展。在国外政策允许的框架之内,我们可以如此这般直接在境外创办我国的报纸、期刊,或让自己的频道直接落户当地,以推出能让多数海外受众接受的国际媒体。当然,这些境外落地的媒体既要符合国外受众的收视习惯、思维模式和文化背景,诱发他们的信息需求,又要兼顾体现我国的立场观点。

就报业而言,2006 年 8 月发布的《全国报纸出版业"十一五"发展纲要》,明确提出了"海外报业市场拓展计划",鼓励有条件的报社和出版单位走向境外。这说明我国政府已开始把报业的国际化发展和对外传播摆到了重要的战略位置。伴随一系列具体政策措施的陆续出台,有实力的报业集团可以利用自身优势,积极开拓海外市场,通过在境外办报办刊进一步拓展自身在国际上的影响力。在具体的办报策略上,由于受资金、地理及文化等因素限制,可以考虑让当地一些企业或组织参与我方报纸的经营。经营初期可先以中文版、当地版并举,当报纸发展到一定规模阶段后,就可以一步到位,逐步发行其他各种语言版本,并扩大发行覆盖范围,以进入各国主流社会,进而形成我们的报纸品牌。

对于广电来讲,可以推行整频道进入方略。"所谓整频道进入,是指中国本土电视传媒借助卫星电视传输手段,将机构所属的单个频道或频道集群在征得对象国同意并提供必要的技术支持情况下完整地在当地落地,并进入当地的各种有线电视系统。"①相较而言,这是一种自主性较强的深入对象国市场的方法。当然,天下没有免费的午餐,这种方案通常以双方频道在对象国的交叉进入和落地为条件。有时,整频道进入也需额外付出某些代价和成本,如实行一定份额的利润分成,或者缴纳一定的有线电视网落地费,等等。

从扩大影响力同时又不增加运营成本的角度出发,以对等落地的方式进入对象国,特别是西方发达国家的主流有线电视系统,可能是频道进入的一个比较理想的选择。在这种运作方式上,CCTV-9 业已做出表率。"CCTV-9 通过与维亚康姆和新闻集团交换落地,以整频道进入华盛顿、纽约、洛杉矶、休斯敦等 10 个城市有线网和直播卫星系统;通过德国博世电信进入大柏林、法兰克福等城市有线网播出。"②当然,整频道落地还可以不借用当地电视网系统,采取另一种形式落地,那就是"卫星直接入户"技术,进行"点"对"点"的直接落地。中国国家广电总局在 2005 年的"工作要点"中已经做出"积极推动建立东南亚、非洲、欧洲长城直播卫星电台","进一步加强我国广播影视的国际影响力"的部署,可谓顺应技术创新与时势需要的有力之举。

需要注意的是,以独资方式进入对象国办报办台,首先要尽快熟

---

① 张志君:《全球化与中国国家电视文化安全》,中国传媒大学出版社 2006 年版,第 134 页。

② 吕郁女、邓中坚:《中国大陆软权力的发展与影响》,《全球政治评论》2008 年第 21 期,第 8 页。

悉国外媒体市场的规则、运作方式,在此基础上大力改善自身在品牌质量、资本、技术、市场、人力等方面的管理运作,建立适应国际化的企业文化和市场竞争策略。特别是要熟悉所在国的关于传媒管制和企业运行的法律法规,尽量避免碰到"红线"。另外,相较而言,直接进入方式之操作难度和后续发展遭遇的困难均较大,因而也需要未雨绸缪,做好人才、技术和资金等方面的长期准备。

二、资本运作,迂回介入

由于新创办媒体的进入门槛非常高,国内传媒集团可以利用西方国家非常成熟的资本市场,通过产权交易参股控股,或者以市场换股权,抑或直接兼并收购等方式,借助资本纽带实现快速扩张,以完成渠道建设之重任。

在全球化的今天,没有哪个国家、哪个传媒集团可以说自己在所有方面都是最优秀的。在全球范围整合各种资源,是跨国传媒企业发展的一个大趋势。就中国传媒企业而言,参股跨国主流传媒集团,可以比较现实地解决本土传媒在整合全球资源中的一系列难题。借助跨国传媒集团管理经验、人才、渠道、品牌、技术等各种资源,弥补中国传媒企业拓展主流市场的能力短板,帮助中国媒体比较快速地切入西方主流市场。同样重要的是,发达国家拥有较为完善的公司治理机制与市场监管体系,通过参股控股介入管理,可以借助国外主流媒体而发出中国自己的声音。

参股合资或交叉持股策略可以建立中国传媒企业与跨国传媒巨头的长期利益共同体。通过成为跨国传媒集团的股东与战略投资者,本土传媒企业与顶级的跨国传媒公司在全球范围内结成统一利益体,"真正形成'你中有我、我中有你'及'借力打力,以强制强'的竞争格局"①,不但可以使我国传媒企业分享全球市场、赢取较高投资收益,还将有助于降低"中国威胁论"的影响,为中国经济社会发展创造更好的外部环境。

相互借力渗透进入目标市场,凤凰卫视与新闻集团的合作堪称典范,凤凰卫视借助新闻集团强大的海外渠道和媒体资源,打入国外华人市场,而默多克新闻集团也借凤凰卫视这一平台和桥梁,成功地把触角伸向中国大陆传媒市场,两者各取所需,一拍即合。"在凤凰卫视成立之初的股权结构中,'今日亚洲'和'香港卫星电视'各占 45%,另10%为中国银行旗下的华颖国际集团持有。"②今日亚洲与中国大陆各界关系广泛而密切,这为凤凰卫视进入中国市场创造了良好的环境。香港卫星电视有限公司由新闻集团全资拥有,有丰富的国际媒体营运经验,而凤凰卫视就是通过新闻集团的亚卫 3 号 S 的 C 波段覆盖了几乎整个亚洲地区。华颖国际有限公司则是中国银行全资附属公司,在中国及国际财务运作方面经验丰富,并对于中国市场的开拓有深刻的理解和广泛的资源。就是借此股权的合作和成功的运作,现在,凤凰卫视已经成功进入亚太、欧美、北非等 75 个国家和地区,覆盖了这些地方的华人主要聚居区,成功实现了由区域性电视传媒向国际化跨国电视媒体的飞跃,从而为自己真正成为国际化一流华语媒体打下了坚实基础。

在资本运作领域,我国传媒集团除了参股持股西方主流媒体借船出海,还可以适时而动展开兼并和收购,在为我所用的同时,直接为我所有。"所谓公司兼并,是指两家或者更多的独立企业、公司合并组成一家企业,通常由一家占优势的公司吸收一家或者多家公司。收购则

---

① 项兵:《参股跨国公司:本土企业应对全球化挑战的现实选择》,《IT 时代周刊》2007 年第 17 期。

② 顾涧清:《报业的变局与方略——中国报业集团化产业化研究》,中国传媒大学出版社 2008 年版,第 176 页。

意味着一家企业用现金或者有价证券购买另一家企业的股票或者资产，以获得对该企业的全部资产或者某项资产的所有权，抑或对该企业的控制权。"①作为一种通过转移公司所有权或控制权的方式实现资本扩张和业务发展的手段，公司并购是企业资本运营扩张壮大的重要方式，诚如诺贝尔经济学奖获得者乔治·J.斯蒂格勒所言，纵观美国著名大企业，几乎没有哪一家不是以某种方式、在某种程度上应用了兼并、收购而发展起家的。而放眼当今跨国传媒集团，也无一不是通过看不见硝烟的兼并战争，历经多次并购才形成如今的巨无霸规模。个中缘由，乃是因为相较其他资本运营方式而言，公司并购可以降低代理成本，实现规模经济，提高市场份额，往往效率较高，代价较低。

国际传媒巨头很多就是通过兼并、收购其他国家的传媒产业或是相关产业进入全球市场的。2007年夏天，德国最大电视公司 ProSiebenSat.1 Media AG 以33亿欧元收购荷兰 SBS 电视集团100％的股份，并购后的 Prosieben-Sat1 在欧洲13个国家开展业务，在48个电视台、22家广播网络和8家自动广播电台播送节目，并由此成为欧盟国家第二大电视和广播公司；同年，"法国传媒巨头拉加代尔集团以8000万欧元全资收购瑞典 IEC 体育经纪公司，并以8.65亿欧元收购了欧洲最大的体育电视转播经纪公司 Sportive，由此进入国际电视体育转播领域"②。当然，在国际传媒集团兼并收购、纵横捭阖的历史进程中，最典型的莫过于默多克新闻集团的全球扩张。尤其是近十几年来，默多克旗下的新闻集团更是在全球大肆展开收购、兼并，将足迹和触角真正延伸到世界各个角落。

并购式资本运营虽然成本较低，但依然存在着一定的财务风险和整合风险。如果操作不当，即使有巨额资本做支撑，也会陷于困境，不

---

① 《简明不列颠百科全书》(国际中文版)，中国大百科全书出版社1985年版，第4册，第309页。
② 罗静平：《数字环境下欧洲传媒集团化进程》，《中国记者》2009年第6期。

堪其苦。如美国在线和时代华纳公司合并后,就因为企业文化、人事和业务资源整合不力而导致并购失败。如出一辙的还有曾经的世界第二大传媒公司法国维旺迪环球集团。为了快速扩张,取得规模优势,维旺迪集团在兼并时往往长驱直入、不计成本,自 2000 年以来,连续收购了施格拉姆公司、美国网络公司,并购入 Echo Star10% 的股份,不顾泡沫的盲目扩张,导致其收购的诸多业务成本虚高并深陷债务泥潭。而与此同时,一味的收购和兼并,缺乏有效的整合重组,使得并购企业与原有价值链难以无缝对接,这导致各公司内部资源分裂,集团支离破碎,没有产生预期的协同效应,经营状况也由此急转直下,到 2002 年公司净亏损高达 233 亿欧元。维旺迪环球集团为此付出了高昂的代价①。

并购固然存在风险,但我们亦不可因噎废食。选准适当时机,即可伺机而动。尤其是在经济危机时期,很多西方主流媒体深陷困境,而这也是我国传媒集团顺势扩展、注资进入或兼并它们的最佳时机。受金融危机的影响,资金的匮乏已成为制约当今传媒发展的最大瓶颈,对传统媒体而言尤其如此。诚如默多克在 2009 年 4 月接受 CCTV 白岩松访谈时所坦言,“美国整个传统媒体尤其是报业,都在这次金融风暴以及新兴媒体的冲击下,日益陷入困境”②。

从世界传媒业来看,众多声名显赫的传媒集团也难抵金融海啸袭击而纷纷陷入困境,并积极通过各种方式自谋生路或寻求庇护。美国《纽约时报》、《巴尔的摩太阳报》、《洛杉矶时报》等媒体通过剥离业务、申请破产保护等手段维持生存;法国政府为了缓解本国媒体的困境,也采取了信贷资助和减税等措施;连昔日的传媒巨头默多克新闻集团

---

① 《维旺迪环球去年亏损 233 亿欧元　创法国历史之最》,来源:http://finance. sina. com. cn/j/20030307/1104318151. shtml。

② 《岩松看美国,等待机会——白岩松专访新闻集团主席默多克》,来源:http://news. sohu. com/20090425 /n263616229. shtml。

也因传统媒体领域表现欠佳、报刊业务式微、新兴互联网市场本土化战略失策而在 2008 年第二财季出现 64.2 亿美元巨亏,公司已通过削减人力、控制成本等方式止血减损。而当前,我国拥有大量的外汇储备,相关国家投资机构正为找不到合适的投资项目而发愁,因而我们可以"考虑成立国家层面的媒体投资公司,由政府、传媒企业、业外资本共同组成,以传媒集团媒体投资公司的形式在合适的时机,利用难得的战略机遇期抢占国际市场,通过收购、兼并、参股等方式进入国际传媒市场"[1],获取国外传媒业的优质资产,实现以资本运作的方式解

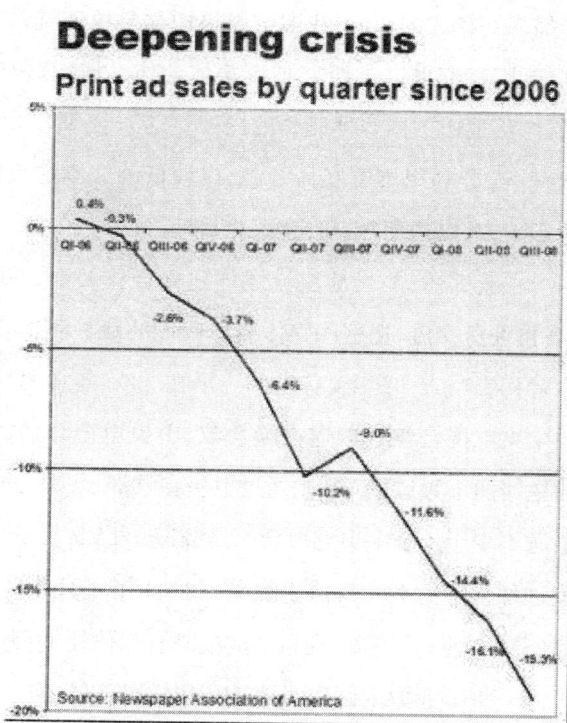

Deepening crisis
Print ad sales by quarter since 2006

图 5 - 13 美国报业一路衰退,哀鸿遍野[2]

---

[1] 谢新洲、汪良:《金融危机下中国传媒业面临机遇与挑战》,《光明日报》2009 年 4 月 23 日。

[2] 来源:Newspaper Association of America。

决落地问题,以切实提高我国的国家传播能力,进而逐步掌握国际舆论的话语权。

三、借力西方主流媒体,合作交换进入

海尔集团前 CEO 张瑞敏曾说,一个人权力和影响力的大小,不在于他拥有多少资源,而在于他可以调动和运用多少资源,一个机构其实亦是如此,"不求所有,但求所用"可以成为借 WTO 相关游戏规则和中国政府入世时所作承诺而进军国外传媒市场的杀手锏之一。缘于国际传播中西方主流媒体的强势和权威,国外受众对其更为青睐信任并深受其传播表达模式的影响,我国传媒机构如果单刀直入势必困难重重。既然如此,我们可以与西方主流媒体合作,以具有影响力的跨国传媒为载体,传播由国内媒体制作的内容。这一合作方式可以发挥本国媒体优势,充分利用本国媒体资源,以较低的成本扩大媒体自身在国际上的影响力,以达到"借船出海"之目标。

借力西方主流媒体,与当地主流媒体建立合作关系,或结为战略联盟,拓展各自业务交流,把这些媒体当作我们的跳板和扩音器,以放大我们的声音和影响力,并非没有先例。早在 2002 年 4 月,香港电视广播公司与中央电视台签订频道交换协议,中央电视台播放 TVB 旗下 TVB8 和星河两个频道,TVB 则通过卫星在欧洲、北美、澳洲以及东南亚地区播送不少于 4 个中央电视台下属频道。TVB 虽不是"西方主流媒体",但这种合作仍不失其前驱意义。2003 年 4 月,"上海文广新闻传媒集团(SMG)便与 CNBC 宣布结成战略合作伙伴,上海电视台财经频道每天为 CNBC 亚太区制作两档'中国财经简讯',通过 CNBC 的全球收视网络,向世界各国的商业人士提供及时准确的中国财经信息"①。这是国内传媒第一次借助国际主流媒体的收视渠道向外国观

---

① 赵有广、盛蓓:《中国文化产业外向国际化发展战略及其实施》,《国际贸易》2008年第 10 期。

众播出自己制作的直播节目。另外,这种方式也可以通过版权贸易来实现,"如《时尚》关于中国文化、时装的一些图文资料被国外出版公司购买等等"①。当然,在借用西方主流媒体特别是美国主流新闻媒体时,细分媒介和受众以便有针对性地选择媒介是相当必要的。以美国为例,如果传播对象是上层社会和精英人士则要考虑多用美国的全国电视网和日报;倘若主要受众群体是美国普通民众,那么广播电台和地方媒体就是一个很好的选择。

此外,我们还可以与跨国传媒公司交换运用销售网络,以此为跳板来拓展我国媒体国际传播的渠道。销售网络对于传媒尤其是报纸期刊的发行延伸至为重要,而且渠道点的确立还有助于准确把握受众群并形成数据库营销,但是在海外自建销售渠道往往成本高昂,性价比极低。国内传媒集团在对外扩张中,可以与所在国媒介合作,运用对方业已健全的销售网络发行我方产品,从而有效地降低扩张成本。如《人民日报》(海外版)即与英国《英中时报》、美国《国际日报》、泰国《亚洲日报》、菲律宾《华报》和巴拿马《新报》展开合作,充分利用对方渠道网络推进发行和销售。《知音》则借助自己在华人社会良好的群众基础,在加拿大创立海外版,并通过与当地出版商和书局的密切合作,打开了北美市场的大门。除了上述在落地、发行方面进行合作外,"国内传媒在跨国扩张中,也可以运用对方媒介既有的设备和网络展开原料采购、广告销售、印刷等方面的协作"②。

当前,西方主流媒体有关中国的信息来源主要有两大渠道,其一是身临其境,展开实地采访;其二为转载中国媒体的信息或转播信号。转载中国媒体的信息作为二次传播,也是西方主流媒体涉华报道的重要组成部分。因而借力西方主流媒体还有一种方式即是通过有效的

---

① 石峰:《中国期刊业的发展趋势与对策》,《今传媒》2010年第2期。

② 顾润清:《报业的变局与方略——中国报业集团化产业化研究》,中国传媒大学出版社2008年版,第176页。

信息管理控制和及时、准确的新闻报道,获取报道的主动权,并借助西方主流媒体这一平台对我方信息的转载或转播,来间接释放有关中国的新闻信息,让西方社会更多、更全面地了解和认识中国。"当然,能够引发西方主流媒体或其他国家媒体兴趣的信息,应当具有普遍性或普适性,自说自话的内容是难以被信任和重视的。"①因而,对于我国传媒而言,尚须破除长期以来宣传至上的报道思想,在注重国际传播规律的同时,把握好舆论宣传与客观报道之间的平衡,这样境外媒体的转播或转载才会更加积极有效,也更易于获得国外受众的认可和信任。

四、联手华文媒体,借船出海

我国传媒在实施"走出去"和创建国际一流媒体战略过程中,既可以"长驱直入",亦可以"迂回包抄"。而与相对熟悉当地语言、风俗习惯和运作体制的华文媒体联手,通过媒体合作实现"在地化",既可以少走弯路,避免水土不适的情形,又可以减少成本,提高效率,无疑是一条终南捷径。例如,哈尔滨日报报业集团与美国颇具影响的华文报纸《国际日报》合办《国际日报+华夏商务》新闻版,已成为该报在美国读者中最受欢迎的一个版块;央视和全国20多家电视台与美国华人联合创办了东方卫星电视,覆盖北美和加勒比海地区。我们可以通过类似"借船出海"之方式,利用境外华文媒体的力量,逐步改变信息传播的不平衡状态。

作为海外华人联系祖国重要纽带的华文传媒,目前仍保持着相当的数量规模。据统计,"目前共有华文报刊500多种,其中每天出版的日报100多家,以报纸形式、定期出版的期报180多家,各类刊物230多种。华语广播电台70多家,华语电视台数十家,华文网站则数不胜

---

① 程曼丽:《中国的对外传播体系及其补充机制》,《对外大传播》2009年第12期。

数"①。这些华文媒体的共同特征在于,他们报道中国新闻的范围广阔,涵括政治、经济、文化、科技、体育等多重领域;他们均植根当地社会,对所在国国情民风、文化传统及受众的接受习惯有着深入的了解和认识,而且大多以民间媒体的形式出现,不带官方色彩,易于获得民众的亲近与信任。

由于海外华文传媒的创办者熟悉中国,同时对所在国受众的心理及需求特征又有较深入的了解和把握,故而通过他们的华文媒体推介与展示中国,可以有效避免宣传成见,进而取得良好的传播效果。具体来讲,海外华文媒体在客观介绍中国、传递中国声音方面,具备以下几个传播优势。

首先,缘于长期的耕耘,海外华文传媒通常具有很强的针对性,拥有相对稳定的忠实受众群体,其报道内容在华人范围内更容易深入人心。譬如,台湾读者从文化上比较习惯接受《世界日报》;而中国广东福建的新移民则倾向于阅读《星岛日报》。我国对外传播机构如能与传播目的地的华文媒体合作,则能有效打破地域和偏好区隔,消除习俗和文化壁垒,取得较为满意的对外传播效果。

其次,华文媒体在海外长期发展过程中,已然入乡随俗,在办报方针、新闻采编和运作模式上,逐步完成了主流化和国际化的蜕变。其传播覆盖面已逐渐走出当地华人圈,致力于涵盖更广的范围。比如,《星岛日报》、《世界日报》、《侨报》、《明报》是美国兼跨东西两岸发行的四大报纸,发行量大、影响范围广。"过去 10 年中,美国华文媒体的数目和发行量增长了近 3 成,日报每天总印量超过 25 万份。《华尔街日报》曾报道,《星岛日报》和《世界日报》的发行量如果与美国主流英文报纸放在一起排名,大约可以排在 20 位上下。"②而在悉尼、加拿大等

---

① 虞宝竹:《打破西方话语权封锁 华文媒体、网络媒体异军突起——访中国新闻社社长郭招金》,来源:http://media.people.com.cn/GB/7155376.html。

② 高金萍:《美国华文报纸的进路》,《青年记者》2008 年第 4 期。

地,华文媒体在地方或全国性大选中,也成为不同政党竞相拉拢的对象,以宣传其政策纲领,每逢中国传统佳节,国家领导人或各党派领袖也会题词或撰文以示庆贺,海外华文传媒在国外的地位和作用日趋重要。

其三,相较于中国对外传播媒体和西方主流媒体,华文传媒兼具两者之长。一方面,在当地社会的耳濡目染下,它们更能娴熟地运用西方主流媒体的思维方式和表达形式,从而减少中国官方媒体的宣传工具痕迹,使得相关报道更为真实与客观,易于被受众认可。另一方面,对比西方媒体,华文传媒会更加关注和愿意报道中国新闻,其报道也更加全面客观,而且更倾向于塑造良好的中国形象,可以避免西方媒体的不实报道和妖魔化中国之弊端。

由此可见,在向当地主流社会传播中国信息方面,海外华文传媒是一个十分重要的中继站,也具有无可比拟的先天优势。借助这一通道,来自中国方面的信息、信号可以产生放大效应,更好地"落地入户"。而事实上,整合资源、联合办报,海外传媒的视角和经营理念加上中国传媒的资金和人才优势,已经在实践中被多家传媒机构认同为最理想的合作模式。在第二届世界华文传媒论坛上,《国际日报》集团主席熊德龙就高兴地表示,"两年前,《国际日报》创办了印度尼西亚版,并在印尼采取与香港《文汇报》东南亚版和《人民日报》海外版组合发行的新办法,这一内容组合深受印尼读者欢迎,取得了'三赢'局面,《国际日报》已经稳居印尼华文报纸发行量首位"[①]。这表明,海外华文媒体也希望通过各种形式寻求与中国媒体的合作,通过优势互补以获得人力、物力、信息资源等方面的支持。因而,在全球传媒业兼并重组、融合交汇的背景之下,借力华文传媒将有限而分散的人力、物力、

---

① 熊德龙:《让中国人的声音传遍全球》,来源:http://tech.sina.com.cn/me/2003 - 09 - 22/1510236909.shtml。

财力进行优化组合,整合资源,互惠互利,从各自为政走向联合共进,从而形成舆论合力,是提升我国整体对外传播能力的有效之举。

当然,在与海外华文传媒联手、借船出海的过程中,在具体操作上还需多加斟酌。一方面我国媒体需要尊重新闻规律,改变报道思维和方式,变喉舌宣传为信息传播,让海外华文媒体自觉自愿并尽可能地选用我们的产品。另一方面,在联手合作之前,必须先进行细致入微的调查研究,求同存异地淡化相互间在文化归属、价值取向以及终极目标诉求等方面的分野与矛盾,有针对性地推进交融合作,最终形成发展合力。

五、借助网络媒体,长驱直入

网络作为新媒体,在传播的时效性、交互性、开放性和融合性等方面是传统媒体无法比拟的,网站信息量大,传播迅速,成本低廉,其面向海外传播的功能有待深入开掘,如能扶持一些重量级的面向海外传播的网站,使之成为世界了解中国的窗口,则我国对外传播渠道的建设又将迈上一个新的台阶。

具体而言,作为国际传播的一种新的重要的载体,网络媒体有着与生俱来的种种优势。

首先,传统媒体在对外传播中往往会受到物质资源和政治因素的制约,而网络媒体由于其无疆域性,则可以克服这些障碍直接面向国际受众进行跨国界的传播。任何一个国家都可以通过网络发出自己的声音,它降低了媒介弱国传播的经济门槛,给各国提供了相对平等的传播交流平台,并极大限度地拓展了信息发布的广度和深度。

其次,由于网络媒体是一个可以无限延展的空间,可以通过创建英语、法语、德语等多语言版本,使我国能较容易开展跨语言的国际传播。如人民网就设置了英语、法语、俄语、日本语、阿拉伯语等频道,为国外网民浏览中国新闻提供了便利。

再次,由于网络媒体的多媒体性,可以在信息传播的形式和载体上进行融合与创新。网络作为对传统媒体资源的融合、共享与超越，能结合文字、音频和视频，集所有传统媒体的信息传播方式于一身。特别是网络媒体的交互性，能为跨文化传播的交流与对话提供充分的条件，及时得到受众的反馈。

正是由于以上开放性、交互性和无国界的特质，互联网的影响力与日俱增并成为当代受众获取信息的主要渠道之一。但是，在全球互联网信息中，中国和西方也存在巨大的数字鸿沟。而要扭转这种信息传播不对等的态势，就有赖于进一步加强我国互联网建设的力度，要通过构建全面多元的外文网站，更加翔实和多方位地介绍中国的历史和现状，为西方民众认识和了解中国提供一个权威而便捷的通道。"在1999年2月，故宫被搬入Inter公司的网站，3周内访问量突破150万人次，被英国报纸评为当周最热门网站。"①管中窥豹，这表明世界各国受众对于中国元素充满着好奇，他们也希望近距离深入认识中国。因此，在互联网影响力无远弗届的当下，我们应该注重网络多媒体功能的发挥，借助互联网这一平台全方位地展示我国博大精深的历史文化和蓬勃发展的社会现状，以满足国外民众了解中国的渴望，并加深其对中国的理解和认同。

就政府主导的网络媒体而言，目前我国已初步形成"6+3"对外传播格局，包括六大中央级网站：人民网、新华网、中国日报网、中国国际广播电台网、中国网以及中央电视台国际频道网；三大地方性英文网站：北京千龙网、上海东方网和广东南方网。这些网络媒体的创建大大拓展了我国对外传播的平台，也为更好地传递中国声音创造了机遇和条件。因而，当重大事件发生后，我们应当有效利用政府网站平台及时主动"发声"，迅速反应，及时行动，掌握话语权，向世界塑造一个

---

① 杨庆、任安:《互联网对话语权表达空间的延展——从"西藏3·14事件"谈起》，《青年记者》2008年第14期。

全面真实的中国形象。随着我国官方信源信任感在国外的不断增强，作为对外传播重要途径的政府网站便会更有可为，我们可以使其与民间对外网络媒体相结合，将对外"发声"的任务一部分交由政府网站来承担，而让民间网络在对外传播过程中逐步转变话语方式，形成更加多元化的信息来源，以提高我国对外传播的本真感和影响力。

长期以来，囿于对外宣传方式的生硬和死板，我国传统媒体的外宣效果一直欠佳并为国际舆论界所诟病，因而在利用网络实施对外传播时，应知己知彼、有的放矢，明晰国外受众的心理特性和兴趣点，努力形成传受双方的共鸣以减少传播逆差，从而达到预期的传播功效。在具体的传播方式上，应当平衡正负报道比例，对负面新闻给予适当曝光，尽量让不同的观点和声音都得以同时呈现；在报道策略上，也应了解西方受众的特点，转变话语方式，善于用鲜明生动的案例故事说话，同时增加背景描述和深度分析，并以海外受众喜闻乐见的方式呈现新闻信息，如此一来，方能减少传播逆差，赢得海外受众的信任和青睐，进而获得更大的传播影响力。

另外需要指出的是，任何技术的革新从来都是"双刃剑"，作为新型媒介形态的网络媒体亦不例外。"互联网的交互性、及时性和个性化等特性在给我国对外传播事业带来机遇的同时，也同时会给我国网络媒体的管理体制和运作方式带来强劲挑战。"[1]相较于传统媒体，互联网的传播方式更为个性化和自由化，信息发布者和访问者之间的反馈互动大为增多，网民也更为娱乐化和随意化，这就对网络媒体信息发布者和管理者提出了更高的要求。而当前我国的网络媒体采用多头管理的模式，缺乏统一监管机构，管理的方法和内容也不尽合理，这就需要相关部门多加整合，加强对于网络媒体市场环境的整顿和培育，为网络媒体对外传播的发展创造更好的条件和空间。

---

① 卜卫：《互联网络对大众传播的影响（上）》，《国际新闻界》1998 年第 3 期。

□ 第六章　中国信息传播的影响力分析

全球化时代的到来,对世界信息传播的整体格局产生了巨大而深刻的影响。这种影响一方面表现为全球传播的产生和发展,即全球范围内信息传播的市场化和一体化趋势的不断增强,经济利益成为全球传播竞争的一个主要目标;另一方面,信息传播的国际竞争(国家之间的竞争)依然存在,国家、民族、意识形态和文化等因素所发挥的作用并未明显地减弱,影响力的争夺依然是国际竞争的主要目标之一。在全球化语境中,一国的信息传播要在国际竞争中取得优势,首先要有坚实的产业基础、较大的产业规模和有效的对外传播通道,但光有这些远远不够,还必须要有强大的内容创意和生产能力,因为内容的产制和认知才是影响力得以生成的源泉。换言之,内容要素竞争力乃是信息传播影响力的最终决定力量。本章将从中美日俄印五国内容要素竞争力的比较出发,分析中国信息传播影响力在国际坐标中的位置以及中国传播内容生产的策略,并从内容生产角度重点讨论全球传媒品牌培育对提升中国传播影响力的重要作用。

第一节　中美日俄印内容要素竞争力比较

一、内容要素竞争力评价指标的构建

在国际信息传播过程中,一个国家的内容要素竞争力强,则与其

他国家进行信息传播竞争时就会在影响力的产生方面处于相对优势的地位。具体表现为在国外信息传播市场上可以有较高的渗透率和占有率,对国外受众可能具有更大的号召力。

衡量一个国家内容要素竞争力的强弱,首先要考察一个国家的内容产制能力。内容产制能力是内容要素竞争力的基础,一个国家只有具备强大的内容产制能力,才能满足国内消费者的信息需求,捍卫和保护本国的信息产品市场,同时在这个基础上才有可能加快信息和文化产品的国际输出,提高国际传播市场的占有率。

衡量一个国家内容要素竞争力的强弱,更应该考察消费者对信息产品内容的认知和认可程度。强大的内容产制能力只是为一个国家形成内容要素竞争力提供前提和基础,而这种竞争力的真正形成,则要靠内容消费者的认知和认可来落实。在国内和国际市场上,信息消费者选择购买信息产品,解读、认可、接受产品中所传递的内容,信息传播才会在社会和个人层面形成影响力。

如果说内容产制能力可以反映一个国家在信息传播"量"方面的大小,那么内容市场消费行为就可以体现"质"方面的高低。因此,可以从"量"和"质"两个方面来构建内容要素竞争力的评价指标,而"品牌价值"则可以作为一个综合的衡量标准。这个评价指标体系可分为三个一级指标:内容产制能力、市场消费行为和媒体品牌价值。在此基础上,还可以再细化出一些二级和三级指标,具体如下表 6－1:

表 6－1　信息传播内容要素评价指标体系

一级指标	二级指标	三级指标
内容产制能力	媒体产量	报纸日发行量
		杂志年总发行量
		电影年产量

续　表

市场消费行为	纸媒消费	成年人平均每天读报时间
		年人平均读书数量
	电视消费	每周看电视时间
	电影消费	年人均看电影次数
		本国电影票房份额
	媒体广告收入（广告商消费）	报纸广告额
		电视广告额
媒体品牌价值	入围"世界品牌 500 强" 数量	

1. 内容产制能力

内容产制能力即一个国家的内容生产制作能力,具体表现为在一定时间内为国内以及国外消费者提供报纸、杂志、电视节目、电影、音像等信息产品的总量。产制能力是传媒内容竞争力的一个基本指标。我们以媒体产量为二级指标,并选择报纸日发行量、杂志年总发行量、电影年产量作为产制能力的几个三级指标的代表。

2. 市场消费行为

产制能力可以从数量上反映一个国家内容生产和供给的能力,而生产出来的内容能否被消费者购买、使用和接受,消费者对内容质量有什么评价,则应该用另一些指标进行考察,这里统称为市场消费行为。消费者在内容消费上的行为表现,在很大程度上反映了一个国家的内容生产的质量。这里把纸媒消费、电视消费、电影消费作为受众市场消费的三个二级指标。

纸媒消费表现为读者在报纸、杂志和图书方面的内容消费水平。一般来说,报纸、杂志和图书的质量越高,人们愿意花费在上面的时间就越长。因此,这里把纸媒消费二级指标细分为两个三级指标:成年人平均每天读报时间、年人平均读书数量。

电视消费表现为观众的电视节目收视行为。一般来说,在传播资源较为丰富的时期,电视节目的质量越高,观众收看电视节目的时间越长。也就是说,收看电视节目的时间多少,在一定程度上反映了观众对电视节目内容质量的评价。因此,这里把电视消费这个二级指标具体化为一个三级指标:每周看电视时间。

电影消费表现为观众的观影行为。年人均看电影次数可以在一定程度上反映观众对电影质量的评价,又由于电影院放映的电影包括本国电影和外国电影,因此还需要考察本国电影票房在电影总份额中的比例。因此,这里把年人均看电影次数、本国电影票房份额作为电影消费的两个三级指标。

与物质产品不同,信息内容的消费者有两类,一类是受众(公众),另一类是广告客户。因此,衡量一个国家的内容竞争力,也要看广告客户对内容质量的评价。由于主观评价很难获得,因此我们就采用了传统媒体的广告收入作为市场消费的另一个二级评价指标。这是基于一个假设:内容质量越高,内容对受众的吸引力就越强,由此就会吸引更多的广告客户投放广告[①]。在媒体广告收入上,我们选择了最重要的两种传播媒体——报纸和电视,来考察它们的广告额。

3. 媒体品牌价值

传媒通过长期的内容生产活动,在消费者中间树立起独特的价值和服务的市场形象,这就是传媒品牌。一方面,传媒品牌的形成建立在内容提供的基础上;另一方面,传媒品牌又起到了保持和放大内容产品传播效应的作用。可以说,内容要素的竞争力会在很大程度上通过传媒品牌体现出来,因此我们将媒体品牌价值作为又一个一级指标。

鉴于获得一个国家所有传媒品牌价值难度太大,我们选择以世界品牌实验室编制的品牌排行榜"世界品牌 500 强"为依据,把各国传媒

---

① 显而易见,广告收入更受宏观经济形势、行业发展趋势等重大因素的影响,因此该假设只适用于特定的语境。

品牌入围排行榜的数量作为衡量一个国家传媒品牌建设力度的二、三级指标。

衡量一国信息传播影响力最有效的办法当然是看其所传播内容对他国受众所产生的作用,即对外传播的实际效果,尤其是国外受众在情绪和观念层面所受到的影响。其次应该看该国内容产品在国际市场上的覆盖率或占有率,以及在对外贸易中所取得的实际收益(如版权贸易额等)。从理论上说,这样的研究无疑是具有可行性的,但在现实中由于客观条件的限制,这对本书研究者来说却很难实施。一方面是由于经费的严重不足,难以展开跨国的资料搜集与实证调查;另一方面,有些数据可以在一定范围内获得,却难以形成可比性。因而,本节也与前一章的第一节有相似之处,不少比较对象使用的是中、美、日、俄、印五国的国内数据,以此来间接地推测其在国际竞争中可能的竞争表现。这显然是不无缺憾的,但正如我们在本书绪论中已经指出的那样,传播影响力更多地只能依赖对内容要素的定性研究来加以分析。

二、数据分析

1. 内容产制能力

(1) 报纸日发行量

如图 6-1 所示,中国、印度在报纸日发行量上遥遥领先,印度正在迅速缩小与中国的差距,俄罗斯的报纸日发行量最低。这个结果与世界报业协会发布的"世界报业发行量排行榜"的情况是基本一致的。

统计 2010 年度各国报纸入围"世界报业发行量百强"排行榜的数量,得到的结果如图 6-2。在对报纸发行量这一指标进行分析时,我们选择中国为标杆国家。

从图 6-3 可以看出,美国的杂志年发行量最多,中国居于第二位,印度最少。因此,我们选取美国作为标杆国家,进行分析比较。

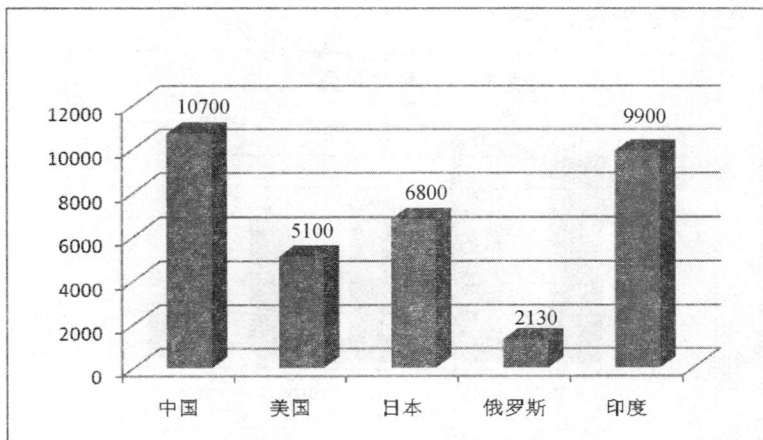

图 6 - 1　2007 年五国报纸日发行量(单位:万份)①

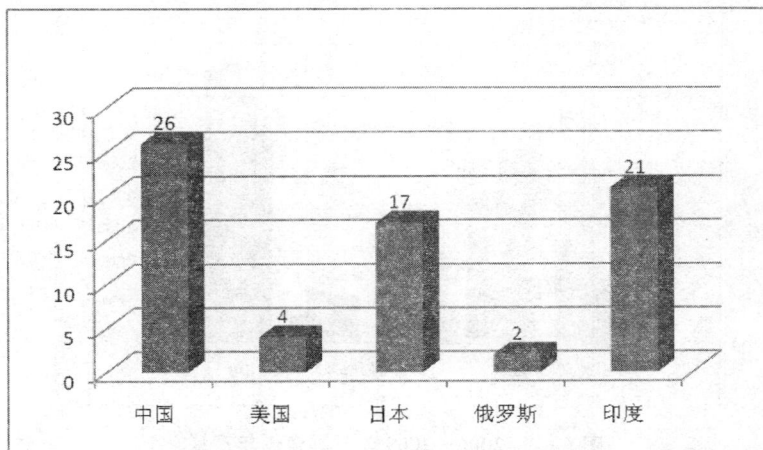

图 6 - 2　2010 年五国入围"世界报业发行量百强"报纸数量②

————————

①　数据转引自《世界报业协会报告显示:中国仍为最大报业市场》,来源:http://www. bkpcn. com/Web/ArticleShow. aspx? artid=072554&cateid=B03。俄罗斯数据源自徐彤:《俄罗斯媒体发展状况及对我们的启示——中国新闻代表团访问俄罗斯考察报告》,《新闻传播》2009 年第 11 期。

②　《2010 年世界付费日报发行量前百名》,来源:http://media. people. com. cn/GB/40606/13225351. html。

（2）杂志发行量

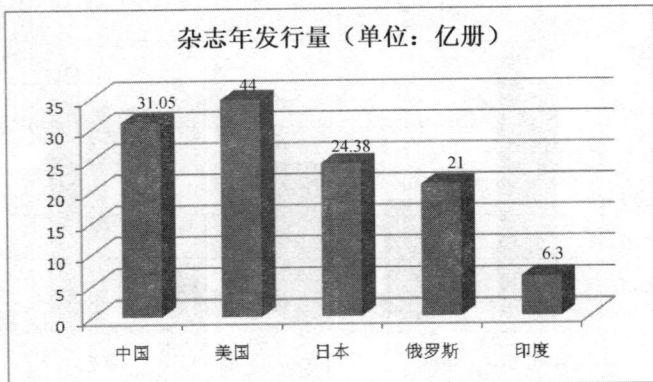

图 6-3　2008 年五国杂志年发行总量①

（3）电影年产量

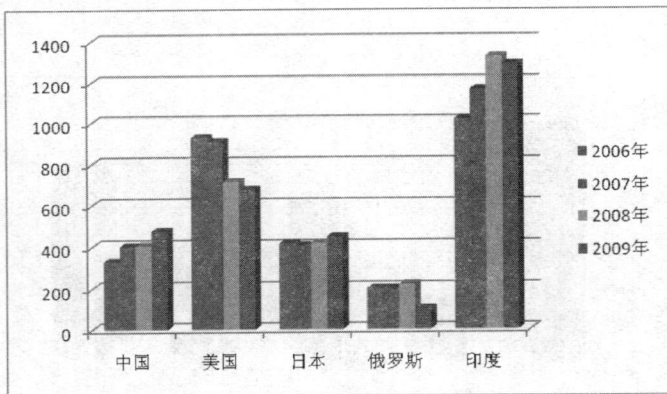

图 6-4　2006—2009 年五国电影年产量②

---

①　中国数据源自新闻出版总署网站，来源：http：//www. gapp. gov. cn/cms/html/21/1392/200907/465109. html。日本数据源自《日本出版业 09 盘点》，《广州日报》2010年 1 月 5 日 B4 版。美国为 2007 年数据，数据源自周丽锦、郑新、叶新：《美国杂志发行市场和读者行为解析》，《中国新闻出版报》2008 年 7 月 29 日第 11 版。俄罗斯数据源自徐彤：《俄罗斯媒体发展状况及对我们的启示——中国新闻代表团访问俄罗斯考察报告》，《新闻传播》2009 年第 11 期。印度数据源自：http：//mospi. nic. in/Mospi_New/site/home. aspx。

②　数据来源于叶非：《近 5 年全球主要电影产业国发展情况》，《电影艺术》2011 年第 2 期。

　　从图 6-4 可以看出,印度电影业居于世界首位。中国电影年产量逐年增长,从 2006 年的年产量 330 部,增长到 2009 年的 475 部。美国、俄罗斯和印度的电影年产量有所波动。尤其是俄罗斯,2009 年电影年产量仅有 101 部,为 2008 年的 50%。我们以印度为标杆国家,选取 2009 年的原始数据进行分析。

　　对报纸日发行量、杂志年发行量、电影年产量等三个指标综合进行评分,得到中美日俄印五个国家产制能力指标的评分结果如下表 6-2。

表 6-2　五国传播内容产制能力指标评分

国家	报纸日发行量		杂志年发行量		电影年产量		总评得分
	原始数据	得分	原始数据	得分	原始数据	得分	
中国	10700	100	31.05	70.6	475	36.9	69.2
美国	5100	47.7	44	100	677	52.6	66.8
日本	6800	63.6	24.38	55.4	448	34.8	51.3
俄罗斯	2130	19.9	21	47.7	101	7.8	25.1
印度	9900	92.5	6.3	14.3	1288	100	68.9

　　通过表 6-2 可见,我国凭借着庞大的报纸和杂志发行量,在产制能力分值上在五国中位列第一。美国的报纸、杂志和电影产量相对比较均衡,紧随中国和印度,在五国中位列第三。当然,这里我们重点考察的仅仅是各国绝对数量上的产制能力,如果把人均因素或质量因素考虑进去,其结果就又是另一回事了。

　　2. 市场消费行为

　　(1) 纸媒消费

　　A. 成年人平均每天读报时间

　　从图 6-5 可以看出,美国成年人每天读报时间虽然有所下降,但在五个国家中仍然最高,为 29.7 分钟。而我国国民每天读报时间属于中游水平。对原始数据进行处理时,我们选择美国为标杆国家。

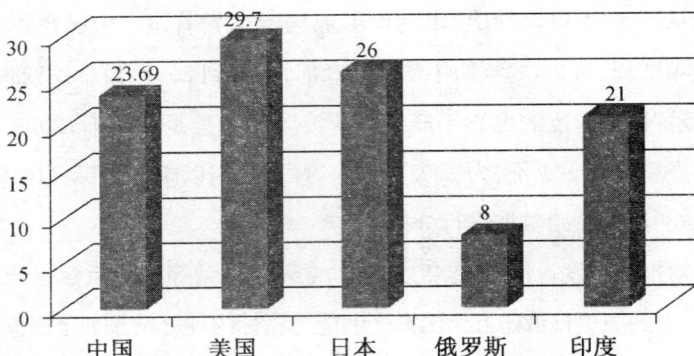

图6-5 成年人平均每天读报时间(单位:分钟)①

B. 年人年均读书数量

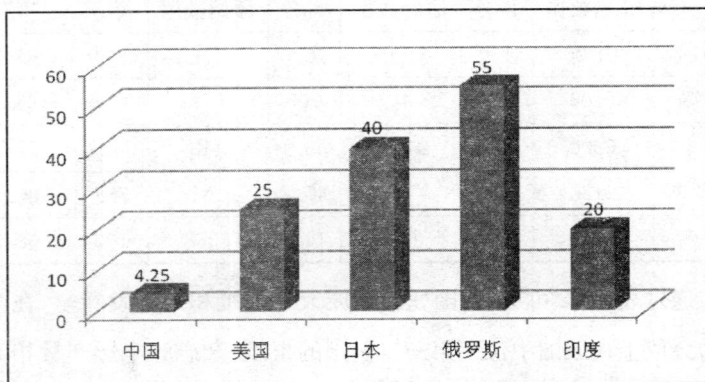

图6-6 年人平均读书数量(单位:本)②

---

① 中国数据源自《国民阅读现状:人均读书 4.25 本 数字阅读增长快》,来源:ht-tp://news. xinhuanet. com/politics/2011-04/22/c_121334572. htm。美国数据源自《2010 年美国用户阅读杂志报纸时长进一步下降》,来源:http://www. techweb. com. cn/world/2010-12-30/732387. shtml。日本数据源自《日本报业进校园》,来源:ht-tp://news. sina. com. cn/c/2010-04-06/092417329337s. shtml。俄罗斯数据为 2008 年数据,源自《世界报业协会总干事:俄罗斯人很少看报并不相信报纸》,来源:http://rusnews. cn/eguoxinwen/eluosi_wenhua/20080623/42182833. html。印度数据源自 ht-tp://mospi. nic. in/Mospi_New/site/home. aspx。

② 中国数据源自《国民阅读现状:人均读书 4.25 本 数字阅读增长快》,来源:ht-tp://news. xinhuanet. com/politics/2011-04/22/c_121334572. htm。美国、日本、俄罗斯、印度数据源自《全民"悦"读风渐盛 燕赵大地沐书香》,来源:http://news. xinhuanet. com/local/2011-12/26/c_111302738. htm。

从图6-6可以看出,俄罗斯年人平均读书数量最多,为55本。而中国在这一指标上则处于最低位置。在这一指标上,我们选择俄罗斯为标杆国家。

对成年人每天读报时间、年人平均读书量这两个指标的数据进行综合评分,得到结果如下表6-3:

表6-3　五国纸媒消费指标总评得分

国家	成年人平均每天读报时间		年人平均读书量		总评得分
	原始数据	得分	原始数据	得分	
中国	23.69	79.8	4.25	7.7	43.8
美国	29.7	100	25	45.5	72.8
日本	26	87.5	40	72.7	80.1
俄罗斯	8	26.9	55	100	63.5
印度	21	70.7	20	36.4	53.6

从表6-3可以看出,日本在纸媒消费指标上得分最高,而我国则得分最低。这一方面反映了我国国民在纸媒阅读方面与他国相比积极性不高;另一方面也可以看出,尽管我国在纸媒方面有着强大的内容产制能力,但是质量要得到公众较高程度的认同还有待时日。

(2)电视消费

从图6-7可以看出,日本人看电视时间最长,每周为35个小时。印度最短,一周只有13.8小时花费在电视上。我们选择日本为标杆国家,对数据进行处理,结果如下表6-4:

表6-4　五国电视消费指标评分

国家	原始数据	得分
中国	21	60
美国	32	91.4
日本	35	100

续　表

国家	原始数据	得分
俄罗斯	28.5	81.4
印度	13.3	38

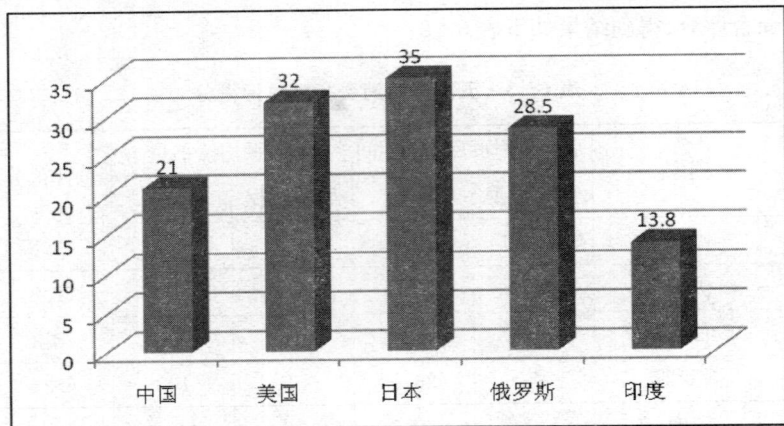

图 6-7　五国国民每周看电视时间(单位:小时)①

(3) 电影消费

A. 年人均看电影次数

从图 6-8 可以看出,美国人均看电影次数最多,每年为 4.47 次。印度次之,为 2.41 次。中国最少,人均只有 0.16 次。在对这一指标进行分析时,我们选取美国为标杆国家。

---

①　中国、美国、日本数据源自《世界人口看电视时间调查 日本人最多中国人最少》,来源:http://ent.sina.com.cn/x/2005-04-15/1042703275.html。俄罗斯为 2008 年数据,数据源自《俄罗斯多角度全方位应对"阅读危机"》来源:http://www.chinaxwcb.com/index/2009-05/22/content_174053.htm。印度数据源自:http://mospi.nic.in/Mospi_New/site/home.aspx。

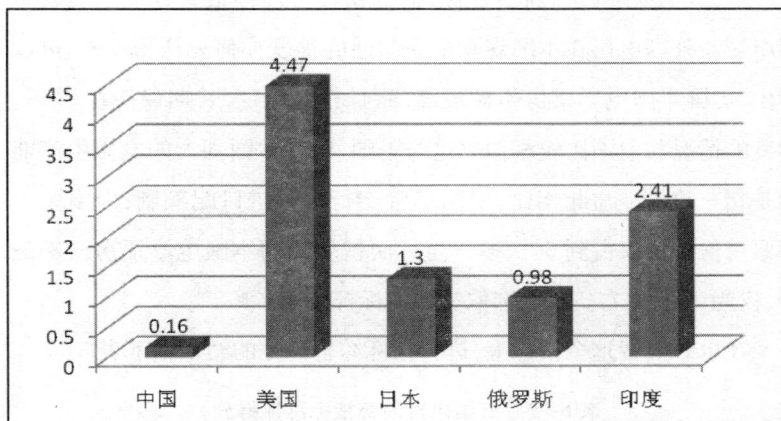

图 6 - 8　2009 年五国年人均看电影次数(单位:部)①

B. 本国电影票房份额

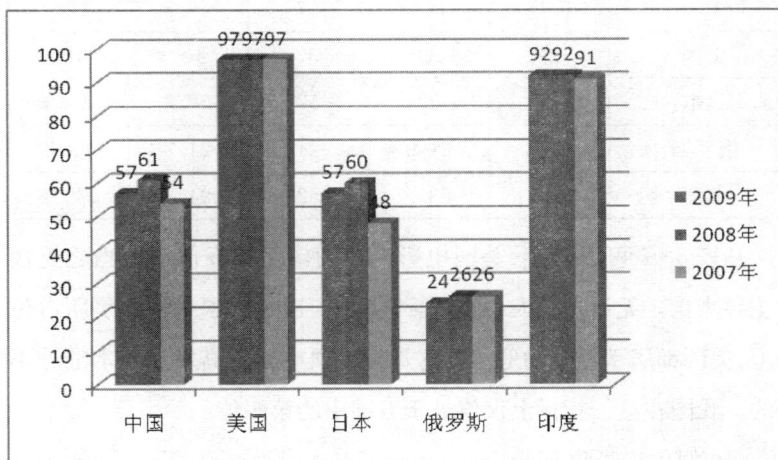

图 6 - 9　2007—2009 年五国本国电影票房份额(%)②

---

①　数据来源于叶非:《近 5 年全球主要电影产业国发展情况》,《电影艺术》2011 年
2 期。

②　数据来源于叶非:《近 5 年全球主要电影产业国发展情况》,《电影艺术》2011 年
2 期。

本国电影在票房总收入中所占的份额可以在很大程度上反映本国电影与外国电影在本国观众中受欢迎的程度如何。从图 6-9 可以看出,美国本国电影票房份额最高,而且相当稳定,长期保持在 97%。印度的情况与美国比较相似。这与美国、印度本国强大的电影生产能力是相一致的。与此相比,中国尽管实行电影进口配额制,但本国电影票房份额仅仅占到 50% 多一点。而俄罗斯的本国电影票房份额最少,仅为 25% 左右。我们选取美国为标杆国家。

在电影消费这个指标上,进行指标综合评分的结果如下表 6-5。

表 6-5 五国电影消费指标总评得分

国家	年人均看电影次数		本国电影票房份额		总评得分
	原始数据	得分	原始数据	得分	
中国	0.16	3.6	57	58.8	31.2
美国	4.47	100	97	100	100
日本	1.3	29	57	58.8	43.9
俄罗斯	0.98	21.9	24	24.7	23.3
印度	2.41	53.9	92	94.8	74.35

从表 6-5 可以看出,美国电影产业的确是国际市场上当之无愧的主导力量。无论是年人均看电影次数上,还是本国电影票房所占份额上,美国都居于领先的地位。这是与美国电影的高质量高水准分不开的。我国在这一指标上仅仅处于五国中的第四位。

(4) 媒体广告收入

A. 报纸广告收入

从图 6-10 可以看出,美国的报纸广告收入遥遥领先于其他国家。中国尽管在报纸数量上领先于美国和日本,但是报纸广告收入却比美国和日本落后较多。我们选取美国为标杆国家进行评分。

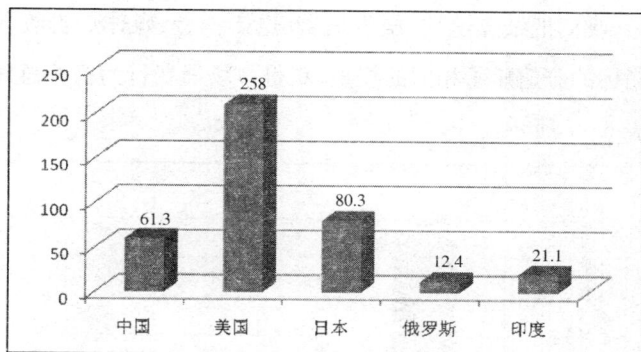

图 6-10　2010 年五国报纸广告额(单位:亿美元) ①

B. 电视广告收入

从图 6-11 可以看出,美国电视广告收入最高,为 690 亿美元。日本次之,中国排在第三位。我们同样选择美国为标杆国家进行评分。

对报纸广告收入和电视广告收入的数据进行综合评分的结果如表 6-6 所示。

表 6-6　五国媒体广告收入指标评分

国家	报纸广告额		电视广告额		总评得分
	原始数据	得分	原始数据	得分	
中国	61.3	23.8	128	18.6	21.2
美国	258	100	690	100	100
日本	80.3	31.1	218	31.6	34.9
俄罗斯	12.4	4.8	66.7	9.7	7.8
印度	21.1	8.2	17.8	2.6	5.4

①　中国数据源自《去年中国报纸广告收入达 381.5 亿元》,《中国新闻出版报》2011 年 4 月 2 日。美国数据源自《2010 年美国报纸广告收入创 25 年最低》,来源:http://finance. ifeng. com/roll/20110317/3686767. shtml。俄罗斯数据源自《俄印刷广告时代结束 互联网广告收入首次超过报刊》,《中国印刷》2012 年 第 4 期。日本数据源自《去年日本广告费总额达 5.8427 万亿日元 降幅达 1.3%》,来源:http://news. xinhuanet. com/world/2011-02/24/c_121115934. htm。印度数据源自《印度传统媒体的发展态势》,《传媒》2011 年第 3 期。

最后,我们把纸媒消费、电视消费、电影消费、媒体广告收入这四个二级指标的分值赋予相同的权重,获得市场消费行为指标总评得分结果如表 6-7 所示。

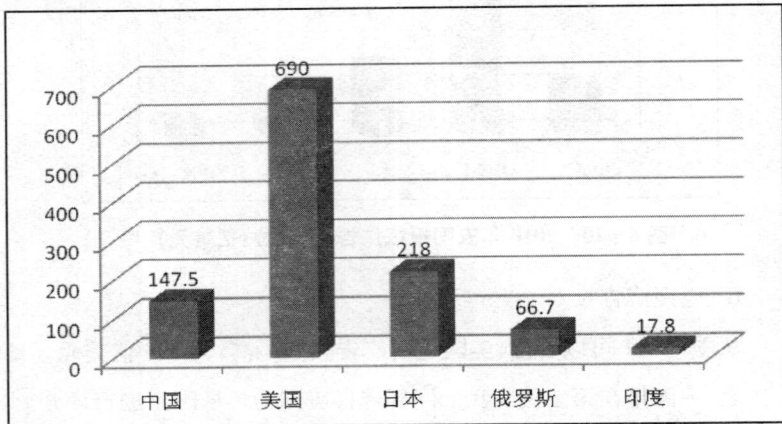

图 6-11 2010 年五国电视广告收入(单位:亿美元) ①

表 6-7 五国市场消费行为指标总评得分

国家	纸媒消费		电视消费	电影消费		媒体广告收入		总评得分
	人平均每天读报时间	年人平均读书数量	每周看电视时间	年人均看电影次数	本国电影票房份额	报纸广告额	电视广告额	
中国	79.8	7.7	60	3.6	58.8	23.8	18.6	39.1
美国	100	45.5	91.4	100	100	100	100	91.1

① 中国数据源自《"十一五"时期广播电视发展状况》,来源:http://mail. gdtj. chinasarft. gov. cn/showtiaomu. aspx? ID=e12b2401 - 37d0 - 4e46 - a761 - eaa925ec4622。美国数据源自《美国互联网广告收入超有线电视》,来源:http://tech. sina. com. cn/i/2012 - 05 - 02/08497045193. shtml。日本数据源自《去年日本广告费总额达 5. 8427 万亿日元 降幅达 1. 3%》,来源:http://www. admaimai. com/news/ad201102242 - ad62136. html。俄罗斯数据源自《俄印刷广告时代结束 互联网广告收入首次超过报刊》,《中国印刷》2012 年 第 4 期。印度数据源自《印度传统媒体的发展态势》,《传媒》2011 年第 3 期。

国家	纸媒消费		电视消费	电影消费		媒体广告收入		总评得分
	人平均每天读报时间	年人平均读书数量	每周看电视时间	年人均看电影次数	本国电影票房份额	报纸广告额	电视广告额	
日本	87.5	72.7	100	29	58.8	31.1	31.6	64.7
俄罗斯	26.9	100	81.4	21.9	24.7	4.8	9.7	44
印度	70.7	36.4	38	53.9	94.8	8.2	2.6	42.8

从表 6-7 可以看出,我国在信息传播内容产品市场消费方面的总评得分偏低,表现不容乐观。

3. 媒体品牌价值

从图 6-12 可以看出,美国入围"世界品牌 500 强"的媒体数量最多,达到 30 家。中国和日本分别有 2 家和 1 家。中国入榜的两家媒体是中央电视台和人民日报。俄罗斯和印度则没有媒体入围"世界品牌500 强"。我们选取美国为标杆国家,对数据进行整理,得到结果如表6-8 所示。

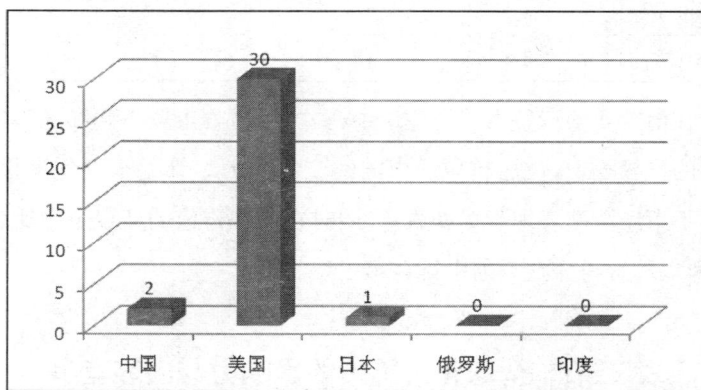

图 6-12 2010 年五国入围世界品牌五百强的媒体数量①

---

① 数据源自世界品牌工作室,来源:http://finance. qq. com/a/20101223/005840. htm? pgv_ref=aio。

表 6-8　五国媒体品牌价值指标得分

国　　家	原始数据	得分
中国	2	6.7
美国	30	100
日本	1	3.3
俄罗斯	0	0
印度	0	0

最后,我们把产制能力、市场消费以及品牌价值这几个指标综合起来,得出五国内容要素竞争力评价指标的总得分,如下表 6-9。

表 6-9　五国内容要素竞争力评价指标总评得分

国家	产制能力	市场消费	品牌价值	总评得分
中国	69.2	39.1	6.7	38.3
美国	66.8	91.1	100	86
日本	51.3	64.7	3.3	39.8
俄罗斯	25.1	44	0	23
印度	68.9	42.8	0	37.2

在内容要素竞争力综合评价中,美国凭借着市场消费和品牌价值方面的优异表现,位居首位。中国的产制能力尽管处于领先地位,但是由于市场消费表现不尽如人意,同时在品牌价值的建设上也比较滞后,所以综合得分在五国中排在第三位。

第二节　全球化语境中的影响力与内容竞争

一、全球化对信息传播竞争的影响

在经济学视域中,竞争一般要具备四个基本要素:竞争主体、竞争对象、竞争场所、竞争结果。具有独立利益的个人或集团是参与竞争的主体;具有稀缺性且为不同利益主体所共同需求的东西是竞争对象;具有特定时间、空间和条件的主体活动范围是竞争场所;成功或失败、获取利益的多或少,是竞争的必然结果。只有在这四要素俱全的情况下,才存在真正意义上的竞争,也才存在竞争力高低的问题。全球化对信息传播国际竞争的影响亦可以从这四个方面反映出来。

传统意义上的国际传播主体一般是民族—国家,在国与国的交往中,信息传播是联结双边或多边关系的重要纽带。国家有时会以传播者的身份直接出面来完成一些重大的信息传播活动,这种活动中的传播行为其实并非一般意义上的信息传播,而是有明确目标的对外宣传行为。而在日常的国际信息传播中,出场者多是一些有影响的媒体而非国家本身,实际上这些媒体常常充当着国家喉舌与传声筒的角色。这样的国际传播主体并非经济学意义上的市场竞争者,而是带有浓厚意识形态色彩和政治使命的主体。随着冷战的结束和全球传播的出现,信息传播的国家界限逐渐被打破,传播主体也在一定程度上发生了转换,媒体成为日常传播的真正主角。对于大多数国家的媒体而言,只要有实力、有通道、有合适的内容,都可以借助市场的力量完成自己的超越国界的传播行为。在此过程中,还产生了一种新型的传播主体,这就是跨国媒体(集团)。它们是真正的市场竞争者,不光规模庞大,实力雄厚,而且影响力惊人。它们不会只为一个宗主国服务,支配其行为的是全球竞争的市场游戏规则。

传统的国际传播的竞争对象是政治或文化影响,往往不计市场效应和效益,而全球化语境中传播的竞争对象则首重经济利益。这与前述竞争主体的变化有着密切的联系。国家在作为信息传播竞争主体时,由于其政治组织的属性,它的行为的驱动力和追求目标都必然首重政治利益,即使由媒体在前台扮演角色,它仍会在后台实际操控着传播的导向和资源。而在全球化语境中,国家逐渐退居幕后,信息企业(尤其是媒体)作为一种真正的经济性组织参与竞争,它的内驱力和追求目标则必然转向经济利益。作为市场竞争者的信息企业可以冲破国家和民族文化的边界,纵横驰骋于全球市场,以新颖的内容和形式吸引世界上不同国家、不同文化、不同肤色的数以亿计的受众,从而获取巨额的市场收益。信息传播竞争说到底是以受众作为竞争对象的市场博弈行为,在全球化进程中,由于传播对象的大大扩展,信息生产商必须充分考虑本土以外受众的需求与习惯进行内容的生产制作,将本土化与全球化有机地结合起来。信息传播竞争不能没有资源支撑,信息生产商除了充分利用本土资源外,还必须能在全球范围内寻找和利用资源并进行有效的资源整合,这样才有可能达到自己的竞争目的。因此,跨国受众以及进行信息生产的各种资源,成为信息传播全球竞争而必须争夺的直接对象。

在竞争场所方面,冷战时代的国际传播主要是意识形态斗争的工具,这当然也是一种"竞争",却与市场并无多少关系,它一般在两国之间进行,是国与国之间进行政治较量的重要组成部分。20世纪90年代以来,冷战的终结和全球化的迅速发展,使得传统意义上的国际传播隐而不彰,全球传播成为一个比国际传播更能揭示当今信息传播竞争场所特征的概念。传播的全球性,要求信息、资本、人力等生产要素可以跨国和跨文化自由集聚和流动,信息贸易成为国际贸易的一个有机组成部分;要求传播内容(特别是新闻)的采集由原来以本地为主向全球范围扩展,并以最快的速度和最真实、最全面的报道向世界发布最新的资讯;还要求传播的技术工具(手段)和组织形态能够与其相匹配,而卫星和网络传输等技术的普及,新闻集团、时代华纳之类的跨国传媒集团的崛起,正是适应了这样的需要。

由于以上几个竞争要素所发生的变化,全球化语境中的信息传播竞争所得到的结果自然与传统的国际传播有着显著的不同。从媒体层次来说,原来的竞争结果主要表现为是否完成了所属国的对外宣传任务,现在则主要表现为在国际市场上到底获取了多少经济利益。从国家层面来说,原来是"东风"与"西风"谁压倒谁的政治问题,现在则是谁的传播竞争力在世界舞台上更强的问题。这种竞争力同时表现在硬实力和软实力两个方面。前者主要表现为一个国家产业基础的强弱程度,主要涉及生产、储存、传输内容的器物工具和物态载体等生产资料,产业规模、从业人员、行业管理、竞争水平等生产能力。后者主要表现为一个国家的传播影响力,包括全球传播渠道的数量多寡及其渗透力,传播内容和服务对跨国受众在思想、观念和情感方面产生作用的大小等。全球化所带来的信息传播市场化和一体化趋势的增强,使得参与其中的国家都非常重视信息传播基础条件和对外传播渠道的建设,重视信息产品生产的国际化和标准化,以求与全球传播市场的无缝对接,从而在信息传播的全球竞争中占得有利的位置。在此趋势下,世界似乎真的变成了一个"信息车间"或"信息超市"。

然而,这并不等于说传统的国际传播已不复存在,而是说国际传播在冷战结束后出现了一种向全球传播方向演化的态势,它改变了传统的国际传播的模式,使得参与国际竞争的主体、对象、场所和结果都发生了一系列新的变化,我们姑且将这种新型的带有全球化色彩的国际传播称之为"全球传播"。显然,这里所说的全球传播既有别于传统国际传播的新特质,也包含了传统国际传播一直延续下来的部分要素。全球传播一方面打破了传统框架下以意识形态作为信息传播方向盘和指南针的思维定势,使市场指标成为衡量信息传播国家竞争力的重要和直接的标准;但另一方面,影响力的争夺仍是退隐到幕后的国与国之间信息传播竞争的一个焦点。这样,全球传播便具有了双重竞争目标:经济利益和国际社会影响力。正如前面已经阐明的那样,这是竞争主体、竞争对象以及竞争场所不断分化或重构所带来的必然结果。

二、全球传播对内容产制提出的新要求

在全球传播竞争的双重目标之间,是一种既对立又统一的关系。其对立的一面主要表现在:经济利益更注重直接的、短期的和显性的

结果,是可以用市场指标直接加以衡量的,相比之下,社会影响力更注重持续的、长期的和隐性的效果,是无法用市场指标直接衡量的;经济利益是站在前台的媒体的主要竞争目标,而社会影响力则是隐在后台的国家的主要竞争诉求,这两者之间并非总能保持协调一致的关系。其统一的一面在于,它们总是服务于提升信息传播国家竞争力的需要,而且都统一于广义的影响力范畴。在全球传播竞争中,影响力也可以分别从广义和狭义的角度来理解。狭义指产品内容对国外受众在心理、思想、情感和行为等方面产生作用的能力,这主要是一种社会影响力。广义的影响力,除狭义之外还指一国信息传播的产品对国外市场的渗透力和占有率,即一般所说的市场影响力,经济利益不过是市场影响力的一种具象化的表现。因此,就广义而言,全球传播竞争的双重目标都统一于对影响力的追求。

从更深的层次来说,市场影响力和社会影响力无论在支撑条件和实现方式上存在着怎样明显的差异,它们都不能不依赖于传播内容,尤其是内容产品的意义与品质。是内容的产制和接受最终决定着影响力的有无与大小;换言之,内容是传播影响力的终极源泉。

内容对于影响力的决定作用,既体现在微观的受众接受行为层面,也体现在宏观的市场运作层面。在微观层面,受众对信息的接受,是从内容接触到意义理解再到态度支持的一个完整的过程,这个过程是渐次深入的,需要有一系列条件的支撑。受众对内容的接触,首先会考虑内容本身的接近性和有用性,同时还会考虑形式上有无愉悦性;受众对内容产品的意义的理解,既需要基于他们原有的知识系统,又要依赖现实情境的配合;受众最终能否在态度上对传播内容给予支持,还取决于内容中所包含的情感和观念与他们原有情感和认识的统一性程度。以影响力为追求目标的信息传播竞争,需要充分考虑到全球化语境中的受众在信息接收和接受的各个环节上的特点和要求,生产出他们喜欢接触、愿意理解并乐意支持的内容产品。只有这样,市场影响力的形成和社会影响力的产生,才会具备坚实的受众基础。在宏观层面,市场影响力的获得需要借助于规模效应,也就是必须要有足够多的消费者通过市场购买行为完成对产品的接受,竞争者所追求的经济利益才能兑现。为此,各种市场营销手段和活动是必不可少的。社会影响力的获得则需要借助于社会认知和集体认同,无论什么样的观点或观念,只有经过广泛传播并在较大范围的受众群中形成心理共振,有利于传播者的舆论倾向才会产生。市场规模的形成以产品内容的包装和推广为手段,社会认同的获得以跨文化的意义交流为桥梁,它们只能通过有意义的内容来实现,其落脚点都是内容的产制和传播。

正是认识到内容生产与传播的这种极端重要性,参与到全球传播进程中的世界各国纷纷将内容创意和内容传播产业(往往被统称为"文化产业")提升至显要位置,并将其作为最具发展潜力的社会经济部门来看待。在美国和日本等发达国家,内容创意和信息传播已成为知识经济的主体,包括中国在内的许多新兴国家也正在利用国家政策积极推动和扶持这个大产业的发展。在此过程中,绝大多数认同全球传播并参与全球竞争的国家都不再强调竞争的政治性和意识形态性,而是将获得经济利益和国际影响力同时作为主要的竞争目标,而且都愿意遵循全球贸易的基本游戏规则。然而,有竞争就必有弱肉强食的现象存在,全球范围内的信息传播不平衡并没有因为全球传播趋势的出现而减弱,这种现象甚至出现在了发达国家之间。究其原因,一方面因为信息传播的影响力作为一种软实力,本来就不能单纯地理解为仅仅是传播内容本身自发的一种力量,它的背后往往有一国的政治、经济、文化、军事等硬实力做支撑,是这些力量的象征;另一方面更应该看到,在全球一体化与本土化和文化多样性之间确实存在着诸多深层次的矛盾和冲突,就信息传播而言,本土传播的内容更注重承载一国的主流价值观和特定的民族文化内涵,而全球传播的内容更注重普世价值观和能够进行跨文化交流的意义。在全球化的语境中,传播内容的生产与传播都无法再遵循过去国际传播的老套路,必须既顺应全球传播的大趋势,又要小心落入传播手段与传播内容相背离的被全球化的陷阱。

中国需要弄清全球传播对产品内容提出的特殊要求,有的放矢地进行内容的创意和生产,增加市场营销的意识,提高全球传播的效果。这又着重体现在对以下几种关系的认识和处理上:

一是全球一体化与文化多样性的关系。全球化肇始于经济一体化,延展至文化一体化,落脚于市场一体化。全球市场的一体化必然会有一种内在的要求,就是世界各国的文化最好可以用一些标准的价值观来通约,以实现在全球市场的自由流通。而果真如此,则必然会对文化的民族性和多样性构成严峻的挑战。在这种情境中,联合国教科文组织大会在 2005 年通过了《保护文化内容和艺术表现形式多样性国际公约》(简称《文化多样性公约》)。它意味着文化多样性原则被提高到国际社会应该遵守的伦理道德高度,并具有了国际法律文书的性质。这项由法国和加拿大倡议的文化多样性公约包括 35 项内容,其核心是:与文化相关的活动、产业和服务有其特殊性,不应与一般商品同等对待;各国有权采取有利于保护自己文化遗产的措施。公约之所以能得到联合国教科文组织绝大多数会员国的支持,是因为在全球传播中处于弱势的多国存在着对抗美国"文化霸权"的需要。但保持文化多样性不应沦为文化保守主义的一个口实,否则参与全球传播就只能是一句空话。比较可行的努力方向是,在全球竞争中形成类似于几大经济体(或经济圈)这样的文化体或文化圈,从而使全球传播的"一极"格局变为"多极"格局。

二是普世价值与国家意识形态之间的关系。普世价值是指那些能够超越国家、民族、文化界限的人类共通的价值观念,它一般不具有特定的主体性和明确的政治性;而国家意识形态却具有鲜明的主体性和较强烈的政治性,它或许会预留与普世价值对接的空间,但其本身与普世价值常常是存在冲突的。就信息传播特别是新闻传播而言,新闻专业理念所倡导的真实、客观、公正、全面、平衡等原则,就可以看成是普世价值,但不同国家的传播者对这些原则可以有自己的灵活运用,这其中就会渗透该国的意识形态。美国的传播内容在这方面具有很强的典型性,它的文艺作品、娱乐产品以及新闻报道,无不以坚守平等、博爱、自由等普世价值和维护基本人权自居,而在这些内容背后,许多国家的受众读到的却是傲慢和偏见,甚至是妖魔化。从另一角度来看,卡塔尔半岛电视台的启示或许更有价值。它给人的印象总是遵循着自由、平衡的报道原则,在被有些人视作"恐怖组织的传声筒"的同时,又会适时播报美国官方的反映,被更多的人看作"只不过是站在广泛的人道主义立场上还原了战争残酷的本来面目",从而"为伊斯兰世界赢得了话语权,它的国际影响力无疑是重大的"①。但半岛电视台从来不报道卡塔尔国内反对派的声音,目的是为了维护现政权的统治,可见这个来自于小国的电视台在处理普世价值与国家意识形态之间的关系时,与美国传媒取得了异曲同工的效果。这说明,在全球传播中可以也只能将意识形态隐藏于普世价值之后,通过践行普世价值才能达到传递某些意识形态观念的目的。

三是市场性导向与创意性导向之间的关系。谈论全球传播的逻辑前提是承认传播内容可以顺应全球化的要求,这也就意味着承认经济和市场可以广泛地介入内容产制和传播的过程。关于这个问题,致力于推进文化产业发展的国家大多持两面的态度,一方面认识到只有让更多的资本尤其是民间资本参与到文化生产中来,文化的发展才能获得强有力的经济力量的支撑,另一方面又担心经济因素成为文化的主导力量从而带来负面的影响。这种担心不是没有理由的。内容的

---

① 蔡志玲:《中国传媒如何打造国际影响力》,《东南传播》2007 年第 5 期。

生产存在着市场性和创意性两种不同的导向。前者更倾向统一、标准和功利,更强调资本和技术的作用;而后者更注重个性、创新和审美,更强调艺术创造的力量。两者之间既有一定程度的同一性,但也存在明显的矛盾和冲突。如何化解这种矛盾和冲突,成为考验许多国家的一道难题。

第三节　面向全球传播的内容生产策略

中国的信息产品要走出国门并使其内容在世界范围内产生影响,除了要有畅通的渠道,同时还必须有能够吸引世界目光的源源不断的内容供应。没有好的有创意的内容,全球竞争和国际影响力只能是空中楼阁。面向全球传播的内容应该也可以在国家内部传播,反过来说,在国内传播的内容却并不一定能通行于全球。因此,中国需要有自己的面向全球传播的内容生产策略。

一、中国传播内容生产中存在的问题

为使提出的策略更有针对性,最好先分析一下目前中国在内容生产方面存在哪些方面的问题。笔者觉得,有以下几个方面特别值得提出讨论。

其一,中国已经是一个内容生产大国,但大而不强。以电影为例:2000 年,中国生产故事片 91 部,到 2010 年,这一数量增长到 526 部,10 年翻了近 6 倍,这还不包括民营电影制作公司的产品在内。相比之下,2000 年美国电影自产量为 683 部,2010 年为 560 部。从量上来说,中国现在与美国的差距已经不是太大。但从另一个方面就可以看出问题所在。2010 年,中国电影综合收入为 157.21 亿元,其中国内电影票房收入 101.72 亿元,电视播映收入 20.32 亿元,国产影片海外销售收入 35.17 亿元,后者只占综合收入的 18.5%。相比之下,美国 2010 年电影业总收入超过 800 亿美元,折合人民币约 5000 多亿元,超过中

国电影 30 多倍。其中,全球票房收入为 318 亿美元;国内票房收入约 106 亿美元,折合人民币约 670 多亿元,是中国的 6 倍多;国外票房收入为 212 亿美元,折合人民币 1300 多亿,是中国的 35 倍以上。从这几个数据的落差,可以看出两国内容竞争力的巨大差距,也可看到两国内容生产导向的显著差异。再以电视节目为例:2008 年中国影视剧制作时间为 58616 小时,国内全年电视剧播出数 22.57 万部,550.43 万集;其中进口剧的播出数 9251/229600(部/集),所占比例并不高。但大而不强的问题同样存在。2008 年,全年电视节目进口量 20550 小时,进口总额 45421 万元,平均每小时 2.21 万元。其中,进口电视剧 122/3594(部/集),进口额 24293 万元,平均每集 6.76 万元。全年电视节目出口量 10300 小时,出口总额 12476 万元,平均每小时 1.21 万元。其中,出口电视剧 149/6662(部/集),出口额 7524.95 万元,平均每集只有 1.13 万元。由此可见,不但量上有 50% 以上的贸易逆差,而且价格上也几乎没有多少市场竞争力。①

其二,中国的内容创意在国内市场有较好表现,但无法满足国外市场的需求。中国传播企业长期习惯于内向传播,缺乏国际化发展的动力。从内在原因看,国内市场很大,使得绝大多数传媒业生产企业并没有把"走出去"当作自身实现"跨越式发展"的战略组成部分,"走出去"的主动性不强。有些实力较强的传媒企业,由于历史的原因,占据优势地位,握有垄断权力,在商业运作中形成了既得利益,更是缺乏动力,使优势变为劣势,造成资源的巨大浪费。从外在原因看,由于没有有效的激励和约束机制,有些传媒企业不注重选题开发,致使产品结构失衡,重复生产现象严重,导致了资源的浪费,产品质量更是难以保证。例如,电影大片《赤壁》,尽管在国内票房达到 5 亿多,在日本也

---

① 这里的数据均来自中国国家统计局的官方网站。中国的统计数据除专门说明外,单位均为人民币。

有接近 4 亿,但在北美市场的反应却相当冷淡,从 2008 年 9 月到 2009 年长达半年的放映期内,银幕数最多时也仅有 42 块,最终票房只有 60 多万美金,还不足国内票房的一个零头。这说明,中国电影只要超出中华文化圈的范畴,涉足欧美等西方异质文化的市场,还是难以获得其观众的理解和认同。这与内容生产导向以对内传播为主有直接关系。目前,中国的很多内容产品都只是适应国内政治经济文化的具体"情境"来生产的,而国外读者或观众在知识背景、阅读心理、审美情趣、接受习惯上与中国的读者或观众相比存在很大的差别,因此国内的内容生产制作还缺乏从适应海外受众接受的实际出发的态度,缺乏从内容和形式以及表现手段上进行"二次加工"的意识。

其三,中国内容的产品线和盈利模式单一,无法体现创意产业和信息产业的高附加值优势。在这方面,好莱坞的电影产业链模式很值得中国借鉴。它通常可以分为三个层次:一是实质产品层,即通过电影的制作、发行、放映三个环节所形成的电影本体,这是整个电影产业链的基础和原动力,它以影院放映为目标,其主要收入来自广告和票房两个部分,其中产品内置广告已经成为好莱坞电影的一个很重要的收入来源。二是形式产品层,这是指除影院放映以外的电影产品的播映,主要包括电视播放和录像(影碟)播放。此时电影产品仍然保持着其完整的形态,但其传播的介质发生了变化,播映(消费)的场所也随之发生了变化。三是形象产品层,这是以电影产品的某个组成元素为基础所开发的新的产品,即衍生产品,如以电影中的人物或卡通形象为基础而生产的商品、以电影中的音乐或音效所制作的音乐 CD 或原声带、根据电影故事开发的游戏等等。后两个层次的产品也称后电影产品,其收入来源主要是各种版权的销售收入。而在这方面,中国与美国也存在着非常大的差距。中国电影的产业链基本上停留在第一、二两个层面,鲜有能进入第三个层面的开发。也就是说,中国电影产业的总收入主要来自广告、票房、电视、音像制品,而其中票房收入又占了绝大部分,通常要占到 70％以上。这种状态如不能得到改变,即使内容生产能够达到相当的规模,并且也能够参与到全球竞争的行列,其结果仍无法达到预期的目的。

二、面向全球传播的中国内容生产策略

全球传播既是全球化所带来的结果,其本身又是全球化发展的重要推动力量。作为全球化进程和全球传播竞争的参与者,中国只有遵守全球竞争的市场游戏规则,因势利导地推进传播内容的生产,既抓住一些有利的条件和机遇,又尽可能地避免全球化对中国可能带来的不利影响,以便增强内容生产的针对性,提高内容传播的有效性和影响力。这就需要有中国自己的内容生产策略。

一是坚持比较竞争优势的理念,摒弃"无差异化"的市场策略,而采取"散点式专业化"的市场策略。要坚持比较竞争优势理念,寻找新形势下中国信息产品出口的新机遇,开拓中国信息产品出口的新路径。比较优势理论是在国际贸易中由绝对优势理论发展而来的。它认为,一国与他国相比在生产某种产品上是否具有绝对优势并不重要,只要它们在生产两种产品上的要素投入比例不同,就会有比较优势存在。遵循比较优势的原则,每个国家都应选择具有比较优势的产品进行生产和国际间的交换,使交易双方都从中得益。这一理论给我们的启示是,在发展信息传播产业和推动信息产品出口过程中,我们既要认真掌握信息产品生产和贸易的普遍规律,同时要充分挖掘中国信息产品与他国信息产品在内容、生产与营销等各个环节的差异性即个性特征,从而找到在国际竞争中赢得比较优势的路径。这就需要对国际信息产品市场进行细分,结合自身的实际情况,有选择地放弃部分分体市场,选取几个有利的分体市场作为主攻目标,并为这些主要目标市场提供不同的内容和不同的产品,实行不同的营销组合策略。例如,在电视节目中,可以区分出新闻节目、电视剧、综艺娱乐节目、纪录片和体育节目等,对各类不同的节目还可以再进行细分,然后根据各自接受对象的特点和要求,采取不同的创意、生产、包装和营销策略,从而获得尽可能好的传播效果。只要传播效果好,社会影响力或市场影响力就必然会逐步得到累积和提升。

二是改变过去单纯的国内生产、国外售卖的传统生产和营销模式,采取集资、参股、互派人员或联合制作等多种形式,加大与国际信息内容生产商合作的力度,实现实物出口与资本和人力资源输入输出的有机结合。在经济日益全球化的今天,尽管实物出口依然是国际贸易的主要方式之一,但与过去所不同的是,资本越来越成为在全球范围内联结和整合生产及流通要素的主要纽带,这直接导致了巨兽(大型跨国公司)时代的来临,同时也给新兴国家的发展带来了一些新机遇。由于信息传播产业具有内容产业或者创意产业的特殊性,其产品的输出必须特别注意输出终端(输入地)的本土性。而要做到这一点,就不能固守传统的"国内创意→国内生产→对外输出→终端消费"的贸易流程图,必须充分利用资本输出的杠杆作用,利用国际化分工合作的有利条件,使更多的生产环节和流通环节直接在输入地完成。这样一方面可以学习到国外先进的传播创意与制作的理念和技巧,另一方面也可以逐步摸清国际市场的脉搏,建立起有效的国际营销的通道。例如,"在发展电影方面,可以采用从国外融资,与国外院线签订合同,用外国先进的技术、优秀的演员,拍摄中国题材的影片,然后出口到国外,这样可以充分利用国外资金、技术和人才,加快中国文化走向世界" [1]。

再次是构建和完善内容生产的产业链,不断丰富内容生产的产品线,在媒介融合的大背景下,寻求内容产品传播介质和传播形式的多元化,最终实现由单一盈利模式向复合盈利模式的转变。传播内容生

---

[1]　龙永图:《中国文化产品出口问题迫在眉睫》,来源:http://finance.qq.com/a/20060512/000540.htm。

产是一个涉及众多细分行业的过程,这些行业包括新闻、出版、影视、广告、娱乐、演艺等。不过,它们都可以统属于大信息传播产业或大文化创意产业。由于特定的历史原因,过去中国的内容生产几乎没有产业运作的意识,也就很难形成完善的产业链条。一种内容产品生产出来,大多是一次性消费,缺乏多层次开发的概念,因此同一层次内容产品的产品线往往非常单一。这些缺陷导致中国内容产品在参与全球竞争时,既无法形成强势的文化氛围和社会影响力,又无法获得多元盈利模式的支撑,预期收益的空间被大大压缩。在改变这一现状的过程中,特别值得一提的是将传统传播载体与新传播技术进行有机的结合。所谓新传播技术是指基于数字化和网络化的新型媒体技术,它们不仅在技术上大大超越了传统的媒体技术,在服务形式上也体现出全面的创新。新传播技术与传统的传播载体的融合,不仅使得内容产品传播的技术操作更加简便、服务形式更加多样化、服务内容更加人本化,而且使得不同内容产品之间进行整合与创新的概率大大提高,为信息传播产业发展和内容产品出口提供更为广阔的空间。

第四节 内容产制与全球传媒品牌的培育

内容产制和认知是信息传播影响力生成的源泉,包括大众媒体和新媒体在内的传播媒介是内容传播的物质载体和组织载体,而品牌则是保持和放大传播效应的最有力的武器。在日益全球化的语境中,全球传媒品牌对一个国家的传播影响力发挥着无可替代的作用。在有了强大的内容创意和生产能力的基础上,还必须培育和塑造中国自己的全球传媒品牌,这是提升中国信息传播影响力的一条现实路径。本节将在弄清全球传媒品牌含义的基础上,重点考察西方发达国家塑造全球传媒品牌的经验及其对中国的启示。

一、全球传媒品牌:概念、特征和意义

营销学大师菲利普·科特勒认为,品牌从本质上来说是销售者向购买者长期提供的一组特定的特点、利益和服务的允诺;它是一种复杂的符号,表征的是产品或企业的市场形象①。传媒品牌反映了不同媒体及其产品的差异和特性,它取决于受众对媒体及其产品的认知,公信力、影响力、忠诚度、美誉度是传媒品牌的特定内涵。

全球传媒品牌是在一国或区域品牌基础上经由国际传媒市场竞争而逐步形成的,其目标是在国际范围内追求舆论影响力和市场覆盖率。正是基于这样的形成路径和特定的竞争范围和目标,全球传媒品牌都具有以下两个基本的特征:

首先,在国际信息传播中都具有较大的舆论影响力和市场统治力。舆论影响力和市场统治力来源于受众对其信息产品生产的消费认可和情感支持。具体来说,这表现为在全球传媒市场上拥有较大的市场份额,获得国际受众和广告商的认可,能够获取巨大而且稳定的经济收益;同时,通过其信息或娱乐产品影响国际舆论的走向和其产品消费者的情感倾向。

其次,都经历过由本土品牌逐步走向全球品牌的过程。一个传媒品牌只有在一国或某个较大的区域范围内成为领导者,才有可能进一步扩张成为全球品牌。而一旦成为全球品牌,则其生产、营销和消费形态都将会发生变化,不光是经营范围要着眼于全球市场,其核心业务也会向诸如国际新闻报道或适于全球消费的娱乐项目转变。这同时也说明,全球传媒品牌的建设具有长期性,不是一朝一夕就能完成的。

与一般行业的全球品牌相比,全球传媒品牌的构建有着更大的复

---

① [美]菲利普·科特勒:《营销管理:分析、计划、执行和控制》(第8版),梅汝和、梅清豪、张桁译,上海人民出版社1997年版,第649页。

杂性和难度。这从下表中可以得到简单的印证,在全球品牌百强中,传媒品牌入围者寥寥无几。

表 6－10　2005－2008 年《商业周刊》全球品牌
百强榜中传媒品牌的入榜情况①

传媒品牌	2005 年	2006 年	2007 年	2008 年
迪斯尼	第 7 位	第 8 位	第 9 位	第 9 位
Google	第 38 位	第 24 位	第 20 位	第 10 位
Yahoo		第 55 位		
MTV	第 48 位	第 50 位	第 52 位	第 52 位
路透	第 74 位	第 78 位	第 76 位	

　　一般行业的全球品牌一旦形成,可以在世界范围内进行品牌输出,其广告策略、表现方式、品牌个性形象等都采用统一化战略,通过品牌形象国际化元素的融入,以获取消费者和广告商的认同与支持。但对于传媒品牌而言,由于受地域、政治、文化、语言的影响较大,品牌的渗透性、转移性较差,故不容易产生全国乃至国际驰名品牌。由此亦不难理解,并非所有的知名媒体都应该把建设全球品牌作为其品牌建设的目标。

　　当然,对于以建设全球品牌为己任的媒体(集团)而言,一旦其全球品牌的效应形成,则必然对其所在国及其自身都将产生不可估量的积极作用。

　　全球传媒品牌是一个国家软实力的重要组成部分。所谓国家软实力,按一般理解即一个国家依靠政治制度的吸引力、文化价值的感召力和国民形象的亲和力等释放出来的无形影响力。这种影响力的产生,很多时候和很大程度上要靠产生于该国并且具有国际影响力的媒体来充当中介,而这种媒体一定是具有全球品牌效应的媒体。全球

---

① 　这里的数据来源于美国《商业周刊》网站:http://www.businessweek.com。

传媒品牌可以通过其在世界范围内的市场统治力和舆论影响力,显著地提升其所在国的国家软实力。

全球传媒品牌有利于提升和保持一个媒体在国际传媒市场上的核心竞争力。传媒核心竞争力是指媒体在整合和配置资源过程中所表现出来的对传媒运作的内在的、本质的与合规律性的认识,以及将这种认识付诸实践的超强的执行能力。这种认识主要依存于媒体的"知识层面",可以辐射到媒体运作的各个环节;这种能力主要蕴含在媒体内部,是一种整体性的不可分割的力量。全球传媒品牌既是一个媒体具有核心竞争力的重要标志,也是一个媒体在国际传媒竞争中提升和维护其核心竞争力的重要砝码。

全球传媒品牌还可以直接为拥有它的媒体带来扩大市场和提高利润的好处。这是因为全球品牌战略有利于媒体在国际竞争中保持产品形象和传媒形象的统一性,有助于全球消费者对其传媒产品的识别。全球品牌一旦形成,进行品牌的输出就要容易得多。媒体可以通过品牌延伸的各种手段打入到其他国家的传媒市场,在赢得受众的同时,也给传媒带来源源不断的经济收益。

二、他山之石:全球传媒品牌的实践经验

按照传媒所处的行业和领域,可以把已有的全球传媒品牌划分为下列几种类型。这些不同类型品牌的构建在经验上既有共性也有个性。

表 6－11 不同行业和领域的全球传媒品牌

行业和领域	品牌举例
体育、影视、娱乐、科技	MTV、迪斯尼、派拉蒙、家庭影院、《国家地理》
商业、财经	《华尔街日报》、《金融时报》、《财富》、《商业周刊》、彭博社
政治、综合	《纽约时报》、《泰晤士报》、《时代》、美联社、路透社、法新社、CNN、BBC、半岛电视台
互联网和其他新媒体	Google、Yahoo

1. 体育、影视、娱乐、科技等领域的全球品牌

这些专业领域与政治和意识形态的关系相对比较松散，人们对相关内容产品的需求也具有相似性，因而此类全球品牌在定位上往往追求全球化的品牌核心价值，致力于满足人们共同的兴趣和爱好。以MTV 为例，它在品牌定位上主打娱乐牌，以满足全球年轻人音乐视听需求自居，它的关键词同"年轻"、"流行"和"全球化"分不开，多年来一直致力于在全球消费者中间树立其充满年轻精神的全球娱乐品牌形象，这些努力大获成功。

体育、娱乐、影视是人们的共同需求，为了赢得更多的消费者，这类品牌基本上都是走平民化路线，追求在全球形成统一的市场。"MTV 通过全球 30 个当地台频道将音乐电视的触角已伸向全球 3.4 亿家庭；而总部在纽约的 MTVi 集团背靠全球最有实力音乐电视传媒 MTV and VH1，设立了 22 个网站，其中 14 个是面向欧洲、亚洲和拉美的国际网站，已成为全球在线音乐娱乐公司的领头羊；MTV 还发行家庭录影带和书，贩卖 MTV 消费品，每年有 400 亿美元的音乐贸易额；手机用户也可通过 WAP 网每天查看 MTV 的新闻，同时享受 MTV 的短信服务。"[1]

为了追求市场份额的最大化，这些品牌在进行全球扩张的时候，往往坚持"全球化思考，本土化运作"，一方面在全球范围内统一其品牌形象，另一方面致力于生产本土化的内容，从而满足目标地消费者的特殊需求。以美国《国家地理》杂志为例，《国家地理》是美国国家地理学会创办的一份科技性期刊，在品牌延伸过程中，创办者非常重视品牌形象的统一性。以《国家地理》杂志这个核心品牌为基础，该学会的所有产品都在借势《国家地理》杂志以及它的黄框标志。如出版物方面，协会便要求所有印刷品的封面必须保留黄框，在名称上也大多

---

① 王湖：《MTV 品牌运作策略简析及启示》，来源：http://www.zjol.com.cn/。

包含"国家地理"这几个字。借助于统一的品牌形象,国家地理学会旗下的各种产品成功地打开了市场,并牢牢确立了"国家地理"这一品牌在消费者心目中的地位。同时,在国际化的过程中,《国家地理》也十分重视本土化。除了在日本属于合资出版之外,《国家地理》杂志所有的本地版都是授权某个合伙人出版,充分利用当地的办刊体验、基础设施和内容资源。本地版在保持英文版的大部分原有内容的基础上,大约10%~15%的内容是由该国自己的编辑班子组织采写的。①

2. 商业、财经等领域的全球品牌

这类品牌在构建过程中的一个突出特点就是走高端路线,追求内容的权威性。以《华尔街日报》为例,作为世界最著名的财经类报纸之一,该报一直以全球工商界和政界的领袖以及遍布全球的众多投资者为读者对象。据调查,该报读者的平均收入为14.7万美元②。为了吸引这些高端读者,《华尔街日报》致力于突出工商、金融和投资领域新闻报道的权威性,不惜人力和篇幅,深入报道、分析金融和财经领域,做好专业报道。凭借其在金融和财经领域的权威报道,该报共获得过31项普利策新闻奖,对美国和全世界的商业、金融领域产生了巨大而持续的影响。

此外,为了增强在世界范围内的影响力,这些品牌在报道视野上放眼全球,同时还通过举办一些品牌活动来增强其品牌价值。《财富》杂志每年评选全球最大五百家公司、美国和全球最受赞赏的公司、美国青年富豪榜排行榜、全球商界最具权势25位企业家等一系列排名,举办"《财富》全球论坛",邀请各国政要参加。其中影响力最大的就是《财富》杂志的全球500强企业排序,这已经被经济界认为是世界各国经济状况的一个晴雨表。《财富》杂志打造的排行榜、论坛活动,大大

① 参叶新:《美国〈国家地理〉杂志的海外扩张》,《出版参考》2005年第3期。
② 明安香:《美国:超级传媒帝国》,社会科学文献出版社2005年版,第59页。

增强了其全球传媒品牌的形象。

3. 政治、综合领域的全球品牌

这类品牌在品牌塑造上以拥有强大的舆论影响力和国际话语权为特征。以《纽约时报》为例,该报不仅影响着美国其他报纸的议事日程,而且也影响着电视网的议程。"媒介之间议程设置的影响力一般是从《纽约时报》流向其他媒介。"①为了建立这种舆论影响力,这些全球传媒品牌非常重视争夺国内和国际高端读者。《纽约时报》成立以来,就一直以美国主流社会和精英阶层为读者对象,为了体现严肃、权威、历史记录的品牌形象,非常重视政治、政府事务和外交事务的报道。为了争夺国际高端市场,《纽约时报》一方面加强网站的建设,吸引来自全世界的受众访问阅读;另一方面,也在世界范围内直接进行品牌输出,如收购在欧洲和全球都非常有影响力的《国际先驱论坛报》,实现品牌的强强联合。

4. 互联网等新媒体领域的全球品牌

以互联网为代表的新媒体打破了国家、民族、地域的界限,可以实现全球无疆界的传播。同时,互联网和新媒体属于高科技,全球的大多数国家和政府都承认互联网和新媒体的商业属性。所以互联网和新媒体领域的全球传媒品牌形成的速度非常快,一般没有太大的政治阻力,也很容易在全球范围内获得消费者的认同。尽管技术、创新、服务无国界,这些全球传媒品牌仍然要面临本土化和全球化的选择。以Google为例,在品牌推广上,Google实行统一化的技术和本土化的服务。面对全球所有的消费者,Google打造的品牌形象都是一致的,那就是"有趣、易用、有用"。同时,为了占领全球市场,Google也提供包括汉语在内的其他语言服务。2006年,Google宣布了面向全球中文

---

① [美]沃纳·塞佛林、小詹姆斯·坦卡德:《传播理论:起源、方法与应用》(第4版),郭镇之等译,华夏出版社2000年版,第263页。

语言用户的中文名字为"谷歌"①。

三、影响全球传媒品牌形成的关键因素

上述全球传媒品牌绝大多数形成于西方发达资本主义国家,从不同国家、不同行业和领域品牌的构建实践中可以看出,全球传媒品牌的建设存在一些关键性的影响因素,只有把握住这些关键因素,才有可能最终完成全球传媒品牌的构建。

1. 品牌核心价值的确定和强化

品牌核心价值是品牌自身具有的吸引消费者的独特魅力,消费者通过这个品牌可以获得综合而独特的利益与体验,其中有理性因素也有感性因素。一切与品牌有关的活动都要围绕品牌的核心价值展开,对之进行演绎与展示,使之不断得到丰富和强化。全球传媒品牌的塑造,也应该将品牌核心价值的确定作为起点,需要提炼出个性鲜明并对消费者有着很强感染力的核心价值,并不断地强化、丰富和维护这种核心价值。

品牌核心价值是通过传媒内容产品长期的生产、销售和传播渗透到受众认知系统中去,进而被受众所理解和接受的。从品牌核心价值的角度,全球传媒品牌可以分成两种类型:一类以追求强大的舆论影响力为直接目标,致力于生产具有世界舆论影响力的新闻产品,另一类则以追求更大的市场份额和经济利益为直接目标,把内容生产的重点放到满足人们共同的生活、娱乐需求方面。当然,这种划分只是相对的,它们常常是可转化的。

传媒如果以追求全球范围的舆论影响力为目标,在确定品牌核心价值时不可避免的一个问题就是如何做到价值标准的普适性和国际化。对于传媒来说,要想影响世界舆论,引导其他传媒的议程,传媒的新闻产品就必须具有强大的公信力和权威性,而公信力和权威性的来

---

① 腾讯科技:《宣布中文名谷歌 租牌争中国市场》,来源:http://tech.qq.com/a/20060412/000323.htm。

源则是全世界认可的新闻理念,如真实、准确、客观、公正。《纽约时报》之所以能够为美国的传媒"设置议事日程",在全球范围内都有着较强的舆论影响力,首先因为其品牌的核心价值"刊登所有适合印刷的新闻"、"做历史的记录者"、"报纸品质胜于利润",在东西方都得到了认同。又如半岛电视台能够在 BBC、CNN 等西方电视传媒的夹击中取得成功,从一个地区性的传媒品牌成长为全球性的传媒品牌,很大程度也是因为半岛电视台"独立、客观、公正"的品牌核心价值得到了人们的认可。

　　传媒如果以追求全球市场的经济利益为目标,在提炼核心价值时,就需要把传媒产品能给受众提供的最大利益提炼出来,围绕人们共同的生活需求来进行传媒产品的生产和制作。MTV 的"娱乐至上"、"年轻、流行",美国《国家地理》的"适合在已具有地理知识的人士中间传播地理知识",Google 的"有趣、易用、有用",这些全球传媒品牌的核心价值都有一个共性,这就是从满足人们在生活、休闲、娱乐方面的需求出发,挖掘全球大众共同的需求。

　　需要指出的是,品牌核心价值一旦确定,还需要进行反复强化,甚至几十年如一日,才能在全球范围内树立起与之相符的品牌形象。例如,《纽约时报》会不惜以每年损失大笔广告收入为代价,拒登被其认为"有问题的广告",来维护其严肃大报的品牌形象 ①。《泰晤士报》尽管是百年老报,知名度和声誉都很好,但仍每年投入巨资用于主办或赞助各种公益活动,来吸引读者的注意力,提高报纸品牌的美誉度和社会认知度。"该报每年用于报纸品牌宣传、市场推广的花费达 2500万英镑,包括电视、报纸、户外广告、活动营销等。"②

　　2. 内容产制的逐步国际化

　　打造全球传媒品牌,要求媒体必须把自己的内容产制范围从一国

---

① 参李子坚:《纽约时报的风格》,长春出版社 1999 年版,第 170 页。
② 曹凯:《求变图存:〈泰晤士报〉的发展策略》,《传媒》2005 年第 10 期。

或某个区域逐步转向国际。对于追求全球市场和经济利益的传媒,这当然毋庸赘述。对于追求国际舆论影响力的媒体,也需要逐步做到新闻报道视野的国际化。在"地球村"时代,人们对发生在世界其他角落的事件同样关注,传媒在报道这些事件时的表现如何,直接影响着全球受众对其品牌形象的认知。当重大国际事件发生时,在人们视线中占据主导地位的往往就是那些具有全球品牌效应的媒体。

全球传媒品牌要做到内容产制的国际化,首先需要资金、人才和组织上的保证。《纽约时报》、《华尔街日报》为了参与国际新闻竞争,在国外的资金和组织方面的投入可以说不惜血本。《纽约时报》拥有规模庞大的国际新闻部,在多个国家派驻有记者站,每天都有 16 个版以上的国际新闻报道[①]。《华尔街日报》在国外设有 31 个记者站,24个广告营销处,15 个印刷点[②]。

内容产制的国际化,还有赖于人才的国际化。半岛电视台虽然号称"要以阿拉伯人的视角去看世界",但是为了向西方主流的新闻理念靠拢,半岛电视台广泛聘请曾经在西方主流媒体工作的传媒精英。半岛电视台"挖"到的精英包括 CNN 中 Q&A 脱口秀节目主持人里兹·卡恩、该节目的制片人詹姆斯·怀特、前 CNN 著名编辑基兰·贝克尔、前 BBC 和美联社电视新闻著名编辑奈杰尔·帕森斯等。半岛电视台的这种做法,有利于吸引伊斯兰世界中很大一部分并不以阿拉伯语为母语的观众,也将吸引发展中国家一些讲英语的观众。

内容产制的国际化,还要求媒体必须抓住一些重大事件发生的契机,提高传媒的品牌知名度和影响力。现有的全球传媒品牌的形成,一是因为其日积月累参与国际新闻竞争,二是因为抓住契机,在重大事件中脱颖而出。对拿破仑战争的报道成就了《泰晤士报》,美国的南

---

① 明安香:《美国:超级传媒帝国》,社会科学文献出版社 2005 年版,第 62 页。
② 明安香:《美国:超级传媒帝国》,社会科学文献出版社 2005 年版,第 71 页。

北战争使刚刚出现的美联社开始扬名,世界经济危机和罗斯福的"炉
边谈话"成就了美国的广播传媒,越南战争和阿波罗登月又使美国的
电视传媒成为强势传媒①。进入 1990 年代,CNN 和半岛电视台的脱
颖而出也是如此,可以说海湾战争成就了 CNN,半岛电视台则是在伊
拉克战争中迅速崛起的。

3. 持续不断的品牌扩张

全球品牌的形成有一个重要的前提,即该品牌必须先具有当地市
场的优势,并已经成为当地市场或本国市场的领导品牌。在这个基础
上,通过在全球范围内进行扩张和品牌输出,才能逐步发展成为全球
传媒品牌,而这是一个持续不断的过程。对于全球传媒品牌而言,品
牌的全球扩张有四种路径选择:地理上的扩张、收购品牌、建立品牌联
盟、创立新品牌。这些策略的优劣势如下表所示。

表 6 - 12　传媒品牌扩张策略的类型和优劣势

扩张策略	资金投入	市场进入难度	品牌提升
地理上的扩张	少	大	高
收购品牌	多	中	中
建立品牌联盟	少	小	中
创立新品牌	多	大	低

地理上的扩张,指传媒直接把统一的品牌输出到全球的其他国家
和地区。这种品牌扩张的策略具有资金投入少、对品牌提升作用大的
优点,同时给世界各地的消费者以稳定的形象认知,增强品牌定位的稳
健性和品牌亲和力与凝聚力。但是受到政策、政治上的限制,地理上的
扩张可能难以成功。《纽约时报》作为最成功的全球传媒品牌之一,其
在国外的发行量仍然很有限,原因就是因为当地政府的政策限制。

①　刘笑盈:《国际一流媒体形成的原因及当前的媒体格局》,《对外传播》2009 年第
3 期。

收购品牌,指传媒通过购买当地原有的传媒品牌,进行改造,成为自己的子媒体。这种策略需要投入大量资金,而且被收购的品牌往往继续作为独立的传媒品牌存在,可以实现品牌的强强联合。如《国际先驱论坛报》是当今世界一份有影响的"国际性报纸",对全世界意见领域和政商决策者都有深刻的影响,原先为纽约时报公司和华盛顿邮报公司共同所有,2003年,《纽约时报》买下了华盛顿邮报公司的股份,完全拥有了《国际先驱论坛报》,实现了品牌的强强联合。纽约时报公司全资购入《国际先驱论坛报》不到两年,就在澳大利亚的悉尼、巴西的圣保罗、中东的科威特等地新开了7个印刷点,扩大国际市场的份额①。

品牌联盟,指传媒与当地的传媒品牌通过合资、组成伙伴关系、许可证协议的方式,来实现品牌的全球扩张。这种策略具有风险小、对品牌提升作用较大的优点。迪斯尼采用积极的许可经营战略,通过管理模式、经营理念、商标品牌等无形资产的转让和特许使用这一方式迅速实现集团扩张,它成功地建设、运营了东京迪斯尼乐园、巴黎迪斯尼乐园和香港迪斯尼乐园等。《纽约时报》与有关国家和地区的主流报纸合作办版。2004年,《纽约时报》与中国台湾的《联合报》签订协议,双方合作创办一个板块叠,夹插在《联合报》中,由《联合报》代为投递②。此外,《纽约时报》在法国《世界报》上设有版面,在欧洲、拉美等地区的报纸上也有类似的安排③。

创立新品牌,指传媒通过新品牌的创立来进行本土化市场的占领。这里需要注意的是新品牌应该是原有的品牌的延续,这样才能起到提升品牌的全球价值的作用。比如为了培养自己的品牌优势,《华尔街日报》把触角伸向世界的主要地区,于1976年创办了《亚洲华尔街日报》,1983年创办了《华尔街日报》(欧洲版),1994年又创办了《华

① 苏荣才:《对话美国报业总裁》,南方日报出版社2005年版,第125页。
② 苏荣才:《对话美国报业总裁》,南方日报出版社2005年版,第126页。
③ 陈昌凤:《纽约时报公司经营模式探析》,《国际新闻界》2003年第8期。

尔街日报特别版》。《华尔街日报特别版》在全球 33 个国家的 38 家主要报纸上以当地语言印刷出版,其核心是以西班牙语和葡萄牙语在 21 个拉美国家出版的《美洲华尔街日报》①。《财富》杂志除了在北美地区之外,还有一个亚洲版《财富》和欧洲版《财富》。

特别需要提出的是,传媒品牌在全球化扩张过程中占领美国市场非常重要。目前,尽管世界已经向政治多极化方向发展,但美国仍然是世界上最大的也是最重要的资本主义国家。要构建全球传媒品牌,获得美国市场的认可是必不可少的。默多克不惜放弃澳大利亚的国籍,加入美国国籍,就是在于他认为只有占领了美国市场,新闻集团才是全球性的传媒集团。贝塔斯曼立足于欧洲市场,并逐步进入美国等出版大市场。它们在发展过程中都充分认识到:要想成为一个真正的全球传媒品牌,不打入并占领美国市场是不可能的。

四、国际经验对中国传媒的启示

中国的新华社、《人民日报》、中央电视台等传媒在已成为一国品牌的基础上,正积极构建全球品牌,并取得了一定的成效。目前,新华社在近百个国家和地区建立了总分社、分社、支社、编辑部,有驻外人员 500 余名,其中 300 多人为记者、编辑等采编人员。在一些重大事件中,新华社的新闻报道也广泛为国外传媒所使用,如在 2008 年北京奥运会期间,新华社有关奥运的对外中英文文字、图片稿件被境外传媒平均采用率为 30% ②。但总体来看,中国传媒还没有形成真正的全球品牌。在这方面,已有全球传媒品牌的成功实践为中国传媒提供了许多有益的启示。

启示一,构建全球传媒品牌是提升国家形象的必然要求。

国家形象是一国的客观状态在公众舆论中的投影,也就是社会公

---

① 明安香:《美国:超级传媒帝国》,社会科学文献出版社 2005 年版,第 76 页。
② 新华社奥运报道团:《用新闻报道增强国家软实力》,来源:http://news. xin-huanet. com/newmedia/2008—10/14/content_10192901_2. htm。

众对该国的印象、看法、态度、评价的综合反映，是公众对该国所具有的情感和意志的总和。国家形象的基础是一国的硬实力和软实力。硬实力是指一国的军事力量和经济力量，它主要是通过战争、武力恐吓、贸易、经济制裁等手段和方法来强迫或收买其他国家的能力；软实力则是文化、价值观、意识形态、外交政策等方面的影响力，它主要是通过文化和价值观的输出、吸引设定议程等形式来产生国际影响[①]。其中，软实力既是国家形象的基础，更是提升国家形象的手段。传媒是软实力的有机组成部分，对国家形象的提升起着至关重要的作用。从现有全球传媒品牌基本上形成于西方发达国家的事实中不难看出，在当今世界，国家的综合实力与传媒品牌之间存在着正相关匹配关系。在此背景下，中国应该有构建全球传媒品牌的远大追求，这乃是提升中国国家形象的内在的必然的要求。

启示二，中国传媒在构建全球品牌过程中存在不同的路径选择。

第一种路径是淡化传媒产品的意识形态属性，通过品牌的统一化和标准化经营来抢占全球传媒市场，实现利润最大化。第二种路径是国家大力扶持部分国家传媒，不计成本提升新闻报道的质量，以追求国际舆论影响力和争夺国际话语权为目标。这两种路径都是可以尝试的。当然，无论是走哪一种路径，都应该以过硬的内容产品为保证。对于以娱乐、科技、体育、文化为主要经营领域的传媒，在进行全球传媒品牌构建时，可以采取第一种路径，走市场化的道路，以全球统一品牌形象，进行标准化的生产和营销，实现市场份额的最大化。对于以政治、经济硬新闻为主的传媒，则更适合采用第二种路径。

启示三，有条件的中国媒体需要主动积极地参与国际业务竞争。

全球传媒品牌需要全球范围内受众的承认，而获得认可的一个基

---

① 参［美］约瑟夫·奈：《软实力：世界政坛成功之道》，吴晓辉、钱程译，东方出版社2005年版，第29页。

本标志就是在重大国际事件中,媒体所提供的信息产品能够被全球范围内的受众购买和消费。这就需要有条件的中国媒体主动积极地参与国际业务的竞争,在国际事件的报道中抢得先机,能够拿得出优于其他媒体的新闻产品。这一方面可以不断地积累经验和资源,提高国际竞争的实战能力,另一方面也可以通过实际的探索,找到适合中国传媒向全球品牌发展的适宜路径。新华社在向西方大通讯社学习的过程中,已在这方面做了许多有益的探索。如在伊拉克战争中,新华社英文报道最先将战争开始的消息传达给全世界,时效超过包括法新、美联、路透和 CNN 等世界著名传媒。随后不久,新华社又以全球第一的速度向世界发出了《布什宣布对伊战争开始》的消息。在这两个最重要的战争开始的标志性事件报道中,新华社时效均居世界第一。新华社英文大广播在这次报道中发挥了国际新闻报道的龙头作用。国际部英文编辑室在开战前的几天以及当日,发稿量均在 120 条以上,是平常日均发稿量的 3 倍,报道具有丰富的信息量。像这样积极参与重大国际事件报道的竞争,对中国传媒品牌在国际上的形象的提升无疑具有重要作用。

启示四,应该选择合适的品牌输出策略。

在全球化的时代环境中,大型传媒集团在形成一国品牌之后,如果有条件也有必要进行积极的品牌输出和扩张并进而逐步塑造成全球品牌,这是实现品牌效益最大化的上上之策。前文已经指出,品牌扩张的全球化有四种选择:地理上的扩张、收购品牌、建立品牌联盟、创立新品牌。中国传媒品牌的输出往往采用地理扩张的形式,如中央电视台九套在维亚康母的帮助下在美国的高档酒店落地;《人民日报》单独创办了一个《人民日报》海外版,在美国、英国、意大利、西班牙、希腊、匈牙利等很多国家发行等。实际上,中国传媒在构建全球传媒品牌的过程中,还可以考虑根据当地的政策、政治和经济条件,灵活地选择多样化的品牌输出策略。

□ 第七章　政府行为与信息传播
国家竞争力

　　迈克尔·波特在"钻石模型"理论中将政府行为要素列为国家竞争力的评价指标之一,这是因为政府行为是为信息传播国际竞争提供制度支撑的最主要来源,无论是信息传播的生产力、传播力还是影响力,政府行为及其设定的相关制度都是国家竞争力得以生成和发挥的重要保障。这里所讨论的政府行为要素是能够为信息传播提供制度支撑的政府行为,制度也是在政府行为作用下的传播制度,与政府行为要素无直接关联的宏观国家制度与微观企业制度则不纳入探讨范围。因此,本章将主要分析中西方信息传播规制中政府行为的异同以及中国可以从西方发达国家传媒业规制中汲取的有益经验,阐述政府行为在传播国际竞争制度建设方面所应发挥的作用,同时还以个案研究的方式呈现日本在传媒业外部效应控制方面所做的努力及其对中国的启示。

第一节　中西比较视角的信息传播政府规制行为

　　传播规制行为是政府干预信息传播业发展的一种方式,是作为行为主体的政府以及相应的规制部门对传播行业进行政策干预的行为。信息传播业政府规制因信息传播的产业属性而产生,它决定着一国信

250

息传播制度的性质、方向和发展,在信息传播过程中发挥着重要作用。从各国的实践来看,信息传播业始终属于规制性产业,这是由信息传播的产业属性及其与国家信息安全相关的特点所决定的。政府规制所形成的相关制度,调控信息传播的整个过程,并因此形成一国与他国相区别的传播业态。一国信息传播业的制度竞争力,很大程度上取决于该国的政府规制行为。在以市场化为导向的西方国家,政府规制分为经济性规制和社会性规制,这在中国也不例外;但与西方相比,中国在传播规制的目标取向、手段运用和机构设置等方面都存在较为显著的区别。本文通过对中国与美、日、西欧等国家或地区的比较分析,观察中西方传播业政府规制的共性与差异性,希望为中国借鉴发达国家的政府规制经验以提升信息传播的制度竞争力提供有益参照。

一、中西信息传播政府规制目标比较

规制或称"管制",是指那些"依据一定的规则,对社会的个人或群体的活动进行管理和限制的行为。进行规制的主体有私人和社会公共机构";由此,规制也相应地分为"私人规制"和"公的规制"①。信息传播的政府规制是典型的公的规制,它是政府部门根据相关的法律法规或政策,对信息传播的市场行为进行规范或矫正的行为。从本质上说,信息传播的政府规制是政府对信息传播的一种干预行为,之所以要进行干预,一方面是为了纠正信息传播产业领域的市场失灵,另一方面是为了避免信息传播的负外部性从而使其更好地履行社会责任。如果将市场竞争看成谈论政府规制的前提条件,那么,可以说西方发达国家的信息传播规制已经有了较长的历史过程,而当代中国则因实行市场经济时间短暂,对信息传播的规制行为还处于初始阶段。

谈论规制目标可以有不同的角度。从想要达到的规制结果来说,

---

① 刘树成主编:《现代经济辞典》,凤凰出版社、江苏人民出版社 2005 年版,第 349 页。

目标主要表现在两个方面,一方面是经济利益的实现,另一方面是社会利益的实现,这在规制的公共利益理论中有明确的表述。这种理论以市场失灵和福利经济学为基础,认为规制是政府对公共需要的反应,其目的是弥补市场失灵,提高资源配置效率,实现社会福利最大化①。从规制的利益诉求来说,规制目标因规制利益主体的差异而有所区别。政府、公众和信息企业是传播规制的三个利益主体,它们的基本目标诉求分别是政治福利、社会与文化福利(即公共利益)和经济福利。这三种目标诉求之间存在着种种潜在与显在的冲突,而政府作为规制行为的执行主体,往往在冲突过程中充当着平衡者的角色。无论是经济利益和社会利益的两分法,还是政治福利、社会与文化福利、经济福利的三分法,都说明了传播规制中经济性规制和社会性规制的同时在场。政府所要解决的正是这两种规制目标之间的不平衡性,而各国政府面对这种不平衡性时的态度及其解决的方法,构成了相互之间传播规制的差异性。

库伦伯格与麦奎尔在《媒体政策范式的转型:论一个新的传播政策范式》一文中,为人们呈现了欧美发达国家传播政策制定的三个阶段及其转型的内在逻辑。第一阶段为二战前,这是传播产业政策的萌芽时期,管制的目的并不是为公众利益服务,而是促进竞争,反对垄断;政策重心在于服务于国家和金融企业的利益。第二阶段自 1945年至 20 世纪八九十年代,这是传播公共服务政策时期,政策更多地关注社会、政治因素而不是经济因素,以欧洲的公共服务广播为其顶峰。第三阶段则是从 20 世纪 80 年代向后,"技术、经济与社会的转变从根本上改变了传媒政策的语境,很多国家与政府倾向于打破传媒垄断的政策,并尽可能将其私有化。旧的媒介政策范式受到挑战,政策制定者们正在探寻新的传播政策范式。在新的范式中,在传媒服务的公共

---

① 陶爱萍、刘志迎:《国外政府规制理论研究综述》,《经济纵横》2003 年第 6 期。

利益界定上,似乎有平衡政治、社会与经济不同价值取向的倾向"①。这种纵向梳理,为我们直观地呈现了欧美传播规制过程中政府的目标设定及其相应的政策措施。

以美国为代表的西方发达资本主义国家,在信息传播规制方面经过了规制、加强规制和放松规制的螺旋式发展的过程;这一过程也可以表述为,从一开始的单纯采取经济性规制,到后来的更侧重社会性规制,再到现在的放松规制;其实质是对自由市场竞争的更高层次的回归。"20 世纪 80 年代以来,欧美国家纷纷强化市场机制在传媒发展中的作用,进行了一系列以市场化为核心的改革,尤其是在广播电视领域。这场改革以自由化、商业化、非规则化为主要内容:欧洲国家通过政府干预,打破公营广播电视的垄断局面,增加私有商营频道数量;美国则扩充新的商业性频道;各国都减少对公营广播电视事业的财政投入,并放宽对节目内容和产业结构的限制。"②在有着深厚自由市场传统的西方国家,媒体把自由贸易当成实现经济利益最大化的必要条件,而在媒介技术的新发展和经济全球化浪潮的推动下,20 世纪末西方各国政府规制显然顺从了媒体市场扩张的诉求,各国多从经济角度酝酿信息传播政策,采取了放松规制的行为。

西方国家的这种"市场化改革"尽管以经济利益为优先取向,但其初衷并非以政治福利和社会、文化福利的损失为代价,它仍不过是西方各国政府为了顺应时代潮流而调节经济性规制目标和社会性规制目标之间的平衡性所做出的努力。库伦伯格与麦奎尔两位教授认为,传播自由、接入权、控制/责任是当代新传播政策范式的几个核心原

---

① Jan Van Cuilenburg and Denis McQuail, "Media Policy Paradigm Shifts: Towards a New Communications Policy Paradigm". *European Journal of Communication*. Vol. 18(2):181. 2003.

② 唐娟:《对近现代欧美国家传媒与政府关系之演进的历史考察》,《当代世界与社会主义》2000 年第 4 期。

则。传播自由意味着自由平等地进入,接入权意味着公众高度而普遍地分享传播资源的可能性与权利。这与谁真正控制传播过程相关,"对传播的控制就是决定谁有权得到什么样的传播资源,在何时、何地、以何种方式、在哪些条件下得到这种权利";"责任指从控制与利用接入的人那里获取保证的可能性,保证其行为与意图满足或尊重他人(社会、团体与个人)传播的需要,为公开发表承担责任"①。这与当代西方政治自由主义传统仍是一脉相承的。

与西方不同,当代中国在很长时期实行的是计划经济体制,与之相配套的传播政策只是意识形态管制的一个组成部分,而并非经济学意义上的规制行为。改革开放以来,随着计划经济向市场经济体制过渡,真正意义上的信息传播规制行为也逐步展开。尽管规制的发展历程短暂,但中国同样必须面对和解决规制目标的双重性和不平衡性问题。这种双重性表现在:"首先,既要维护国有媒体的主导地位,又要充分运用市场机制来推进整个媒介产业集约化、规模化发展。其次,媒介既要为党和政府服务又要维护公共利益。最后,既要确保党在意识形态的领导地位,又要国有媒介在经济上不断地自立"②,并且通过市场竞争实现其经济利益。与西方相比,中国政府在解决平衡性这个问题上所采取的始终是政治利益和社会、文化利益优先的态度,即"将社会效益放在首位"。这种差异一方面反映了中西方政治、历史和文化背景的不同,另一方面也反映了中国传媒发展所面临的现实问题与西方有着较大的区别。西方近两百年来都是在不断促进信息传播产业发展的市场经济语境中来试图解决传媒的社会责任问题,而中国当

---

① Jan Van Cuilenburg and Denis McQuail, "Media Policy Paradigm Shifts: Towards a New Communications Policy Paradigm". *European Journal of Communication*. Vol. 18(2):203 - 204. 2003.

② 胡正荣、李继东:《我国媒介规制变迁的制度困境及其意识形态根源》,《新闻大学》2005 年春季号。

下则是要在经济转型语境中解决传播媒介作为政治工具与作为市场主体之间的不协调性。"政府规制的主要目标是发展有效率、市场公平、扶助弱势群体,最终目标是增进社会福利。所以,规制改革应从公平和效率两个方面同时入手,在保证发展有效率的同时,实现经营者、消费者利益的均衡。"①对中国信息传播目前的实际情况来说,改革的目标是在保证和改善社会性规制的前提下,将规制目标应更多地转向促进信息传播产业发展,也就是要更多地在经济性规制上下工夫,使其向更具体、更系统和更有效的方向努力。

二、中西信息传播政府规制手段比较

政府运用的规制手段总体上可分为法律和政策两大类;按照它们介入经济主体决策活动的方式,又可分为直接规制手段和间接规制手段,前者是指那些"以防止不期望出现的市场结果为目的,以政府认可和许可的法律手段、行政手段直接介入经济主体决策的规制",后者则是指"不直接介入经济主体的决策,而以有效地发挥市场机制职能并建立完善的制度为目的的规制"②。

政府干预传播主体的活动可以采取多种手段,举其要者大致有如下若干种:一是实行市场准入制度,通过实行审批制,发放许可证,控制传播产业内的竞争者数量,以期提高竞争水平;二是针对不完全竞争,主要通过反垄断法以及商法、民法等对信息传播中的垄断现象进行限制;三是通过财政税收、金融政策等,刺激和调节传播产业的发展;四是对传播企业产品或服务的费率水平和费率结构进行规制;五是对信息传播产业的内容进行规制,制定内容标准,确定限制范围等;六是促进媒体提供公共服务(包括公共节目、公益广告、公益活动等);七是对信息传播的外部不经济进行规制,防止和缓解诸如虚假广告、

---

① 张蕴萍:《我国政府规制改革研究》,《理论学刊》2011 年第 7 期。
② 刘树成主编:《现代经济辞典》,凤凰出版社、江苏人民出版社 2005 年版,第 349 页。

恶意炒作等带来的负面社会影响；八是对信息不对称进行规制，包括保护消费者权益、知识产权的赋予等；九是针对信息传播企业劳动条件和劳动环境等进行的规制。这些手段世界各国大多都在同时使用，但在法律与政策的分野、直接与间接的程度等方面都存在或多或少的差异。

美国对信息传播的规制主要依靠总纲性法律来实现，已经建立起一整套比较完备的传播产业法律体系，如《信息自由法》、《无线电法》、《联邦通讯法》等，由这些法律为主所构成的规制体系把握着美国传播产业发展的基本方向。《1934 年通讯法》和修订后的《1996 年电信法》是指导美国传播产业发展的基本法律规范，此外还有一系列保护媒介传播内容的版权法。在广电业的市场规制方面，美国主要通过许可制度控制传播经营者的市场准入、保证传播市场的有序竞争、促进经营者开展公益性活动。根据《1996 年电信法》的规定，美国的个人、公司、社团允许在全国性市场上的 50 个最大的市场同时拥有广播电视，但有上限，如电视累计收视率不得超过全美电视用户的 35％。在产业结构规制方面，以反托拉斯法为支撑，报业市场竞争形成了一城一报的格局，而广播电视业则形成了几大广播电视网垄断经营的格局。美国传媒企业在跨行业、跨地区整合经营方面几乎不存在障碍，同一区域内的报纸、电台、电视台可以进行交叉持股，出资者可以在各个领域各个地区同时拥有传播企业，并且被鼓励向海外发展。

日本也是依靠总纲性法律对信息传播进行规制，其立法规制体系由宪法、民法、刑法、经济法的相关条款和电波法、广播电视法、《出版法》、《著作权法》等行业法律构成。1950 年《电波法》规定 NHK 是一个特殊组织，授权它为日本的全国公共广播机构；该法也同时确定了日本商业媒体的合法地位。从 1951 年开始，日本的商业媒体投入运营，它们大部分为私人或财团经营，政府对其管制主要是通过许可制度来控制市场准入与市场竞争。对于商业媒体（NHK 不包括在内），日本立法规定了单个集团对传媒公司持股的规模,报纸的股份都是由内部持股,而广播电视台的设立则被严格限制。很少有非传媒公司掌控传媒,他们也很少投资传媒行业。日本的报纸和广播电视没有形成报业集团或者广电集团,而都是分离的单个媒体[①]。日本传媒一个独特的现象是广泛从事社会公益活动,这种现象与政府的补贴政策有关,也与政府鼓励和保护媒体从事公益活动规制作用下的传播市场环境有关。日本的报纸发行普遍实行专卖制度,形成了统一的发行网,各地都有专门的发行投递机构,因此报纸的发行量大且非常稳定。

西欧国家同样普遍采用总纲性法律对传播业进行规制。规制手段一般有发放许可证、监督媒体是否履行其法定义务、对没有履行义务的媒体进行制裁等。这些手段既有可能由政府行政机构执行,也有可能由法庭执行。在西欧各国,社会公共服务的观念已经深入人心,不少国家的传媒都由公营媒介和私营媒介两部分组成,实行双轨制模式。规制机构对公营媒介有较多的控制,使其存在一定的市场分割行为。如在英国,没有一家媒介企业获准有 15% 以上的读者或观众,拥有报纸发行量超过 20% 的经营者不允许经营广播电视业;西班牙不批准两家非盈利有线机构的合并[②]。但私营媒介体系的竞争则比较充分,通过收购、兼并形成了一些超大型的媒介公司。如法国的维旺迪环球公司(Vivendi Universal),就是集电影电视、娱乐、互联网、音乐、出版等为一体的大型传媒集团。政府、独立机构、区域组织的共同规制以及社会公共服务理念的存在,使得多数公营媒体不参与市场竞争而提供社会公共服务,也使得许多私营媒体不至于盲目地唯利是图,传媒自觉追求良好的社会效益在西欧已成为一种风尚。

中国信息传播的政府规制,同样是由一系列法律法规和政策来执

---

①　Pharr, Susan and J. Ellis S. Krauss. *Media and Politics in Japan*. Honolulu: University of Hawaii Press, 1996. PP. 50 – 53.

②　董静、李本乾:《欧美传媒产业规制及模式》,《当代传播》2006 年第 5 期。

行的。如通过审批制度,控制市场内从事传播的企业和其他社会组织的数量及主体资格;通过临时发布的政策条文,对信息传播内容加以限制等。从纵向发展过程来看,改革开放后的三十多年中,中国政府的传播规制也正逐步呈现出一种变化的趋势,即由偏重社会性规制向社会性规制与经济性规制并重转变,经济性规制也由原来的零星尝试逐步向规范化、系统化方向发展。但由于历史的局限,与西方发达国家相比,中国政府的传播规制手段存在如下两个显著的缺点:一是直接性规制偏多,政府介入经济主体市场活动的力度远大于西方,这往往使得传播主体无法充分依据市场信息进行经济决策,市场机制的力量受到较大的限制;二是规制的法制化程度偏低,导致许多规制只是一种应急之举和临时管制行为,稳定性、前瞻性和规范性都相对不足。总体而言,中国政府的市场规制行为是落后于信息传播发展现状的,政府规制的不稳定性和滞后性所造成的是当下有效规制的不足。因此,中国有必要借鉴西方发达国家的经验,使传播规制的手段进一步规范化和法制化。特别值得一提的是,在促进传播产业发展的经济性规制行为中,政府规制手段应逐步由"限制性规制,到激励性规制,再到放松规制,即由政策倾斜向创造市场公平竞争条件过渡,由行政干预向经济政策和法律手段引导过渡"[①]。

三、中西信息传播政府规制机构比较

为了对传播内容和传播产业发展进行有效监管并保持规制的稳定性,需要有相对独立和专门的规制机构。"这种机构或监管主体类似于美国的联邦通信委员会(FCC)、法国视听最高委员会(CSA)、日本的邮政省、英国的通信管理局(OFCOM)。"[②]

---

① 朱春阳:《传媒产业规制:背景演变、国际经验与中国现实》,《西南民族大学学报》(人文社科版)2008 年第 3 期。
② 郭小平:《欧洲视听媒体规制变革对我国"三网融合"的启示》,《现代传播》2010 年第 5 期。

　　世界传播强国美国的政府规制机构由国会、联邦法院和政府三方构成，体现了立法、司法、行政三权分立的精神。美国的广播电视由公营的公共广电系统和私营的商业广电系统构成，前者一般由独立的非政府、非营利性组织公共广播电视协会(CPB)依法进行自主管制，后者则由 FCC 依法进行管制。美国最具代表性的规制机构还是 FCC，这是一个在联邦层次上的独立规制机构，管理全美国通信、广播、电视、卫星等信息系统的运行。该委员会由 5 名委员组成，他们由总统任命，需被国会认可，任期 5 年。以电视业为例，FCC 的规制职能主要包括：对频道分配、发射功率大小做出规定；受理电视机构的开办申请，颁发、吊销和延期经营执照；负责设施修建、技术检查等；维护公民利益，防止播出的节目危害公民和社会①。但对某一领域的管理则并非由 FCC 一家执行，法院以及州一级的公共事务管理委员会(PUO)也在其中起着重要作用。此外，美国还有一些行业性组织对传媒业的特定领域具有规制作用，如报刊发行量稽核局 ABC，美国报纸主编协会 ASNE 等。

　　日本的政府规制职能"是通过实行行政首长负责制的政府部门与实行合议制的政府委员会来共同行使的，属于一种混合型的政府规制体制"②，主要通过专门机构对商业媒体进行规制。而 NHK 作为公共广播机构，则基本实行自我规制，其理事会由首相亲自任命，年度预算和所有收入增长都要上报邮电部部长和日本国会。但是 NHK 的经费来源并非财政拨款，而是来自于受众缴纳的电视许可证费用，国家不干预它的日常运营③。日本传媒业的行业组织对传播也具有一定的规制作用且较有影响。比较著名的全国性行业组织有日本新闻协会、记

---

①　董静、李本乾：《欧美传媒产业规制及模式》，《当代传播》2006 年第 5 期。

②　张志：《论西方广电传媒业的公共规制》，《国际新闻界》2003 年第 5 期。

③　Krauss, Ellis. *Broadcasting Politics in Japan: NHK and Television News*. Ithaca: Cornell University, 2000. p3.

者俱乐部、公正取引委员会等。以日本新闻协会(NSK)为例,它是完全独立于政府的志愿组织,由日本的大众媒体支持运营,以维持行业道德和保护传媒共同利益为目标,也支持一些研究项目的开展。

西欧传播的政府规制机构也是由立法、司法和行政部门共同构成的,但西欧国家又普遍具有相对独立的规制机构,如英国的独立广播电视委员会、法国的最高视听委员会等。在英国和德国,公营媒体一般是自我规制的,而私营媒体则由法律规定或政府授权的规制机构来进行规制。这些相对独立的规制机构经常能通过一定的机制弥补法律或行政规制的缺陷。虽然在特殊情况下,政府亦可直接干预媒体的运作,如"BBC执照协定规定,英国内政大臣有权在任何时候禁止BBC节目播出,1990年广播电视法授权内政大臣可以命令独立广播电视委员会制止商业广播电视的节目播出",但事实上政府在实践中极少使用这项权力①。特别值得一提的是,欧洲是世界范围内区域经济一体化最为活跃的地区,该地区最大的区域性组织欧盟对于传播规制发挥着除主权国家之外最重要的作用,它所出台的一系列政策影响到该区域内主权国家的信息传播政策,对促进区域内信息传播的融合和传播业的市场分割,起到了一定的规制作用。

中国的传播规制机构,也即具有传播规制职能的中央党政部门,包括:中共中央办公厅、国务院办公厅和新闻办公室、中共中央宣传部、国家新闻出版总署、国家广播电影电视总局、信息产业部、文化部、国家工商行政管理总局等。其中,国家新闻出版总署、国家广播电影电视总局、信息产业部、国家工商行政管理总局是直接的产业规制机构,其他机构也间接地予以产业方面的规制。这些规制机构对信息传播的管理属于归口管理。例如,报纸、广播电视、网络的规制管理机构

①　郑涵、金冠军:《当代西方传媒制度》,上海交通大学出版社2008年版,第239页。

分别是国家新闻出版总署、国家广播电影电视总局、信息产业部。此外,省和地市一级政府的部分规制机构也参与到规制过程之中,在不同级别的政府规制机构之间普遍存在着上下对应关系。

与西方国家相比,中国在信息传播规制主体的角色定位方面有所不同。中国政府"出于双重角色对传媒事业及其产业行使规制权限,一种角色是以公共服务为使命的政治性政府,另一种角色是以国有资产所有权管理者身份出现的经济性政府。而西方国家的政府主要是从政治性政府的立场出发,对包括传媒业内的市场失灵领域进行规制的"①。西方学者认为:"政府对企业来说存在三种可能模式:权威主义型政府、关系依存型政府与规则依存型政府。其中,权威主义型政府对企业有极大的管理权力,有很强的宏观掌控与资源分配能力;关系依存型政府在企业中有非常重要的利益,相互依存度较高;规则依存型政府与企业之间相互独立性较强,企业有较多的能力与政府博弈。"②依此而论,西方国家较普遍地采用的是第三种模式,而中国则是前两种模式的复合体。正因为如此,中国政府规制机构介入传播主体的生产运作和经营过程的现象比较普遍。

美、英、德等部分西方国家对公共、商业和宣传服务类广电媒体是分类进行管理的。以美国为例,它"通过联邦通讯委员会(FCC)对商业广播电视和电信活动实施统一管理,通过公共广播公司(CPB)对公共广播电视活动实施管理,通过联邦政府广播管理委员会(BBG)对政府的国际广播电视活动实施管理"③。这种分类管理使得规制具有很强的针对性,政府可以因此缩小规制的幅度,提高规制的效率。由于

---

① 张志:《论中国广电业的政府规制》,《现代传播》2004 年第 2 期。

② Anastasia Bednarski, From Diversity to Duplication: Mega-Mergers and the Failure of the Marketplace Model Under the Telecommunications Act of 1996 Federal Communications Law Journal, Vol. 55, No. 2, 2003. 转引自朱春阳:《当代广播电视节目生产机制的选择与演变》,《视听界》2007 年第 5 期。

③ 梁平:《中外广播电视监管机构简析》,《现代电视技术》2007 年第 7 期。

历史原因,中国媒体至今没有公共与商业之分,而是将政治宣传工具与商业主体两种角色集于一身,并且统一接受多系统、多层级的规制机构管理。这种规制模式虽然渊源有自,但在新的传播发展环境中,会逐步出现规制机构功能蜕化和规制针对性弱化等弊端。

西方的传播规制机构还具有相对独立和集中的特点。例如,法国最高视听委员会(CSA)是根据 1986 年传播自由法而设立的独立监管机构;"FCC 对美国电话电报、无线电通信、互联网、广播电视等业务实行一体化管制,旨在使美国全体人民获得迅速、高效、价格合理的通信服务。FCC 以国会立法形式设立,直接对国会负责,独立于电信运营商,也独立于政府行政机构。FCC 集立法权、行政权和准司法权于一身,具有独立性、集权性和专业化的特点"[1]。"英国在 2004 年成立了跨部门的管制机构——英国通信管理局 OFCOM,以取代广播标准委员会、独立电视委员会、电信管制机构、无线电管理局、无线电通信管理局这 5 个独立管制部门"[2],其目的是为了迎合电信、有线电视和互联网在技术与市场方面不断融合的新趋势。目前,中国的通信与传媒的规制部门显得多头与分散,同样的规制职能可能属于不同层级的多个规制部门,而同一个部门又可能既涉及社会性规制又涉及经济性规制,存在党政不分、职能不分的现象。这种状况不利于传播技术与市场融合的大趋势,是今后中国传播管理体制改革亟须解决的一个问题。

四、小结

中西方传播政府规制的根本原因都是相同的,即公共品、自然垄断与外部性造成的市场失灵以及传播的意识形态属性。但是中西方

---

① 李丹、吴祖宏:《美、英电信管制机构模式比较与借鉴》,《通信企业管理》2005 年第 6 期。

② 王俊豪、沈吉:《发达国家的电信管制机构及其启示》,《经济管理》2008 年第 8 期。

进行规制的背景不同,西方传播产业的规制发展是伴随着自由市场经济的发展而产生的,经历了一个长期发展并走向成熟的过程;而中国则是在传媒改革和传播产业化的短暂过程中,由计划经济年代的意识形态统制逐步过渡到现有的传播业规制的。从现实情况来看,西方发达国家的传播规制都有一整套较为严谨的法律和政策体系,规制的稳定性和系统性较强,政府介入传播的市场活动程度较低;而中国的规制则更多地依靠行政手段,临时性和随意性都较大,政府常常直接干预市场主体的决策和经营活动,规制的发展直至成熟还有较长的路要走。因而,从政府行为及制度因素来看,中国应该顺应时代大趋势,突破制度变迁中"路径依赖"的局限,强化政府行为和制度创新对整个传播产业发展的推动作用。

在规制目标方面,西方政府规制主要以政治性政府的身份从市场维度提出规制内容,重心是在保证传播企业履行社会责任的前提下使传播产业得到最大程度的发展。而中国的规制行为由于政府身份的双重性而常常导致政治目标与经济目标的错位甚至对立。实质上,中西方传播规制的根本目标都是为了兼顾公平与效率,既要保证传播行为肩负起应尽的社会责任,同时又要更好地促进传播产业的发展。当今社会,在全球化与新媒体技术的共同作用下,放松管制、促进竞争成为信息传播产业发展的大势,且规制的重心由规制市场结构逐步转移到规制垄断行为。中国政府应该从西方"放松管制"的思路中得到启示,就是在媒体遵守社会义务能够得到保障的前提下,更多地将目标转向经济性规制,致力于通过规制加强传播企业的市场主体地位,促进全国统一开放、公平竞争的传播市场的形成,推动中国的传播企业积极参与国际竞争,在全球化传播中不断壮大中国信息传播的国际竞争力。

在规制手段方面,西方发达国家经过长期的发展,已形成较为成熟的规制体系,它们在规制过程中主要使用法律的手段来进行规制;

而中国由于历史的原因则更多地使用政策和行政的手段。今后,中国需要着力构建较为完善的传播法律法规体系,使传播规制由以政策和行政手段为主向以法律法规为主、行政手段为辅的模式转变。

在规制机构方面,由于中国信息传播的规制主体往往具有二元性,且同一职能的机构往往分属于多个部门,从而造成党政不分、直接干预企业决策与经营活动过多等现象。从西方的实践来看,相对独立、职能集中的规制部门,在规制行为上更有效率。中国需要从促进国内与国际传播竞争的大趋势出发,深化信息传播管理体制改革,进一步理顺规制关系,重组规制机构的组织框架,使其向职能统一、行为高效的方向发展。

第二节　日本传媒业外部效应控制及其借鉴意义

制度是信息传播的"大气层",它创造了信息传播的生态环境。制度给予信息传播所需要的氧气,同时也隔绝外界对信息传播的破坏和干扰;信息传播发展的每一步所产生的作用和副作用也必然会给制度"大气层"施加影响。中国信息传播竞争力的逐步增强必然依赖制度与信息传播发展实践的相互作用。从产业层面来说,政府行为是制度输出的主体,因而也是影响信息传播竞争力的一个重要因素。他山之石可以攻玉,本节以日本为个案,探讨日本政府对传媒业外部效应控制的制度创新之路及其对中国信息传播制度变革的借鉴意义。

一、外部效应控制与政府规制的关联

1. 何谓传媒产业外部效应

外部效应(externality)又称"外部性"或"溢出效应",是指"企业或个人向市场之外的其他人所强加的成本或利益"[1]。简单地说,外部效

---

[1]　[美]保罗·萨缪尔森:《经济学》,第十六版,华夏出版社1999年版,第28页。

应就是社会成员(包括组织和个人)从事经济活动时,其成本与后果不完全由该行为人承担,也即行为举动与行为后果的不一致性。

外部效应可分为正外部效应和负外部效应。外部效应的实质是私人收益和社会收益的不相等。"当一项活动的私人收益大于社会收益时,我们就会观察到这项活动的过度供给,此时存在负外部效应;当一项活动的私人收益小于社会效益时,我们就会观察到这项活动的供给不足,此时存在正外部效应。"①传媒产业的外部效应是传媒产业给市场之外的其他个人或整个社会增加或减少的成本或利益。这种成本既有经济成本也有社会成本。经济成本存在于传媒产品的生产过程中,社会成本存在于传媒产品的消费过程中。传媒产业同时存在正外部效应与负外部效应。正外部效应是由媒介产品具有公共产品(merit goods)的属性决定的,由于部分地存在消费的非排他性,私人收益小于社会收益,传媒产业在完全市场化条件下难以实现帕累托最优资源配置,国家或社会对传媒产业的扶持成为必然。另外,传媒产业因其消费的特殊性负外部效应亦广泛存在。其消费的特殊性表现在:第一,传媒产业提供的产品——内容产品属于精神产品的范畴。精神产品特征是:兼具商品属性与意识形态属性,消费的非损耗性(源于信息的共享性),复制的便利性(边际生产成本趋向于零)。精神产品的这些特征决定了受众在消费传媒产品过程中同时需要接收传媒产品附带的精神内容,如思想倾向、观念态度等。第二,传媒产业受到受众消费能力的制约。受众的知识水平和判断能力影响着受众对广告内容、冗余信息、有害信息等的接收和甄别。第三,传媒产业消费群体十分广泛。传媒产品指向的目标是尽可能多的受众,媒体的影响力决定着一个媒体的品牌价值。正因为这些特殊性的存在,传媒产业负外部效应也体现出不同于一般产业的特性。即传媒产业强加给市场

---

① 姚洋:《制度与效率:与诺斯对话》,四川人民出版社 2002 年版,第 42 页。

之外的其他人的成本是社会成本,通过影响或改变受众的思想、观念、行为或者侵犯受众权利从而使他人或社会的利益受损来实现,它具有间接、广泛、非绝对化的特征。以下论述如果对外部效应未作特殊说明,则统一规定为负外部效应。

在这里需要指明的是"传媒产业的外部效应"和"传媒的社会作用"是两个既有联系又相互区别的概念。两者的联系表现在:其一,主客体一致。表现的都是媒体对外部的影响。其二,传媒产业的外部效应是传媒的社会作用的反映,当它累积到一定程度后可转化为传媒的社会作用。两者的区别表现在:首先,来源不同。前者来源于媒体经济活动,距意识形态稍远;后者来源于媒体政治活动,距意识形态近。其次,表现不同。前者多是个人或群体因思想、观念、行为的改变而产生的成本;后者是媒体作为社会公器所具有的整合与监测社会、促进社会民主的作用。再次,实现的方向不同。传媒产业的外部效应自上而下,由媒体加给他人或社会;传媒的社会作用可以是自上而下,也可以是自下而上的,可以为个人或社会所利用。最后,前者与市场直接相关,后者与政治文化直接相关。传媒从它市场化开始之日起就已具有外部效应,并随传媒产业的消灭而消灭;而传媒的社会作用与社会的法制化程度、民主发展状况等息息相关。

至此可以得出结论:传媒产业的外部效应是媒体经济活动的必然结果,建立在媒体市场运作的基础之上,不具有产业性质的传媒业是无所谓外部效应的;而与经济活动相关的传媒产业制度与外部效应控制密切相关。

2. 传媒产业外部效应控制与政府的关系

外部效应使市场上的某些个人或群体受害或受益。当市场中的消费存在排他性时,外部效应经常是可以穷尽的,也就是说此时产生的外部效应可以通过市场或私人间的谈判得以消除,从而达到帕累托最优资源配置[1]；当市场中的消费不存在排他性时，外部效应是不可穷尽的，需要其他力量的介入才能使生产量达到社会最优，典型的莫如国防等公共产品。按照新古典经济学派的理论，消除外部效应通常是国家所为，国家可以将某种权力赋予因外部效应利益受损的企业或个人，从而使其受损的利益得到补偿。然而国家介入并不是唯一有效的消除方式。首先，国家以税收等方式的介入本身就存在交易成本，哈佛大学经济学教授曼昆认为，买者和卖者由税收受到的损失大于政府筹集到的收入；其次，"外部侵害具有相互性，如果损害不可避免，则损害越小越有利于资源的优化配置"[2]。新制度经济学家科斯在其《社会成本问题》一文中针对这一问题，提出了解决外部效应的方法，即在交易成本大于零时，有效的制度设计可以消除外部效应，如产权制度、组织企业等[3]。这就是著名的科斯定理。制度变迁理论认为，外部效应在制度变迁的过程中是不可否认的事实，而产生外部效应的根源则在于制度结构的不合理。因此，传媒产业的外部效应控制必然需要从制度入手。而在现代社会中，制度输出的主体是政府，对传媒产业外部效应的控制，成为政府规制的一个方向。

3. 日本政府对传媒产业外部效应控制的独特之处

当前，日本传媒产业依托科技进步不断与其他产业融合，出现了网络化经营、放送与通信的整合等新趋向。这些新的趋向促使日本传媒产业变更与调整产业制度，逐步确立起一套新的产业制度体系。同时，与美国等其他传媒发达国家相比，日本传媒产业在制度设计上一直有控制外部效应的传统。这种控制有的是自为的，如公共放送制度，有的是自发的，如报业专卖发行制度等。

---

[1]　帕累托即社会边际收益与社会边际成本相等。

[2]　周彦兵：《新制度经济学》，立信会计出版社 2006 年版，第 122 页。

[3]　参见科斯：《社会成本问题》，载《财产权力与制度变迁——产权学派与新制度经济学派译文集》，上海三联书店 1994 年版，第 21 页。

从产业角度探讨日本传媒,首先要确定的是日本传媒业是否具备产业的基本特征。首先,日本大众传媒除公共媒体 NHK 外,其他媒体都是商业性质的私营经济组织。其次,日本传媒同其他国家一样,生产以内容产品为主的传媒产品,以满足受众的信息需求和娱乐需求。再次,传媒产品需求弹性很大,替代性强。第四,日本传媒企业数量众多。可见,日本传媒业符合产业的特征,将其置于产业的研究框架内进行分析是可行的。

传媒产业首先是追求经济利润的,制度设计的最直接目的是经济效益的最大化。而最合理的制度设计应该在追求经济效益与控制外部效应上取得平衡,当外部效应的成本被制度合理化之后,传媒产业的效益才是最大化的。日本政府通过传媒产业的制度供给、制度设计实现了对日本传媒产业外部效应的控制。由于传媒产业的平均利润与其外部效应没有必然联系,一个可能的结果是:传媒产业制度放任其负外部效应的存在或有意弱化其正外部效应的发挥,这样必然产生媒体社会责任的缺失及信息提供不到位的问题。然而,日本传媒产业事实上并没有出现这样的结果。我们可以从三方面找到依据。

第一个依据是媒体的独立性。传媒产业外部效应与媒体的独立地位密不可分。倘若媒体不具有独立地位,则无所谓传媒产业的外部效应,因为外部效应来源于经济主体的独立活动对外部效应带来或失去的收益承担所有成本。而没有独立地位的媒体,如从属于政权、财团的媒体,其经济活动受到限制,不能独立承担外部效应的所有成本,因而其外部效应实质上是其所代表的政权或财团的意志呈现。日本传媒由私营商业媒体和公营媒体 NHK 组成,即所谓"二元结构"①。私营商业媒体实质上是以独立的企业法人形式存在,无疑具有独立的

---

① 宍户常寿:『情报化社会と放送公共性の変容』、『放送メディア研究』2007 年 5 号。

经济和社会地位。NHK 在日本具有特殊法人的地位,它属于社会团体性质,由社会共同出资,完成公共服务的功能。特殊法人的独立性受到一定程度的限制,如政府对其资产拥有管理权。但是,NHK 在接受社会监督的同时,本身享有经营上的充分自主性和灵活性,并且 NHK 的设立本身就是针对传媒产业的市场失灵问题。因此,日本公营媒体并不是依附性媒体,具有相对独立性。

第二个依据是传媒产业追逐利润的动机与控制外部效应的关系。媒介经济主要通过发行量或视听率实现,传媒产业的利润与发行量或视听率成正比,传媒扩张也即通过占有受众来占有市场。因而,与一般产业相比,传媒产业利润的获取与社会心理关系密切,受众的偏好、习惯、思想意识等心理因素很大程度地影响视听率,从而影响媒体利润。而受众心理的形成其中一方面便来自于媒体表现,包括媒体生产经营对外部效应的控制,因为一个负责任的、信息提供专业化的媒体方能得到受众的长期认可。因此,传媒产业外部效应的控制事实上也在反向影响传媒产业的利润,传媒产业的良性发展需要以制度形式规范传媒运行,控制外部效应。因此,传媒产业追逐利润与控制外部效应不但不矛盾,还相互作用,这是传媒产业的一个显著特征。日本传媒产业中公营媒体的存在、行政指导体制、较强的行业内部制度等正是传媒产业这一特征的反映。

第三个依据是传媒产业外部效应的控制程度与制度设计的关系。制度具有稀缺性,有效的制度设计是为了满足大多数人的需要,一时的限制只是为了更好的满足。制度设计与外部效应密切相关,"制度的一个主要功能是导引人们实现将外部性较大地内在化的激励"[1]。在传媒产业中,某一部分人或群体可以从外部效应中收益。例如,如

---

① [美]H. 登幕塞茨:《关于产权的理论》,载《财产权力与制度变迁》,生活·读书·新知三联书店 1994 年版,第 8 页。

果媒体提供有利于部分企业的不实信息,受众在不知情的情况下产生错误决策,利益就会受损,而媒体和这部分企业则会受益。要使这种外部效应内在化,最合理的制度设计便是由媒体和企业为这部分成本买单或者限制这种行为的产生。日本在这个问题上的做法有:一是以许可制度限制媒体的产业准入,从主体资格上控制外部效应发生的可能性;二是以行业自律制度实现对产业的自主规制。

由此可见,日本传媒产业制度与外部效应之间存在着密切的关联,既具有一定的普遍性,也具有本国的独特性。日本的做法,对其他国家尤其是中国具有一定的借鉴意义。

二、日本报业的外部效应控制

1. 日本报业制度的构成

根据世界报业协会(World Press Trends)2010 年的统计数据,日本报纸日刊发行量为 5000 万份,居世界第三位,仅次于印度、中国;成年人口每千人拥有报纸数 647 份,仅次于北欧的冰岛和挪威;另外世界上日发行量最大的报纸前三位均在日本,其中世界日发行量最大的《读卖新闻》日均发行 1100 万份左右①。近几年日本报纸发行量有减少的趋势。

日本报业可分为四种类型:第一种是全国性报纸,有《读卖新闻》、《每日新闻》、《朝日新闻》、《产经新闻》、《日本经济新闻》五大报系;第二种是跨区域发行的报纸,如《北海道新闻》;第三种是地方报纸,如《大阪新闻》;第四种是专业类报纸,如《日本农业新闻》。随着传媒产业的飞速发展,五大报系逐步与民营广播电视业融合,目前已经形成以五大报系为基础的综合性传媒集团,维持了报纸产业作为传媒产业中流砥柱的重要地位。这五大传媒集团不但经营报纸、杂志、广播电视、图书出版,还将业务发展到旅游、交通、房地产等传媒产业之外的

---

① 数据来源:http://www.wan-ifra.org/microsites/world-press-trends。

其他行业。伴随着新媒体的日新月异,五大报系传媒集团开始进军数字媒体业。如《朝日新闻》创建了"HIASK"新闻数据库,"充分利用互联网技术和移动通信技术以及双向互动的优势,创建多元化媒体产业,成功地吸引了上百万付费读者通过移动电话服务获取新闻信息"①。

　　日本报纸制度由报道制度、定价制度、发行制度等几个方面构成,这些制度设计共同形成日本的报业体制。报道制度方面,记者俱乐部制度、发布式报道机制、客观报道原则、新闻伦理纲领等共同规范日本报业的报道形式、内容,使报业的内容生产在一系列制度约束下运作。这些制度有的是由国家制定而后内化为传媒产业制度的,如记者俱乐部制度、发布式报道机制;有的是产业的内部规范,经长时间实施后为各报社共同遵守的,如客观报道原则、新闻伦理纲领。定价制度方面,实行以《垄断禁止法》和再销售制度为基础的定价机制。日本报纸价格定价相对较高,并且这种高定价一直维持了 60 多年。最早是由公正取引委员会根据《垄断禁止法》制定了《报业费公正交易禁止办法》。再销售制度则规定了报社的统一定价权,保证报纸价格在发行和销售过程中不受地区和销售店的影响,稳定报纸价格。所以,日本报纸的发行收入占总收入的很大一部分,这与其特殊的定价制度是分不开的。发行制度方面,日本报纸普遍采取专卖制,报社与销售店签订专营合同,由销售店统一发行报纸。销售店则直接与报纸消费者建立联系。这是一种特殊的委托—代理机制。与专卖制配合,发行过程中户别配送制被普遍采用,也就是报纸由专门人员每天按时投送到每家每户。这几方面的报业传媒制度规范了日本报业的市场和生存状态,使日本报业拥有较高的经济效益;而另一方面,这些制度也在控制报业外部效应方面发挥着作用。

---

　　①　崔保国:《日本报业走向整合》,《中国报业》2008 年第 2 期。

2. 通过专卖制控制报业外部效应

专卖制是指报纸与发行销售店签订专营合同,具有专营性质,为特定的报社提供专一的发行服务的制度。这里的发行销售店有两种类型,专卖店和合卖店。所谓专卖店即只销售一家报社报纸的发行销售店,所谓合卖店即同时销售几家报社报纸的发行销售店。专卖店可以拿到较低的进价,但是发行总量不及合卖店多;合卖店拿到的报纸进价比专卖店高,但报纸发行总量更大。目前,日本有报纸销售店23100多个,从业人员48.5万多人,代理着报纸95%以上的销售发行工作①。销售店在整个报纸产业的价值链上处于下游,它直接面对报纸消费者,虽然其价值增值空间较小,却是整个产业价值实现的关键。由于专卖发行的特殊性,日本报纸在投递时也与这种制度相适应,采用户别配送的方式,即由销售店人员投递到户。专卖制适合日本国土面积小、人口密集的特点。以住户为单位构成的差别较小的社会结构适合报业专卖发行体制;另外专卖制契合日本报纸发行占报业收入一半以上的现状。当前,通过专卖制发行的报纸比例占日本所有报纸发行的93%以上。

(1) 利用专卖制降低传媒产业的交易成本

报业市场运作的交易成本是客观存在的,交易成本在经济单元之间进行交易活动时体现出来。报业的交易成本有三种:第一种是报社之间交易活动产生的成本;第二种是报社与其产业上下游相关经济单元之间交易活动的成本;第三种是报社与读者之间交易活动的成本。

在专卖制不存在的条件下,报纸通过零售或订阅发行,因而报社需要专门成立相关部门负责发行。由于产业本身具有追逐利润的本性,发行部门必然致力于报纸发行量的最大化,报社之间的竞争形态表现为争夺同一目标受众,争夺区域内同一发行资源,如邮政系统资

---

① 唐冰南:《专卖制:日本报业独特的发行制度》,《传媒观察》2002年第12期。

源、运输系统资源等,从而使报社之间出现交易活动,产生交易成本。这种成本是不确定的,这由报社发行的发散性特征决定。专卖制形成后,发行由发散变为集中,发行关系简化为报社与销售店之间的关系,销售店相当于代理了各家报社的发行权。这样原本因竞争关系需要在报社之间进行的交易成本因专卖制的限定性而降低,报社之间的竞争间接通过销售店进行。报纸在集团化和跨区域发展过程中会出现庞大的交易成本,地区壁垒和行业壁垒便是源于这种交易成本的广泛存在,而专卖制则从减少报社直接的交易活动方面减低了报社之间的交易成本并为报纸的跨区域发行提供了便利条件。在日本,这一便利条件催生了日本高发行量的大报和跨区域发行的典范。前者如《读卖新闻》,后者如《北海道新闻》。

销售店代理报社直接从事报纸发行业务,因而报社与下游经济单元的关系简化为报社与销售店的关系,这种关系相对简单、稳定,从而避免了报社为提高发行量而与批发商、分销商、零售店等产生的一系列交易费用。经过较长时间的经营,销售店在日本已经逐步专业化并依托于现代科技如数据库系统等。这种发展现状是专卖制发行的必然走向,因为销售店代理报社独立经营发行业务后,发行数量增加,任务加大,必然要求销售店工作业务及人员素质的专业化。业务需求又促使销售店在内部进行分工与资源整合,现代科技的引入则如虎添翼。从这个意义上讲,专卖制也带动了报纸产业的技术升级和价值增值。

同样,专卖制保证了稳定地获取报纸的途径,免去了读者在购买、订阅报纸等方面所需花费的成本;销售店能将读者意见定期汇总传达给报社,解决了在需要就报纸内容与报社交涉时的传达路径的问题,从而降低了消费反馈过程中的交易成本。

以上三个方面表明专卖制在提高发行量、增加产业利润的同时对市场中的经济主体、消费者均产生了影响,降低了潜在的交易成本。

这是制度设计目的所在,也有科斯在其第三定理中提出的以制度设计来消除外部不经济的理论根据。报业外部效应的第一个表现便是广泛存在的交易成本。因为报纸的"保质期"较短,面向广泛的受众群,生产的工序又比较多,所以报纸价值实现经历的每个环节都有较多的时间限制、地域限制和程序限制,从而导致大量潜在交易成本的存在。专卖制从降低交易成本方面对控制外部效应发挥着制度规范作用。

(2) 通过专卖制优化报纸内容

报业外部效应的第二个方面是质量低下的内容影响或改变读者和社会的思想、观点、行为从而使其利益受损,也就是信息污染。从新闻学角度来看,信息污染的形式有:有偿新闻、虚假广告、不良广告、低俗新闻,成为传媒"四大公害"。这"四大公害"一个共同的特征是为扩大报纸发行量、吸引读者注意力而将报社的广告成本强加给读者。这是以发行量为上的报纸市场运作的一大弊端。日本报纸的发行量总数、每千人拥有报纸数量、日刊平均发行量等都居于世界前列,但这并不是通过吸引读者眼球的方式实现的。专卖制对日本报纸的高发行量发挥了重要作用,并间接控制了报业的外部效应。

专卖制配合户别配送制,每天由专门人员将报纸送到读者家中,因而报纸每天的发行十分稳定,基本上不受天气、突发事件等的影响。日本读者大都每天早晨习惯性地从报箱取出报纸,在早餐时间或上班途中阅读报纸,晚上下班再到报箱取报,所以无需到报摊去购买报纸,也无需在购买的时候对多份报纸进行对比选择。因而,报社在报纸内容的制作过程中,可以不用考虑"眼球"效应,因为他们的目标群体已经确定,所需要的是制作内容服务确定的这批受众。这样,日本的报纸出现煽情、低俗信息的几率大大降低,报社将主要精力放在充实内容和丰富信息量上。销售店受报社的委托,每个月会在上门收取订阅费的同时,进行读者满意度调查,征询读者对报纸的意见、改进建议等。报纸也经常召开"有识者恳谈会",征集专家、学者和读者对报纸的意见和建议。这些过程是控制报业外部效应的有效途径。因为污染信息可以在短时间内获取受众,但随着时间的延续、实践的深入,报纸内容质量的好坏都会昭然于社会。专卖制形成的这种报社直接针对确定读者的效果使报纸在内容上减少了取悦受众的可能性,读者受污染信息影响的几率降低,报业的外部效应相对得到控制。

另外,在伴随报纸内容的广告方面,与世界其他国家不同的是,日本报纸的发行收入普遍都占报纸收入的一半以上,有的甚至占到了七成左右。这与日本的报业结构和国民习惯有关,目前日本的报业市场已基本饱和,报社要做的便是稳定现有读者并适当争取其他报纸的读者,日本国民大都有固定的读报习惯。所以,日本报纸的发行收入占到了报纸收入的大半,而专卖制则是维持稳定高效发行的制度保障。与专卖制发行相配合,日本有专门的发行量统计局——ABC 机构来统计与审核报纸的发行率、审核报纸广告内容,"其会员主要为日本全国性大报的发行公司、出版公司、广告客户、广告商,其目的在于通过ABC 组织调查各印刷媒介的销售份数,将结果通知会员,以谋求广告交易的合理化"①。ABC 一般一年举行一次调查,作为报社发行量的依据。另外一个与其他国家不同的是,专卖制发行增加了插页广告,也即随送报上门一起附上的广告单页,这些单页由销售店掌握,不在报纸广告之内。因而销售店也能从附送插页广告取得收入,同时报纸的广告内容被插页广告部分取代,广告占版面量减少。在报纸广告方面,专卖制稳定了固定的读者群,ABC 规范了发行量的统计,插页广告分担了报纸广告内容,这三个方面促进了报纸广告的良性发展。报社既不需要为拓展广告而在发行量方面大做文章,也不需要过度依赖广告生存。所以广告可能产生的外部效应被制度所规范,这一制度的核

---

① 王丹:《日本报纸发行的成功之道》,《日本问题研究》2006 年第 1 期。

心便是专卖制。

3. 记者俱乐部制度在信息采集方面的作用

记者俱乐部制度通过规定和限制信息获知的渠道、方式从而影响报纸的内容生产,对整个报业形成了较大的约束作用。这一制度引起日本国内外学者的广泛评价。许多学者认为记者俱乐部制度使报纸内容趋向雷同,报纸成为政府宣传的道具等。但是如果从产业角度来看,记者俱乐部制度对报业外部效应的控制还是很明显的。这种统一规范的制度设计能够压缩报纸产业的信息采集成本、协调形成行业规范,但也对报业竞争构成了限制。

报业生产的第一个必要步骤便是采集信息,而信息采集是一种社会活动,它必须与其他组织、经济单元或个人发生交易行为。记者俱乐部制度在交易成本控制方面缓解了这一矛盾。由于记者俱乐部制度的存在,政府、社会组织、大企业等纷纷设立记者俱乐部,统一向媒体提供信息,制订计划、规定发布时间和方式,迅速和准确传递公共信息,监督和促进公共信息公开,不需要再单独面对采访,不需要花费额外的发布时间。这样,原本由各媒体分散采访而形成的庞大的交易成本被有效压缩,而且不但公开信息的内容没有减少,还能监督和促使公共机构公布不愿公开给单个媒体的信息。另一方面,在不存在记者俱乐部制度的条件下,报社之间存在"抢新闻"、"抢时间"的竞争,被采访者存在被"包围采访"的困扰,此时报业生产的外部效应体现得尤为明显。记者俱乐部制度可以发挥协调作用,统一信息发布,将报社的工作重点转移到提高报纸的内容深度、编辑水平方向上去,从而减少报业不必要的交易成本。记者俱乐部制度降低了报业因外部效应而产生的经济成本,也提高了报业生产的效率。

记者俱乐部是一种行业性的组织。为促进报业的健康发展、规范行业内部秩序,记者俱乐部内部制定了一些行业规范,让成员共同遵守,从而形成行业内部规范。这些规范都是在记者俱乐部内部统一实施的,如《新闻伦理纲要》、《报道协定》等。报业在消费领域存在外部效应,表现为社会成本。社会成本是报业外部成本的另一种形态,是报纸的信息传播所带来的,不良信息、不实信息、有违社会公德的信息等都是形成报业社会成本的因素。控制社会成本有许多种途径,日本的记者俱乐部制度在限制报纸内容、限制信息传播方式方面有显著作用。记者俱乐部制度采用记者集中采访的方式,统一信息发布,这使报纸信息内容的准确性得以提高,大大降低了不实信息出现在报纸上的概率。记者俱乐部制度确定了报纸内容的信息源为政府、社会团体和大型企业,这样传媒产业经常出现的法律上的侵权行为可以减少,信息发布基本上是自上而下的,即使消息出现问题而遭到诉讼也会由于消息源的可信赖性而免于承担刑事和民事责任。

记者俱乐部制度形成的行业规范给报业加上了一层保护伞,这个保护伞既能对报业信息发布安全性形成保护,也无形中给报业以限制。俱乐部的内部成员——报社的采访、报道行为在行业规范下受到协调与整合,这种协调与整合的直接目的是使报业信息生产规范化、制度化,便于集中管理,客观上却有效控制了因社会成本给报业带来的外部效应。日本新闻界便利的舆论引导、规范的新闻秩序与记者俱乐部制度对报业外部效应控制是分不开的,客观性报道原则、报道自由与保护人权等思想都是对记者俱乐部制度的呼应。虽然这些原则和思想的真实程度有时会受到质疑,但至少在形式规定上有利于报业自身的发展。

三、日本广电产业的外部效应控制

1. 日本广电产业的制度体系与特征

广电产业在日本又被称作放送产业,是以电波传输信息的媒体为主体的。当前,日本的广电产业依托现代科技的发展已经逐步完成了由地面电波传输到由地面电波、广电卫星(CS)、通信卫星(BS)、有线光缆等多种媒介传输的转变,广电产业开始与通信产业融合,数字化技术被广泛采用,广电接入因特网。所以,广电产业的市场、内容生产、制度设计等都发生了一些新的变化。在广电产业市场方面,数字压缩技术的出现使日本广播电视呈现多频道、高清图像、高性能的特征,传统的以广告和大众传播为主的广播电视开始面临新的竞争,寡占性的市场格局正逐渐被相对垄断的竞争格局所取代,市场的结构、行为和绩效都有所变动。相应地,在广电产业内容生产方面,针对特定受众的节目越来越多,节目的制作与传输向着分众化方向发展。产业格局的变化自然对原有的制度设计形成压力,广电产业朝着放松规制的方向发展,学术界围绕公共放送制度、放送许可制度等展开了广泛的讨论。

在日本,广播电视媒体被称为"制度的媒体"。日本广电产业受到《电波法》、《放送法》、《有线电视法》和《电气通信形式广播法》等特别法律的制约。在这些特别法的制约下,日本广电产业以二元并存制度、许可制度、网络化的内容调配制度为基础开展运营。日本广电产业制度的核心是二元并存制度,也即公共传媒和民营传媒并存的制度。这种制度设计既有别于美国以商业传媒为中心的制度也有别于欧洲各国以公共传媒为中心的制度,是日本比较特殊的制度形态。公共媒体 NHK 最早是在无线媒体时代电波频道资源有限的背景下,基于广电媒体强大的社会影响力而设立的非营利性的特殊法人,它面向日本全国,以视听费、国家税收、社会捐赠以及少量的广告收入为经费来源,节目内容严肃公正。与商业媒体追求视听率的最大化不同的是,NHK 致力于满足社会各层次、全国各地区受众的需要,提供覆盖各类受众的节目。这些节目包括新闻、教育、娱乐等内容,普遍需要收取一定的视听费用。民营传媒则是商业性质的媒体,纯粹的民间资本投资,广告收入为其单一的收入来源,追求视听率的最大化和运营成本的最小化,从而取得商业利润。这样在社会上存在的数量较少的受众群如果对某些节目内容有着较高的需求,民营传媒受其运营方式的制约难以满足,而公共传媒可以解决这一矛盾。事实上在这种二元并存制度下,民营传媒的作用是促进广电产业的增值,而公共传媒向受众提供民营传媒提供不了或没有动力提供的节目内容,从而形成互补。有日本学者指出,二元并存制度下公共传媒的节目内容如果是对受众有用有益的便可称作"价值财"①,这是基于受众共同的利益或价值,与市场经济追求的私人的利益或价值相区别。

日本广电产业通过许可制度控制产业的市场准入。许可制度是基于广电媒体"影响力巨大"和"电波有限性"的认识。电波法规定许可证的有效时间为五年,五年期满需要重新申请许可证。许可证分为委托经营许可证和受托经营许可证,前者以内容制作为业务内容,后者以通信及播出设备等硬件的运营为业务内容。广播电视台的开设、许可由总务省令"放送局开设的根本基准"为指导方针,并且与其他产业门类相区别的是,广播电视产业以集中排除原则和外资规制为特征。所谓集中排除原则,也就是禁止广播电视台的经营者拥有两家以上的广播电视台,但 NHK 不在此范围之内。此外,允许中波放送和电视放送在同一地域内的兼营,CS 数字化放送在一定范围内可以拥有多个频道经营权,地面传输台或 BS 广播电台在一定范围内可以支配CS 数字化放送的频道。2004 年的制度改革规定,相邻地域或者地域相接紧密的地区间可以允许地面传输台整合经营;陷入经营困难的广播电台可与地方台按一定出资比例合并,但是待经营困难解除后仍需按原来规定运营。所谓外资规制,是日本通过与广电产业相关的法律,限制外资进入本国广电产业的市场。这是因为资本对传媒的控制将会形成对传媒话语权的控制,进而代表该资本集团的利益、倾向等,所以外资规制在世界各国是普遍存在的。但日本对外资进入传媒产业的规制尤为严格,《电波法》、《放送法》等都对外资进入传媒产业有

---

①　菅谷実:『放送メディアの経済学』,中央経済社 9 月 20 日初版発行、ページ22。

严格的规定。《电波法》第五条规定,外国人、外国政府及其代表、外国法人或团体不能在日本设立电台或电视台。同时,外国人、外国政府及外国法人和团体拥有 1/3 以上董事会成员或有 1/3 以上决议权的法人和团体不允许设立电台、电视台。2005 年发生的活力门公司与日本放送公司的股权争夺案便是因为活力门公司具备外资背景而使《商法》失去效力,可见日本在外资规制方面是相当严格的。

一直以来,日本的广播电视产业都受政府保护,利用垄断地位的优势,获得了很高的产业收益,并且维持了安定的行业秩序和稳定的经营体系。然而,随着通信技术的发展,特别是数字技术在广播电视领域的广泛应用,广电产业的制度理论前提受到挑战,垄断地位有所动摇,市场竞争机制逐渐进入,制度的变革也与这种趋势相适应而展开。

2. 二元并存制通过经营理念让广电产业受益

二元并存制的"二元"是公共传媒和商业传媒(民营传媒),商业传媒在世界各国比较普遍,而公共传媒则是日本广电产业的显著特征。

一般在经济学上认为当边际成本与边际收益相等时生产者取得效用最大化,产业存在规模经济。广电传媒产品最优化的模式也应该是"边际成本＝边际收益",在这种情况下市场完全可以调节生产。但是,广电产业的特殊性在于所有传媒产品边际成本总是趋向于零的,这是因为广电传媒产品一旦生产制作完成便成为固定费用,不管广播电台的总数是多少,受众是多少,发射的费用(边际成本)几乎为零。从经济效益角度来考察,广播电视台必然是追求最大的视听率从而获得最大的广告收入,这样,在边际成本趋向零的原则下传媒产品数量尽可能少、视听率尽可能高是最有效率的资源配置方式,结果是传媒产品趋向于同质化。显然,这是与社会对传媒的要求不符合的。能够解释这种现象的一是传媒产品具有公共产品的属性,二是传媒生产者与消费者之间不存在直接的市场关系。公共产品具有消费的非竞争性和效用非排他性的特征,一般情况下社会收益大于私人收益,社会效益大于社会成本,如果单纯由市场主体提供势必会因为存在搭便车的心理而造成无效率。传媒产品便存在这样的特征,例如某些医药、交通类的信息一旦有某媒体提供,按照边际成本为零的原则,全社会都可以无偿获得。传媒生产者与消费者之间不存在直接市场关系是因为广告的存在,广电媒体的成本和利润需要通过广告额收回,因而生产者其实不是以消费者的需求为导向而是以广告利润的获取为导向的,这已经与传播的原理、消费者主权背反,传媒产业的外部效应也由此产生。公共传媒旨在解决这两个问题,它以试听费为主要收入来源将传媒公共产品的属性弱化,在生产者与消费者之间建立直接的市场关系。因此,日本以 NHK 为代表的公共传媒从建立开始就基于经济意义上的合理性。

日本广电产业二元并存制从确立开始就直接以平衡广电产业经济效益与外部效应为目的。民营传媒追求产业利润,公共传媒追求社会公共福利。这种有所区别的制度安排亦是基于广电产业与其他传媒产业相比更显著的外部效应。两种经营理念的互补能够消除民营传媒或公共传媒单独存在出现的外部效应。

以市场为资源配置方式的商业传媒存在一定的缺陷,一方面会造成传媒产品的同质化倾向,另一方面难以保证受众消费的附加价值。这两种倾向扩展到整个广电产业,负的外部效应则表现为同质化的节目内容给予受众的利益损害以及受众消费需求受抑制。根据产品差别最小化原理,以视听率为导向、以广告收入为利润来源的广电媒体在节目编播方面必然趋于雷同,这种雷同带来的是资源配置的无效率和受众消费主权受损,传媒产品的质量也无法保证。商业传媒的理念在根本上也是与广播电视的服务功能不一致的,广播电视的服务功能使受众可以从消费本身获得一定的附加价值,而这恰恰也是广电产业正外部效应的体现。但是商业媒体在满足受众当下的需求时很见效,

281

在满足受众未来的消费需求时存在太多的不确定性,因而消费概率偏低,附加价值较少。同理,如果只有公共传媒存在,市场作用得不到发挥、产业缺乏竞争,对广电产业更不利。

二元并存制直接针对以上可能出现的广电产业的经济成本,力图增加广电产业的正外部效应,减少负外部效应。经济成本方面的外部效应控制体现在三个方面:一是在二元并存制下,公共传媒可以补正商业媒体忽视节目质量的倾向,给受众提供优质、内容多样的节目服务,满足所有受众对节目的需求。虽然民营传媒追求利润的方式是合理的,节目同质化的问题也是市场作用形成的,但广电产业是自然垄断性的,它的一部分利润不是来源于自身经营,而是来源于其特殊的垄断地位,所以受众的经济权利需要从其提供的节目内容当中体现出来。而出于经济效益的考虑,国家不是以规定产权边界的方式来限定民营传媒的运作,只是建立公共媒体,满足全体受众对节目的需求。二是二元并存制实现了利益转移。转移的利益是民营传媒因产业的外部效应占有受众的那部分利益。民营传媒负的外部效应实际上是受众利益的转化,不应该为民营传媒自身所有。二元并存制为利益转移提供了可能性。国家通过税收将民营传媒的部分利润以财政拨款的方式转移给公共传媒(NHK 每年有来自政府的财政拨款)。公共传媒则通过节目服务兑现受众的利益。三是二元并存制实现了以附加价值控制广电产业的正外部效应的作用。由于公共传媒没有广告、体现服务功能,可以提供突发事件报道、教养类节目、交通医疗类节目等,受众的不确定性小,消费概率高,附加价值较大。这些附加价值是受众在试听费之外的额外所得,表现为正外部效应。

社会成本方面的外部效应表现为受众消费传媒产品的效果。二元并存制存在的原因之一"强大的社会影响力"便是广电产业外部效应的一个方面。外部效应的经济成本可以事后消除,可以转移,但外部效应带来的社会成本是持久性的,不可能在短时间内消除,因而制度设计必须考虑到杜绝这种社会成本的产生。二元并存制是直接指向广电产业的外部效应的,公共传媒的节目内容不允许有广告,并要保证信息的准确性、节目的公正性,报道须体现言论的自由和政治中立。公共传媒的节目服务完全以社会福利为导向,所以是发挥广电产业正外部效应的最好方式。在公共传媒文化的影响下,民营传媒虽以广告收入为主要利润来源,却也加强媒体的服务意识,重视媒体的社会作用,因为二元并存制下的传媒生态是平衡的系统,这个系统中的个体必然相互影响。目前公共传媒与民营传媒已逐渐走向竞合的状态,公共传媒不断提高经济利润,民营传媒不断加强自身的社会责任。

公共传媒的正外部效应与其定位有关。首先,经营原则是以公共利益在日本的普及为目的,技术改造和进步也是服务于视听者。1998年修订的广播法规定"NHK 在播放优质国内广播的同时有必要推进广播以及技术的进步,并进行国际广播和委托协会国际广播的业务"。其次,公共传媒一直致力于提高国民素质,普及文化(军事管理期除外)。例如,有着 45 年历史的长寿节目《和妈妈在一起》是以学龄前儿童为对象的融娱乐性和教养性为一体的节目。该节目每天早上 8 点至 9 点的黄金时间由 NHK 教育台播出[①]。再次,公共传媒节目服务致力于公共领域的创建,对市民社会的形成和完善意义巨大。著名学者哈贝马斯认为,公共领域是现代民主社会形成的必备条件,媒体是创建公共领域的最佳主体。NHK 的很多频道为受众提供了意见交流的平台,开展与受众互动,演播厅每天还免费向受众开放,对市民参与媒介、促进社会民主的意义巨大。特别是互动电视出现后,受众不再是简单的受众,他们可以发表自己的意见、交流感受,还能收到反馈,全方位地参与到媒介事件中。

3. 许可制度并不仅仅是一种限制

---

① 薛洁:《论公共广播电视的优势》,《新闻知识》2004 年第 10 期。

　　许可制度的核心是广电产业中经济主体的资格与权限。它对传媒产业的市场结构、行为、绩效均产生较大影响。许可制度的建立最初是出于广电传媒对社会思想文化的影响力，是重视传媒产业外部效应的体现，所以更确切地说，这也是一种文化制度。随着广电产业的不断发展和技术的进步，制度对产业竞争的约束逐渐放松，许可制度趋向于扩展广电产业的经济自由化程度和强化产业竞争力。因为在泡沫经济破灭和经济长期不景气的今天，通信和传媒产业是被日本政府作为带动经济发展的支柱产业来看待的。因此，通过修改法律、放松规制等措施，许可制度正在为广电产业的壮大建立制度环境的保障。

　　广电产业是传媒产业中社会影响力最显著、外部效应最明显的类别。因为在传媒产业的各类别中，广电产业自然垄断、信息不对称、覆盖范围广泛、渗透力强的现象尤为突出。广电产业的外部效应体现为社会成本则是受广告收入驱动的广电传媒极易形成信息污染。这种信息污染有的是广电传媒重复覆盖形成的节目内容的雷同，有的是广电传媒把公害信息带入传媒市场，有的是节目内容有误导受众的倾向，有的是频道占用造成节目播放质量的相互影响。显然，这些现象是市场本身无法解决的，需要产业制度的规范，许可制度起到了控制传媒产业因不必要的社会成本引起的外部效应。外资规制、许可证的申请、每隔五年一次的审查便是基于这一目的。广电产业的主体资格是有限定的，只有具有一定的传媒实践经验，能履行传媒社会责任的媒体才被允许进入广电产业内。并且这种主体资格需要受到定期审查，一旦发现其运营情况存在明显的外部效应，则要么主体资格被取消，要么运营受限制。集中排除原则限制了广电产业的过度垄断，因为产业垄断会带来信息不对称的增加、媒介话语权的垄断。信息不对称的增加使受众知情权的获取增加了不确定性，媒介话语权的垄断则造成社会言论自由度的减少。在民主化的社会实践中，这种现象对受众无疑是不利的,广电产业的垄断集中可以提高垄断媒体本身的经济利润,但实际上却将垄断的社会成本强加到受众身上,表现为负外部效应。竞争走向垄断,这是市场规律的必然结果,集中排除原则起了从制度规定上减少垄断产生的外部效应的作用。

随着卫星通信技术、数字技术等与广电产业的融合,许可制度也在适应这种趋势而发生着变化。目前,日本广电与通信产业融合的象征是互动电视 VOD(video on demand),它可以实现多媒体信息的双向自由接收和传送①。于是点播电视、电视学习辅导班、电视购物等成为可能。这种融合使广电产业与通信、家政、物流、金融等产业关系变得更加密切,既模糊了产业的边界,也使产业结构调整升级,产业利润空间上升。然而,原有的制度安排不能适应广电产业的变化趋势,多频道、服务性传媒的出现甚至也动摇了原有产业制度存在的理论基础。所以,产业制度的部分调整成为必然。这种调整变化一是适应产业成长的需要,二是重新规范产业秩序的需要,三是控制由经济成本产生的外部效应的需要。

经济成本方面的外部效应是广电和通信产业融合中出现的新现象。产业融合模糊了产业的边界,扩充着产业竞争主体的范围,然而在原来的许可制度下通信企业是无法进入广电产业的。通信产业是"一对一的传播",而广电产业是"一对多的传播",两者的受规制方式相差较多。所以在广电和通信产业融合的过程中广电产业制度形成了对通信产业的进入壁垒,而技术的进步已经强烈要求打破这种壁垒,否则无论对广电产业本身还是对通信产业来说都是不合理的。在这种情况下,许可制度成为产生广电产业外部效应的重要因素,广电产业获取垄断利益的同时已经在无形中侵蚀了通信产业应该进一步

---

① 大村達弥:『放送・通信時代の制度デザイン』、日本評論社 1994 年 8 月 10 日第 1 版第 1 刷発行、ページ59。

获得的利益。通信产业的损失便是许可制度下广电产业外部效应的经济成本体现,这对整个产业发展是不利的。

四、日本出版业的外部效应控制

1. 日本出版业制度体系与特征

日本是世界上仅次于美国的出版大国,出版业的市场结构特点是:厂商即出版社多,零售商即书店多,批发商即经销商极少。目前日本在市场上销售的几十万种书籍,有70%左右是通过出版商—经销商—书店—读者的渠道流通的。日本有出版社四千多家,其中10人以下的有两千多家,占出版社总数的一半以上。规模较大的100家出版社的销售额占全国出版社销售额的80%。市场垄断现象十分明显。大型出版社之所以能如此垄断市场,是因为它们都属于综合型出版社。

日本出版业制度由三方面组成:一是定价制度,二是流通体制,三是评价激励机制。这三方面的制度体现了日本出版业从出版社到经销批发商再到书店及读者的"行业三位一体"现象。

定价制度即定价销售制度。1953年,日本修改了《垄断禁止法》,在该法律的第二十四条中把包括杂志、书籍、报纸、录音带和CD在内的著作物认定为需要维持再销售价格的商品,也就是说,这些著作物作为自由竞争原则"适用除外"的商品,销售商有义务按照制造商规定的价格进行销售,不允许降价销售。这一条款的制定是出于对出版物文化属性的判断,作为文化商品的出版物是不能以一般商品的自由竞争的原则来衡量的,这种再售价格维持制度的存在从法律上保障了出版物定价销售的实行①。

流通制度即委托销售制度。委托销售制度是一种有条件的自由退货制度。也就是说,出版社、经销商和书店三者之间签订销售合同,

---

① 龙一春:《日本传媒体制创新》,南方日报出版社2006年版,第91页。

该合同规定委托给书店进行销售的出版物在一定的委托期限内,其没有售出的部分可以返还给出版社。经销商和书店之间的委托期限要短于出版社和经销商之间的委托期,这是为了经销商在得到书店的货款以后有充分的时间向出版社支付货款。经销商在出版社与书店之间发挥着中介作用,处于流通领域的中心地位。日本出版业中,经销商中介的销售方式约占市场份额的八成以上,在销售过程中具有不可替代的重要地位。正是由于经销企业在图书采购、支付货款、送货、退货等方面提供的专门化服务,日本的出版流通系统才得以实现高效率运转。

评价激励机制有奖励制度和书评委员会制度。日本有各种各样的文学奖,比如说有纯文学奖、推理小说奖、纪实文学奖,还有学术著作奖等等,很多奖都是战后一直存在的。获奖作品往往可以在杂志上连载,随后出版单行本并成为畅销书。日本大报均实行书评委员会制度,由大学教授或作家组成书评委员会,出版社把书寄到报社,报纸的书评编辑也会到书店去买大量的书,由书评委员自由挑选图书来评。这些书评很大程度上影响到图书杂志的出版、发行和销售,对保障和提高图书质量起到不可替代的作用。

2. 定价销售制度对出版业市场竞争秩序的规范

定价销售是专门针对出版物的,因为出版物如图书、杂志、报纸、音像制品等都涉及知识产权,是智力成果的物质体现。如果对此类商品实行自由定价原则,则出版物在生产、流通、消费过程中知识产权将难以得到保护,出版业将出现一定的外部效应。原因有这样两点:一是出版物因被复制而造成智力成果价值的流失。出版物知识产权是建立在出版物不被复制的基础上的。如果出版物允许被复制,则知识产权的保护将失去作用。出版物在生产、流通和消费过程中存在着潜在的被复制的危险,如果复制者不具备相应的邻接权,那么蕴含在出版物中的智力成果的价值将会流失,出版物价格下降,著作权人的权益受到损害。而定价销售制度规定由出版社根据出版物智力成果的价值来决定其价格,一方面可以从价格稳定上保护出版物知识产权,另一方面使出版物的智力成果不受复制的影响。二是出版物具有消费非竞争性的特性。出版物是一种传媒产品,传媒产品是准公共产品的一种,准公共产品的其中一个特点是"消费的非竞争性"。出版物的非竞争使出版业存在潜在的外部效应。如果实行自由定价,则市场竞争的效果是使价格与边际成本一致,但出版物的边际成本趋向于零,价格的不断走低将使出版物的知识产权保护失去意义。定价销售制度对出版业潜在的外部效应的控制起着较大的作用。

产业的市场竞争秩序是产生产业外部效应的重要因素。无序的市场竞争不仅对产业利润本身构成威胁,也对消费者及与该产业相关的其他产业形成成本转让,外部效应问题将凸显。定价销售制度从规范出版业市场竞争秩序方面起着控制外部效应的作用,这主要从以下三个方面体现出来。

(1)垄断竞争的市场秩序

出版业是从事智力成果的制作、量产、流通的产业,垄断竞争是相对比较适合的竞争状态。因为寡头垄断不能实现供求平衡,容易形成垄断高价;而完全竞争的市场状态适合一些纯物质部门,但智力成果的开发创作投入时间长、周期长,完全竞争不但不能促进出版物质量的提高,反而会缩短开发创作的时间和周期,造成智力成果质量低下,从而形成外部效应。所以垄断竞争是比较理想的一种状态。但是实际上日本出版业市场中以公司形式存在的出版社有四千多家,其实已经构成完全竞争的企业数量,并且产业的进出壁垒不高。如果在这么多家出版社的条件下实行自由定价,则出版物在生产、流通、消费等过程中的价格受到影响的因素很多,不确定性非常高。因为竞争主体太多,交易成本很高,难以通过协议达成共识,纳什均衡的状态难以实现①。所以在自由定价的条件下,出版物竞争秩序受竞争主体、出版物本身、消费者等多个因素的左右,难以稳定。这对智力成果的出版物来说是非常不利的,它会影响产业上游的开发创作,将市场竞争的不利因素转移到上游,形成一定的外部效应。市场竞争秩序的核心是价格,价格的频繁变动是影响市场竞争秩序的主要因素,定价销售制度从控制价格上规范出版业的竞争秩序,从而控制出版业的外部效应。

(2)产品差异性和替代性不一致形成的市场秩序

产品的差异性也影响着产业的市场结构。市场竞争状态因产品差异性的大小而有所不同,理论上,完全竞争状态下产品是完全无差别的,而完全垄断状态下产品是唯一的且无近似替代品。通常情况下,差别差异性大,替代性小,但出版业有所不同。"在同一细分出版市场中,不同出版企业的产品互有差别,要么是内容差别,要么是质量差别,要么是非实质性差别(如装帧设计、广告等引起的印象差别),要么是销售条件差别(如地理位置、服务态度与营销方式的不同也会造成消费者的不同偏好)。"②这种产品差别性形成出版业垄断竞争的市场结构,出版物的产品差异性较大,出版物按照所属学科专业、消费群体等标准可被分成很多种类,但同时产品的替代性和需求弹性相对较大。这是因为出版物大多不是生活必需品,是文化产品的一种,文化产品追求多样化,各种类型的文化产品替代性很强,教养和娱乐是文化产品的主要功能。在这种产品差异性和替代性不一致的状况下,若没有价格约束,某些具体内容质量较高、非实质性内容质量较低的出

---

① 纳什均衡指在博弈中一组最优策略的组合,即在给定其他参与者的策略的条件下,每个参与者都采取他所能采取的最优策略。此概念因由非合作博弈论开创者纳什(Nash)提出,故名。参刘树成主编:《现代经济辞典》,凤凰出版社、江苏人民出版社2005年版,第709页。

② 吴赟:《中外出版市场的垄断与竞争》,《经济导刊》2008年第2期。

版物在市场作用下价格会走低;反之,具体内容质量较低,非实质性内容质量高的出版物却可以获得高价并长期占据市场。这种由市场失灵形成的外部效应在出版业很普遍。定价销售制度能够应对这种市场失灵,将出版物的实际价值提前通过价格固定下来。

3. 委托销售制度实现系统化、网络化服务

委托销售制度采用"三位一体"的流通渠道。即出版物经过"出版社—经销批发商—书店"的流通渠道到达消费者手中。经销批发商在其中发挥着枢纽与核心作用,通过订购、代销等方式将出版物与书店、报刊亭、便利店、学校、教科书特约供应站等关联,发挥其采销功能、金融功能、物流功能和信息流通功能。整个日本有出版社四千多家,书店两万多个,但经销批发商只有一百多个。这种沙漏状的结构将渠道的作用凸显出来。以"三位一体"为渠道的出版物流通方式占了日本出版业市场的 70%以上[①]。渠道的作用将出版业与批发业、物流业和零售业融合在一起,增加了出版业的正外部效应。也就是说,在不存在"三位一体"流通渠道的条件下,出版社需要直接与书店等零售店进行交易,由于这不是出版业熟悉的业务,难以形成专业化,并且书店大量存在,交易成本将广泛存在于流通渠道之中。交易成本的存在将产业的一部分利润无形中消耗,这部分利润通过价格、成本的方式转移到上游产业或消费者,出现产业的外部效应。"三位一体"渠道的存在使批发经销商成为专业的物流与信息流通服务者,专业化程度加大。渠道将出版业与其他产业融合在一起,通过高效运作提高出版业和其他产业的经济效益,消除出版社与书店单独交易的潜在的负外部效应,并增加出版业的正外部效应。因此,委托销售制度通过突出渠道的作用降低出版业的交易成本,带动其他产业的发展,负外部效应因

---

① 永井祥:《日本出版流通业近十年的变化及展望》,《出版与印刷》2001 年第 4 期。

制度约束而减少,正外部效应因制度的保障而显现。

委托销售的中间环节——批发经销公司要想迅速和及时地把出版社的出版物送到读者手里,必须建立强大的物流系统和网络化服务。物流系统不仅可以把分散在各个出版社的出版物汇聚在一起,进行有效的分类、打包、出货、配送、补书调配以及退货处理,还能进行商品销售、代理进货及收款和付款的服务,发挥金融功能的作用。除此以外,物流系统还具有信息提供和信息传递的功能,不仅能为书店提供大量图书、杂志的有关信息,还能把各个书店的销售情况以及读者希望看到什么样的图书、杂志等有关信息迅速地反馈到出版社哪里,为出版社在今后的选题和编辑出版工作上提供帮助。在电子技术迅速发展的今天,委托销售制的存在促使批发经销商与书店及出版社之间建立联机网络,网络化的建立不仅可以使书店和读者能够尽快地获得出版物的有关信息和出版物实物,还能为批发经销商和书店之间的业务减轻不少负担。委托销售制形成的系统化、网络化的服务与专卖制比较相似,它保证委托销售的准确性,促进价值链的形成。这样,物流的高效率促进了出版业务、书店业务、消费者服务三方面的完善与进步,出版业因市场失灵产生的外部效应在这三方面都得到一定的控制。这种控制作用虽然不是直接源自于委托销售制度,而委托销售制度却在一定程度上起到了控制外部效应的效果。

第三节 传播国际竞争中政府行为的角色和功能

全球化趋势以及参与国际传播程度的加深,使得中国信息传播业需要进一步反思三十多年来的改革历程,以求在未来的国际竞争中增进新的发展动力。在波特的"钻石模型"中,政府虽然并不直接采取国际竞争的行动,但它能提供企业竞争所需要的资源,创造产业发展的环境。政府行为可以通过外部成本的投入,如发展基础设施、开放资本渠道、培养信息整合能力、强化产业集群发展等,进而影响生产要素、需求条件、企业战略等其他几个基本要素。换言之,政府行为是传播国家竞争力体系中一个重要的变量,这主要由于它是为信息传播国际竞争提供制度支撑的主要来源,它可以通过制度创新对其他各种要素起到整合作用,无论是生产力、传播力还是影响力,政府行为及其设定的相关制度都是传播国家竞争力得以生成和发挥的重要保障。本节将比较政府行为在不同传播语境中的表现形态,探讨国际竞争新语境中政府行为在提升信息传播国家竞争力方面所应扮演的角色和所能发挥的作用。

一、不同传播语境中的政府行为逻辑

此处所说的不同传播语境主要针对中国而言,可以简单地表述为传统传播语境和新传播语境。传统语境有三层含义:一是指计划经济体制下或带有明显计划经济色彩的媒介管理体制;二是以四大传统媒体为主体的媒介格局;三是不涉及对外竞争的相对封闭的媒介环境。从时间来讲,应该主要是指新中国成立至20世纪90年代初。与之相对应的是其后该领域所发生的一系列重大变化:首先是随着经济体制转型而带来的媒介管理体制的变革,原来依附于计划经济的媒介管理体制逐步增加了市场调节的成分和力度,政府通过实施一系列新的政策刺激传播产业的发展;其次是新媒体的迅速崛起,改变了原有的媒介版图,形成新媒体与传统媒体同台竞争的格局;再次是中国入世以及积极参与全球化竞争,使得封闭的媒介环境逐步转向开放,国际竞争成为中国传播企业必须面对的现实问题。

政府行为始终是围绕着政治制度和经济制度的变迁来展开的,不同传播语境中政府行为的逻辑有着显著的差异。

在传统语境中,政府行为的目标是政治福利和舆论一律,要求所有传播者以宣传党和政府的路线、方针、政策为主要任务,在思想和行动上与党和政府保持绝对一致。政府行为的对象都被规制为党和政府的喉舌,它们是传声筒式的政治工具,不但没有市场主体地位,也不可能和没有必要实行经济上的独立。政府行为的方式是进行经济统制和意识形态管制,管理者主要通过临时性的政策和大量就事论事式的通知或会议对被管理者发号施令,二者之间是命令与服从的关系。由此可见,传统语境中的政府行为与计划经济体制相适应,带有浓厚的政治色彩和统制特征。

20 世纪 90 年代以来,随着经济体制逐步向市场经济转型,信息传播领域的制度变迁呈现出不少新的特质,其中政府行为的逻辑亦随之发生改变。政府行为最大的变化,莫过于由原来主要围绕政治目标而转向政治目标与经济目标的结合。尽管在所有政策文件和领导人讲话中仍坚持将政治导向和社会效益放在对传播主体要求的首位,而事实上不少政府规制都指向了传播主体的市场行为。如果考察一下西方发达国家政府行为演变的逻辑便不难发现,这其实正是经济体制转型必然会带来的结果。

西方市场经济发展与政府行为的关系经过了一个漫长的不断演进的过程。在 16 世纪初到 18 世纪末的市场经济初始阶段,"国家干预主义"盛行,政府往往实行高度集权和强制干预的重商主义经济政策。此后到 19 世纪 70 年代,集权制政府模式被分权代议制政府模式所取代,当时最先进的工业强国英国所遵循的是亚当·斯密的自由主义经济学说,政府成为"守夜人",政府行为的范围被大大压缩;而与之同时的法、美、德等后起工业国家为了保护处于弱势的民族工业,却基本上采取了以李斯特的"贸易保护理论"为依据的保护主义经济政策;尤其是德国,政府角色几乎是全能型的,集"立法者"、"行政管理者"和"经营者"于一身。此后到第一次世界大战前,主要资本主义国家都已完成由自由资本主义向垄断资本主义的转型,斯密的自由经济理论得到各国的普遍认同,政府实行不干预的自由放任主义经济政策,政府行为被压缩到最小的程度和范围。但在两次世界大战期间,由于经济危机和社会矛盾的空前激化,政府行为模式又纷纷由"自由放任型"向"积极干预型"或"强干预型"转变。从二战结束到 20 世纪 80 年代,尽管西方各国情况有所区别,但大多经历了由重视政府干预这只"看得见的手"到重新强调市场调节这只"看不见的手"的转变,各发达国家纷纷推行"新自由主义"政策,实行"小政府大社会"的模式。20 世纪 90 年代以来,"市场经济体制成为全球化的选择,各国政府行为都以围绕最大限度地发挥市场作用为转移。从英国的'撒切尔主义'、美国的'重塑政府'运动,到欧洲大陆,掀起了重新界定政府行为的又一次浪潮,形成了色彩纷呈、形态各异的政府行为模式,如美国的自由市场经济模式、法国计划市场模式、德国社会市场模式、东亚政府主导型等等"①。

信息传播的产品供给,具有明显的公共品供给的特征,对于政府行为在其中的作用,西方国家至今也还存在着一定的争论②,但以上回顾说明,无论西方发达资本主义国家的历史背景、经济基础、文化传统有何不同,政府行为的方式有何差异,总体而言,在数百年的发展过程中,这些国家的政府行为主流总是围绕着市场作用的变化而不断调整,最终突出体现的是政府行为在追求社会整体福利最大化前提下对经济发展的促进作用。

当今中国虽已正式确立社会主义市场经济体制,但毕竟为时相当短暂,又由于世界经济与技术发展的作用,使得中国的市场经济制度混合有西方国家不同阶段的多重特征,因而无法与西方国家进行简单的类比。尽管如此,西方国家在处理政府行为与市场功能关系中所积累的经验仍值得我们认真借鉴。在全球化与新媒介技术不断发展的新传播语境中,如何以制度变革促进中国信息传播业的市场发育,使

---

① 参吴强:《政府行为的历史变迁》,《中国改革》2005 年第 12 期。
② 贾海彦:《公共品供给中的政府经济行为分析》,参书中第二章相关文献梳理,经济科学出版社 2008 年版。

其有条件并且有能力参与到国际竞争过程中,从而不断提高中国信息传播的国家竞争力,是今后政府行为应该重点追求的目标之一。

二、融入全球传播的政府行为角色定位

中国之所以能在改革开放后的三十多年中获得经济的高速增长,与中国加入国际经济大循环并围绕国内与国际竞争不断进行经济制度变革是紧密相关的。与此同理,中国的信息传播要在今后获得长足发展,也应该积极融入全球传播进程并做出与之相适应的制度创新,这就需要政府行为在其中担当起应有的角色。

改革开放以来,中国的传播制度已经发生了一系列变革,政府行为在此过程中亦发挥了重要的作用。但从适应传播国际竞争与提升传播产业国际竞争力的需要来说,这种变革还显得不足。这主要表现在:一是以往的制度变革主要是针对传播业的国内发展与国内竞争而言,政府规制的侧重点在于保证意识形态安全,并未将发挥市场作用作为政府行为逻辑的核心议题,因而很难形成促进和保护中国信息传播业参与国际竞争的制度系统。二是与经济体制改革一样,信息传播制度变迁走的也是一条渐进式的改革之路,改革是从边缘逐步向中心推进的,一些根本性的问题一直没有得到很好的解决。比如,产权制度是经济制度的核心问题,产权制度的滞后会对其他各项制度形成制约,使得信息传播企业无法获得真正独立的市场主体地位,也无法顺利进入资本市场,这大大制约了该领域的资源配置效率,从而直接影响到整个信息传播业的发展。正因为这样,信息传播产业领域进一步的制度创新是必要的。在已有制度变革的基础上,以融入全球传播并积极参与国际竞争为导向的传播产业制度创新,需要政府行为着重扮演好以下几种角色。

第一,发展战略的制定者和调控者。

任何一个产业要想做到有机、完整、持续、健康地发展,都需要在国家层面做出周密的战略规划,如果政府制定的战略正确,一个产业就能得以迅速发展,相反则会出现战略失误或错误,该产业的发展就会严重受阻或受挫。我国 2009 年出台的《文化产业振兴规划》,其基本原则之一是"坚持内外并举,积极开拓国内国际文化市场,增强中华文化在国际上的影响力";目标之一是"文化产品和服务出口进一步扩大。一批外向型骨干文化企业和国际知名品牌初步形成,对外文化贸易渠道和网络进一步拓展,文化产品和服务出口大幅增长,文化贸易逆差明显缩小,成为我国服务贸易出口的重要增长点"①。这其中应该有部分内涵与信息传播相重叠。我国近年来出台的《电子信息产业调整和振兴规划》,其骨干成分定位于计算机、电子元器件、视听产品,这些分支产业有一部分也与内容的生产和传播有关联,但大多属于信息传播国家竞争力的硬件要素部分。中共十七届六中全会所作的《中共中央关于深化文化体制改革推动社会主义文化大发展大繁荣若干重大问题的决定》中,也明确提出:"实施文化走出去工程,完善支持文化产品和服务走出去政策措施,支持重点主流媒体在海外设立分支机构,培育一批具有国际竞争力的外向型文化企业和中介机构,完善译制、推介、咨询等方面扶持机制,开拓国际文化市场。"②由此可见,在国家层面上,已有信息传播外向发展的战略思维。然而,无论是两个规划还是中央全会的决定,其中虽包含了信息传播方面的部分内容,但毕竟不能与信息传播大产业的整体战略规划相等同,可以说到目前为止我国并没有专门针对信息传播产业如何外向发展的战略谋划。这主要是由于我国信息传播产业的软件部分(即内容生产与传播)长期处于相对封闭状态所致,而这种状态是非常不利于该产业发展的。政府作为战略规划的制订者和调控者,需要完成的任务主要有:寻求参

---

① 《文化产业振兴规划》,来源:http://www.gov.cn/jrzg/2009 - 09/26/content_1427394.htm。

② 《中共中央关于深化文化体制改革推动社会主义文化大发展大繁荣若干重大问题的决定》,来源:http://www.gov.cn/jrzg/2011 - 10/25/content_1978202.htm。

与国际竞争的突破口,调整和完善国内产业布局,制定战略规划并明确操作路径与操作方法等。

第二,制度创新的推动者和操作者。

长期以来,由于中国传播信息传播企业只局限于在国内发展,绝大部分信息传播制度的制定和实施只考虑到了国内条件和情境,与国际大环境存在较为严重的脱节。因此,要鼓励涉及内容生产与传播的中国信息传播企业走外向发展之路,就必须结合全球传播的新态势进行制度创新,而政府行为在制度创新过程中理应扮演主导者角色。这又可以通过两个方面表现出来:一方面,它可以通过推动信息传播产业化发展,使该产业逐步融入市场经济运行的秩序之中;另一方面,它可以控制传播制度创新的速度、时间和顺序,掌握制度变革的内容与节奏。从前一方面来说,自 20 世纪 90 年代中期以来,政府通过促进媒体集团化发展和对媒体有限度地开放资本市场,已经使传媒企业在一定程度上走上了产业化发展之路。从后一方面来说,政府在控制制度创新速度和制度变革的内容与节奏等方面,则存在不少有待改进的地方。如前所述,改革开放后,中国的传播制度变迁大致走的是先易后难、由边缘向中心、诱致性与强制性制度变迁相结合的制度创新路径,这与中国改革开放的整个大环境基本是对应的。但在一些核心问题上,传播制度变革的力度和速度都远远不能满足信息传播产业发展(特别是参与国际化竞争)的需要,这又集中体现在以下几个问题上:一是传播规制的法制化程度偏低,传播内容生产和市场规制中的人为因素太强;二是核心传播企业进入资本市场的门槛太高,融资难始终是挡在传播企业面前的一道障碍;三是传媒企业由于属地管理而造成的画地为牢,使得全国统一传播市场的形成可望而不可即。这些问题大多是由于历史因素造成的,必须依靠政府行为增加强制性制度变迁的力度,主动推进和实施相关的制度变革才能得到解决。

第三,制度竞争的设计者和参与者。

制度竞争是市场经济的内在要求,因为它可以增加市场活动主体的数量,提高市场竞争的程度,从而达到通过市场优化资源配置的目的。政府可以通过设计和参与传播制度的竞争,达到增强传播产业国家竞争力的目的。在此过程中,政府行为在国内是制度竞争的设计者,在国际上则是制度竞争的参与者。制度竞争的结果依赖于制度竞争规则,这种规则的设计和确定在国内只能通过政府行为来完成。在进行竞争规则设计时,政府行为要努力达到以下两个目标:首先是增加制度供给的多样性。制度多样性是制度竞争的条件之一,因为单一的制度结构不可能产生制度竞争,制度结构的同质化程度越高,制度竞争的程度就越弱,制度的消极作用就会得到强化。其次是增强制度供给的均衡性。"制度竞争的充分展开并产生具有实质意义的制度飞跃,需要制度均衡,使弱者有足够的力量和勇气与强者竞争。"[1]在全球化语境中,国际竞争不仅是传统意义上货物与信息的流动,也是制度的竞争。国际制度竞争的主体既可以是个人或组织也可以是政府,"但政府的制度竞争是决定性的,是决定国家竞争优势的一个独立内生变量"[2]。

第四,产业环境的培育者和监督者。

适宜的产业发展环境不是天然存在的,而是必须经过后天的培育才能形成。在波特的产业国际竞争"钻石模型"中,政府行为作为两大变数之一,其功能并不在于直接从事竞争,而是在于它可以提供企业竞争所需要的资源,培育和维护产业发展的环境。在创造良好的产业发展环境方面,政府直接投入的应该是企业无法行动的领域,也就是外部成本,如发展基础设施、开放资本渠道、培养信息整合能力等,以

---

[1] 李厚廷:《制度竞争的制度变革动力效应》,《兰州学刊》2006 年第 5 期。

[2] 张小蒂、王焕祥:《制度竞争:从比较优势到竞争优势》,《学术月刊》2003 年第 9 期。

此来增加新的竞争机会和压力。政府在产业发展中最重要的角色莫过于保证国内市场处于活泼的竞争状态，制定竞争规范，避免垄断状态。政府只有扮演好自己的角色，才能成为扩大钻石体系的力量。同理，政府行为在传播制度创新的过程中，应该充当传播市场环境的培育者和维护者。它既可以通过一系列的制度安排，催生大批市场化的信息传播企业，增加其市场竞争的力度和范围；也可以让原有的国有媒体通过改制加入到市场竞争之中，形成越来越成熟的传播市场竞争体系。政府行为还应该是产业环境的宏观调控者和市场监督者，它可以通过促进产业结构调整、调控传播市场竞争的垄断程度，使整个市场处于一个相对垄断而又充分竞争的状态。

三、面向国际竞争的政府行为功能选择

一个国家的产业要参与国际竞争并获得竞争的主动权，需要多主体（企业、产业和政府）的共同作用，而政府作为制度供给主体具有其他主体不可替代的作用。政府行为对产业国际竞争的作用主要是通过提供竞争资源和创造竞争环境表现出来的。一个国家的政府对产业发展战略的判断决策能力、对产业资源的组织协调能力、对产业发展环境的培育能力，都深刻地影响着该国产业国际竞争力的水平。具体而言，政府行为在推动信息传播产业国际竞争中的作用将集中表现在以下三大方面。

1. 战略规划及实施

战略规划及战略实施是政府行为在促进产业发展中的重要功能之一。为此，政府需要从以下几个方面着手。

首先，政府需要深入细致地研究本国在信息传播产业方面的资源情况，找到该产业进入国际市场的突破口，分清主次轻重，突出比较优势，有所为有所不为，争取在基础较好、有发展潜力的领域首先取得突破。在充分发掘比较优势的同时，瞄准国际竞争市场前沿动态，推动产业积极参与国际竞争，最终达到谋求国际竞争优势的目的。

其次,调整和完善产业的总体布局,形成合理的产业空间结构,重点建设一批机制灵活、运作高效的信息传播产业基地,推进产业集群化发展和产业集群效应的提升,不断壮大信息传播产业的规模,提高产业发展的集约化和专业化水平,不断增强产业的核心竞争力。

再次,明确战略规划的操作路径与操作方法。由于国家不太可能在最高层面上专门出台关于信息传播国际竞争的战略规划,所以国家在这方面的战略意图大多会融汇于诸如文化产业振兴规划、电子信息产业振兴规划之类的文件中,但这些产业规划并不能直接替代大信息传播的战略规划,更无法将其直接应用于产业的国际竞争之中。这就需要在较低一级的政府行为层面上来出台专门性的战略规划,并在规划中阐明战略的执行主体和执行方式,使规划真正具有针对性和可行性。

2. 制度供给与调整

政府对产业资源的组织协调主要是通过制度供给来完成的。对信息传播产业而言,立足于外向发展的制度供给主要涉及以下几个方面。

一是明晰产权制度。产权制度改革已经成为我国信息传播产业发展过程中面临的一个重大问题。引入其他经济成分不但可以改善国有传媒企业的资本结构,同时也将为传媒企业公司治理结构的建立奠定产权基础。有人担心引入其他性质的产权后,党和政府对传媒企业的控制力会被减弱,其实这种担心是多余的,因为直接控制的减弱并不会影响间接控制的效果,政府通过公司治理机制来行使国家对产权的控制,不但同样可以达到管理目的,而且这种模式更符合市场运行规律,是提高产业发展效率的制度基础。

二是做好立法工作,形成一套能够促进信息传播业外向发展的法律法规体系。要结合信息传播外向发展的整体战略,将那些可以上升到法律法规层面的内容通过立法的形式固定下来,形成较为全面的法律法规体系,使我国信息传播企业今后在参与国际竞争过程中变得有法可依、有据可循。

三是制定配套政策。配套政策所涉及的方面应该包括:市场准入、资金支持、税收优惠、人才培养、出口扶持、产业基地建设、知识产权保护等。

在做好立法和政策制定的同时,还要根据外部条件的变化适时进行必要的制度调整。在这方面,韩国发展文化产业的经验很值得我们借鉴。韩国政府作为制度供给主体在文化产业发展中扮演了至关重要的角色,其中最为突出的一点就是各项法律与政策的及时出台与调整。1998 年,为尽快摆脱亚洲金融危机的冲击,韩国政府正式提出了文化立国的国策,并首先从宏观层面推动了《文化产业振兴基本法》的制定;"1999 年至 2001 年先后制定了《文化产业发展五年规划》、《文化产业前景 21》、《文化产业发展推进计划》,进一步明确了文化产业的发展战略和中长期发展计划"[①]。除此之外,又制定或修改了一系列的法律法规,如《文化产业促进法》、《设立文化地区特别法》、《影像振兴基本法》、《著作权法》、《电影振兴法》、《演出法》、《广播法》等。这些法律和政策不仅大大刺激了韩国文化产业在国内的发展,也适应了参与国际竞争的需求,促进了产业国际竞争力的提升。

3. 环境培育与维护

为信息传播产业创造一个良好的制度环境,既是这个产业国内发展与国际竞争的必然要求,也是我国政府的一项重要职能。它主要通过制度环境建设与市场环境培育来体现。

首先,政府要营造良好的制度环境。制度环境是否良好,其标志之一是制度能否具有较好的持续性和较高的稳定性。过去,我们的传

---

① 穆宝江:《韩国文化产业发展的政府运作模式及其重要启示》,《行政与法》2012年第 4 期。

播政策研究较为滞后,政策的制定、出台多为应急之举,制度的稳定性、连续性不强,而制度变更的随意性、决策的非程序性却比较突出。因此,国家相关机构有必要在借鉴世界各国传播政策的基础上,总结国外传播政策制定过程中积累的经验和教训,结合中国的国情健全原有的政策体系,并针对实际需要制定新的政策,同时尽量使一些稳定且行之有效的政策上升到法律法规层面,从而使信息传播产业发展走上规范化、健康化的轨道。在制定和实施新的法律或政策时应有前瞻性,既要考虑国家利益、公众利益,又要考虑传播产业的商业化特性,更要关注传播新技术发展可能出现的法律和政策问题。制度环境建设的另一项重要工作就是要使制度竞争功能得到有效发挥。为此,政府行为至少可以在两个方面有所作为:一是择优引入外来制度,与本土制度进行竞争并形成杂交。西方发达国家的传播制度已经历相当长的发展过程,不但较为成熟而且更适应当今国际竞争的要求,对这些外来制度的引进必然会对本土制度形成压力,而这种压力恰恰是推动中国传播制度进行创新的动力。二是以多种方式引入新的经济成分,构建传播制度竞争的动力机制,因为多种经济成分并存也是形成制度竞争的前提条件之一。

其次,政府要营造健康的市场环境。一是政府应根据产业发展整体战略制定并完善市场准入与退出机制,确保信息传播企业在市场中能进行公平竞争。二是明确赋予信息传播企业独立的市场经营地位,大力培植微观市场主体,引导和规范微观主体的经营行为,促使它们建立和健全现代企业制度,完善法人治理结构。三是进一步改变政府职能,解决好多头管理、政企不分的问题,逐步取消对经营性媒体条块分割的管理模式,通过对现有管理部门功能的分解合并而成立具有综合性质的传播规制机构,加强其制定产业发展战略和产业政策、市场准入等综合管理职能,而将行业管理职能向行业协会以及社会中介机构转移,促进全国统一的传播市场的形成。四是发挥政府在传播企业外向发展过程中的保驾护航作用,加强信息指导及国际传播市场竞争规划的研究和普及,引导中国传播企业与国际市场对接,在双边或多边谈判中帮助传播企业拓展海外市场,通过密切政企合作帮助建立信息传播贸易争端的监控预警系统和调解国际贸易争端等。

值得一提的是,政府行为在面向国际竞争中的角色定位与功能选择与在国内传播产业发展中的管理角色及功能并不矛盾,后者是前者的基础;而前者则是后者更高一级的表现形态,是今后中国政府在信息传播产业管理中必然要加强的层面。

□ 参考文献

一、专著部分

[1] 曹鹏. 中国报业集团发展研究. 新华出版社,1999.

[2] 崔保国. 2007 年:中国传媒产业发展报告. 社会科学文献出版社,2007.

[3] 崔保国. 2010 年:中国传媒产业发展报告. 社会科学文献出版社,2010.

[4] 丁和根. 传媒竞争力——中国媒体发展核心方略. 复旦大学出版社,2005.

[5] 樊纲,张晓晶. 全球视野下的信息经济:发展与挑战. 中国人民大学出版社,2003.

[6] 顾涧清. 报业的变局与方略——中国报业集团化产业化研究. 中国传媒大学出版社,2008.

[7] 国务院信息化工作办公室. 国家信息化发展战略学习读本. 电子工业出版社,2007.

[8] 胡锦涛. 高举中国特色社会主义伟大旗帜　为夺取全面建设小康社会新胜利而奋斗——在中国共产党第十七次全国代表大会上的报告. 人民出版社,2007.

[9] 胡延平. 跨越数字鸿沟:面对第二次现代化的危机和挑战. 社会科学文献出版社,2002.

［10］胡正荣.21 世纪初我国大众传媒发展战略研究.中国广播电视出版社,2007.

［11］惠碧仙,王军旗.市场营销:基本理论与案例分析.中国人民大学出版社,2004.

［12］金冠军,郑涵,孙绍谊.国际传媒政策新视野.上海三联书店,2005.

［13］龙一春.日本传媒体制创新.南方日报出版社,2006.

［14］李道亮.零公里的探索:基层农业信息服务体系建设研究.中国农业出版社,2007.

［15］李希光,周庆安.软力量与全球传播.清华大学出版社,2005.

［16］李子坚.纽约时报的风格.长春出版社,1999.

［17］刘继南.国际传播与国家形象.北京广播学院出版社,2002.

［18］刘树成.现代经济辞典.凤凰出版社,江苏人民出版社,2005.

［19］刘英华,赵哨军,汪琼.信息资源检索与利用.化学工业出版社,2007.

［20］卢新德.信息传播全球化与企业经营国际化战略.人民出版社,2002.

［21］明安香.传媒全球化与中国崛起.社会科学文献出版社,2008.

［22］明安香.美国:超级传媒帝国.社会科学文献出版社,2005.

［23］明安香.全球传播格局.社会科学文献出版社,2006.

［24］祁述裕.中国文化产业国际竞争力报告.社会科学文献出版社,2004.

［25］冉华,周丽玲,等.传媒风云:来自武汉传媒市场的报告.武汉大学出版社,2007.

［26］秦殿启.文献检索与信息素养教育.南京大学出版社,2008.

［27］苏荣才.对话美国报业总裁.南方日报出版社,2005.

[28] 孙聚成. 信息力——新闻传播与国家发展. 人民出版社,2006.

[29] 田磊. 传播法学. 上海交通大学出版社,2004.

[30] 王学成. 全球化时代的跨国传媒集团. 社会科学文献出版社,2005.

[31] 王长胜. 中国电子政务发展报告. 社会科学文献出版社,2007.

[32] 王明明. 信息产业促进经济发展的机制. 中山大学出版社,2001.

[33] 姚洋. 制度与效率:与诺斯对话. 四川人民出版社,2002.

[34] 尹鸿,李彬. 全球化与大众传播. 清华大学出版社,2002.

[35] 喻国明,焦中栋. 中国传媒软实力发展报告. 同心出版社,2009.

[36] 赵彦云,等. 国际竞争力统计模型及应用研究. 中国标准出版社,2005.

[37] 张锋. 聚焦新经济. 东北朝鲜民族教育出版社,2005.

[38] 张金昌. 国际竞争力评价的理论和方法. 经济科学出版社,2002.

[39] 张志君. 全球化与中国国家电视文化安全. 中国传媒大学出版社,2006.

[40] 张厚生,袁曦临. 信息素养. 东南大学出版社,2007.

[41] 郑保卫. 论媒介经济与传媒集团化发展. 中国人民大学出版社,2003.

[42] 郑涵,金冠军. 当代西方传媒制度. 上海交通大学出版社,2008.

[43] 郑英隆. 信息产业的全球一体化研究. 经济科学出版社,2006.

［44］周彦兵. 新制度经济学. 立信会计出版社,2006.

［45］简明不列颠百科全书:国际中文版,第 4 册. 中国大百科全书出版社,1985.

［46］奥古斯托·洛佩兹-克拉罗斯,迈克尔·E. 波特,克劳斯·施瓦布. 2006—2007 全球竞争力报告:创建良好的企业环境. 锁箭,杨世伟,毛剑梅,译. 经济管理出版社,2007.

［47］(德)Peter K. Cornelius,(瑞士)Klaus Schwab,等. 世界经济论坛:2002—2003 全球竞争力报告. 方丽英,译. 机械工业出版社,2003.

［48］(法)阿芒·马特拉. 世界传播与文化霸权:思想与战略的历史. 陈卫星,译. 中央编译出版社,2005.

［49］(加)埃里克·麦克卢汉,弗兰克·泰格龙编. 麦克卢汉精粹. 何道宽,译. 南京大学出版社,2000.

［50］(加)马歇尔·麦克卢汉. 理解媒介:论人的延伸. 何道宽,译. 商务印书馆,2000.

［51］(美)迈克尔·E. 波特,等. 2007—2008 全球竞争力报告. 杨世伟,高闯,等,译. 经济管理出版社,2009.

［52］(美)菲利普·科特勒. 营销管理:分析、计划、执行和控制,第 8 版. 梅汝和,梅清豪,张桁,译. 上海人民出版社,1997.

［53］(美)迈克尔·E. 波特. 国家竞争优势. 李明轩,邱如美,译. 华夏出版社,2002.

［54］(美)约瑟夫·奈. 软实力:世界政坛成功之道. 吴晓辉,钱程,译. 东方出版社,2005.

［55］(美)沃纳·塞佛林,小詹姆斯·坦卡德. 传播理论:起源、方法与应用,第 4 版. 郭镇之,等,译. 华夏出版社,2000.

［56］(美)保罗·萨缪尔森. 经济学,第十六版. 华夏出版社,1999.

［57］(英)安东尼·吉登斯. 失控的世界. 周红云,译. 江西人民出

版社,2001.

[58](英)尼克·史蒂文森.媒介的转型:全球化、道德和伦理.顾宜凡,等,译.北京大学出版社,2006.

[59](英)约翰·霍金斯.创意经济.洪庆福,孙薇薇,刘茂玲,译.上海三联书店,2007.

[60](英)约翰·基恩.媒体与民主.卻继红,刘士军,译.社会科学文献出版社,2003.

[61]菅谷実.放送メディアの経済学.中央経済社,

[62]大村達弥.放送・通信時代の制度デザイン.日本評論社,1994.

[63] P. J. Hugill. Global Communications Since 1844: Geopolitics and Technology. The John Hopkins University Press,1999.

[64] Pharr, Susan, J. Ellis S. Krauss. Media and Politics in Japan. University of Hawaii Press, 1996.

[65] Krauss, Ellis. Broadcasting Politics in Japan: NHK and Television News. Cornell University,2000.

[66] Klaus Schwab. World Economic Forum: The global competitiveness report 2009 - 2010.

[67] Klaus Schwab. World Economic Forum: The global competitiveness report 2010 - 2011.

二、论文部分

[1] Augusto Soto. 中国应在全球传媒中发出更大声音. 木子砚,译. 中国社会科学报,2010 - 04 - 27(13).

[2] 白振田,宣江华.中国城市家庭信息消费结构浅析.农业图书情报学刊,2006(2).

[3] 卜卫.互联网络对大众传播的影响(上).国际新闻界,1998(3).

[4] 蔡志玲. 中国传媒如何打造国际影响力. 东南传播,2007(5).

[5] 曹凯. 求变图存:《泰晤士报》的发展策略. 传媒,2005(10).

[6] 陈昌凤. 纽约时报公司经营模式探析. 国际新闻界,2003(8).

[7] 程国强. 力解扩大农村消费迷局. 中国报道,2009(5).

[8] 程曼丽. 中国的对外传播体系及其补充机制. 对外大传播, 2009(12).

[9] 崔保国. 日本报业走向整合. 中国报业,2008(2).

[10] 丁和根. 我国传媒业经济成分和产权制度改革取向分析. 新闻大学,2007(2).

[11] 丁和根. 生产力·传播力·影响力——信息传播国际竞争力的分析框架. 新闻大学,2010,冬季号.

[12] 丁和根. 全球化与传播内容生产:国际竞争的视角. 中国出版,2011(21).

[13] 丁和根,林吟昕. 试论中国传媒业国际竞争的大公司战略. 国际新闻界,2011(1).

[14] 邓翔. 增长理论中趋同假说的理论与现实考察. 经济学动态, 2001(6).

[15] 董静,李本乾. 欧美传媒产业规制及模式. 当代传播,2006(5).

[16] 方宽,杨小刚. 对信息产业统计界定的思考. 统计研究,2001(11).

[17] 冯资荣. 泛信息时代的受众媒介素养. 中国广播电视学刊, 2007(4).

[18] 高金萍. 美国华文报纸的进路. 青年记者,2008(4).

[19] 郭可. 我国英语广电媒体发展趋势及战略思考. 当代对外传播. 复旦大学出版社,2004.

[20] 郭小平. 欧洲视听媒体规制变革对我国"三网融合"的启示.

现代传播,2010(5).

[21] 国家统计局设计管理司.信息产业统计分类简介.中国统计,2004(3).

[22] 古晓宇.2009电子信息百强企业出炉 华为海尔联想分列前三.京华时报,2009-07-11.

[23] 洪沫.西方电子传媒全球化和世界文化形态.世界广播电视参考,1998(3).

[24] 胡鞍钢,张晓群.中国传媒迅速崛起的实证分析.战略与管理,2004(2).

[25] 胡正荣,李继东.我国媒介规制变迁的制度困境及其意识形态根源.新闻大学,2005,春季号.

[26] 黄旦,屠正锋.也谈中国的传媒实力——评胡鞍钢、张晓群先生的《中国传媒迅速崛起的实证分析》.新闻记者,2006(1).

[27] 黄益平.中国信息技术产业发展前景及政策含义.开放导报,2001(8).

[28] 姜伟.比较优势理论与竞争优势理论的比较.现代经济,2007(5).

[29] 蒋晓丽,石磊.培育跨地域跨媒体传媒集团的路径选择.广州大学学报,2008(7).

[30] 蒋旭峰.新媒体时代中国的国际传播能力.对外大传播,2009(12).

[31] 金碚.产业国际竞争力研究.经济研究,1996(11).

[32] 金冠军,郑涵.当代西方广播电视体制研究//中国文化产业评论:第一卷.上海人民出版社,2003.

[33] 柯泽.中国传媒发展战略的认识误区及现实困窘.湖南社会科学,2005(6).

[34] 李昌凤.当前跨国公司对华技术转移的消极影响及其对策.

310

中国民营科技与经济,2005(4).

[35] 李丹,吴祖宏. 美、英电信管制机构模式比较与借鉴. 通信企业管理,2005(6).

[36] 李东宇. 区域文化传媒产业竞争力综合评价体系研究. 重庆大学硕士学位论文,2009-04.

[37] 李厚廷. 制度竞争的制度变革动力效应. 兰州学刊,2006(5).

[38] 李品秀. 制度转型中世界传媒政策对中国的启示. 现代传播,2011(1).

[39] 李雪松,娄峰. 中国城镇居民收入差距对消费影响的动态效应分析//陈佳贵. 中国经济持续增长展望——机遇与挑战. 社会科学文献出版社,2007.

[40] 梁平. 中外广播电视监管机构简析. 现代电视技术,2007(7).

[41] 林云华,张德进. 中国造纸业国际竞争力的实证分析与发展对策. 国际贸易问题,2005(4).

[42] 刘建明. 我国媒介资本运营的瓶颈与增值. //郑保卫. 论媒介经济与传媒集团化发展. 中国人民大学出版社,2003.

[43] 刘笑盈. 国际一流媒体形成的原因及当前的媒体格局. 对外传播,2009(3).

[44] 罗静平. 数字环境下欧洲传媒集团化进程. 中国记者,2009(6).

[45] 吕郁女,邓中坚. 中国大陆软权力的发展与影响. 全球政治评论,2008(21).

[46] 陆军. 试论传媒影响力的构成. 传媒观察,2008(11).

[47] 穆宝江. 韩国文化产业发展的政府运作模式及其重要启示. 行政与法,2012(4).

[48] 邵培仁. 论全球化语境下中国电影的跨文化传播策略. 浙江大学学报:人文社会科学版,2006(1).

[49] 邵晓,丁和根. 中国信息传播竞争力的国内需求条件研究. 浙江传媒学院学报,2011(2).

[50] 石峰. 中国期刊业的发展趋势与对策. 今传媒,2010(2).

[51] 唐冰南. 专卖制:日本报业独特的发行制度. 传媒观察,2002(12).

[52] 唐娟. 对近现代欧美国家传媒与政府关系之演进的历史考察. 当代世界与社会主义,2000(4).

[53] 陶爱萍,刘志迎. 国外政府规制理论研究综述. 经济纵横,2003(6).

[54] 陶大坤,丁和根. 中国对外传播渠道建设之路径选择. 当代传播,2010(5).

[55] 陶良虎,张道金. 产业竞争力理论体系的构建. 光明日报,2006 - 02 - 07.

[56] 邬贺铨. 中国信息技术发展的现状和创新. 中国信息界,2006(12).

[57] 吴强. 政府行为的历史变迁. 中国改革,2005(12).

[58] 吴翌琳. 中国旅游业国际竞争力评价和分析研究——基于IMD 的数据分析. 华南师范大学学报:自然科学版,2007(1).

[59] 吴赟. 中外出版市场的垄断与竞争. 经济导刊,2008(2).

[60] 王长胜. 中国信息年鉴 2008. 中国信息年鉴期刊社,2008.

[61] 王丹. 日本报纸发行的成功之道. 日本问题研究,2006(1).

[62] 王俊豪,沈吉. 发达国家的电信管制机构及其启示. 经济管理,2008(8).

[63] 王丽萍,李创,汤兵勇. 产业国际竞争力概念及分析模型研究. 科技和产业,2006(2).

[64] 汪琦. 技术创新与市场需求的互动机制及对产业升级的传导效应. 河北经贸大学学报,2006(1).

［65］项兵. 参股跨国公司:本土企业应对全球化挑战的现实选择. IT 时代周刊,2007(17).

［66］谢新洲,汪良. 金融危机下中国传媒业面临机遇与挑战. 光明日报,2009 - 04 - 23.

［67］谢耘耕,周志懿. 中国传媒创新能力调查报告. 传媒,2008 (3).

［68］徐彤. 俄罗斯媒体发展状况及对我们的启示——中国新闻代表团访问俄罗斯考察报告. 新闻传播,2009(11).

［69］徐声星. 中国造纸产业国际竞争力研究. 华中科技大学博士论文,2008.

［70］许正林. 中国媒体国际传播的障碍与应对策略探讨. 全球化华文媒体的发展和机遇. 复旦大学出版社,2007.

［71］薛洁. 论公共广播电视的优势. 新闻知识,2004(10).

［72］杨庆,任安. 互联网对话语权表达空间的延展——从"西藏 3·14 事件"谈起. 青年记者,2008(14).

［73］杨天宇,侯圯松. 收入再分配对中国居民总消费需求的扩张效应. 经济学家,2009(9).

［74］叶非. 近 5 年全球主要电影产业国发展情况. 电影艺术,2011 (2).

［75］叶新. 美国《国家地理》杂志的海外扩张. 出版参考,2005(3).

［76］永井祥. 日本出版流通业近十年的变化及展望. 出版与印刷,2001(4).

［77］张保明. 全球信息社会冲绳宪章. 互联网世界,2000(9).

［78］张波. 跨国并购对中国 IT 业发展的影响. 商场现代化,2005 (15).

［79］张建. 都市创意产业与旅游产业融合发展的态势及其整合对策研究. 旅游论坛,2009(1).

[80] 张小蒂,王焕祥. 制度竞争:从比较优势到竞争优势. 学术月刊,2003(9).

[81] 张蕴萍. 我国政府规制改革研究. 理论学刊,2011(7).

[82] 张志. 论西方广电传媒业的公共规制. 国际新闻界,2003(5).

[83] 张志. 论中国广电业的政府规制. 现代传播,2004(2).

[84] 赵小青,刘东平. 新时期中国电影的海外传播之路. 对外大传播,2005(10).

[85] 赵有广,盛蓓. 中国文化产业外向国际化发展战略及其实施. 国际贸易,2008(10).

[86] 周怀峰. 大国国内贸易需求提升产品国际竞争力的机理分析. 财贸研究,2007(4).

[87] 周丽锦,郑新,叶新. 美国杂志发行市场和读者行为解析. 中国新闻出版报,2008-07-29(11).

[88] 郑英隆. 信息产业的全球化态势与中国区域竞争力. 中国软科学,2001(2).

[89] 支庭荣. 中国传媒国际竞争力刍议. 中国广播电视学刊,2002(11).

[90] 朱春阳. 传媒产业规制:背景演变、国际经验与中国现实. 西南民族大学学报:人文社科版,2008(3).

[91] 朱春阳. 当代广播电视节目生产机制的选择与演变. 视听界,2007(5).

[92] 传媒业与旅游业如何共融发展. 海南日报,2010-03-22.

[93] 俄印刷广告时代结束 互联网广告收入首次超过报刊. 中国印刷,2012(4).

[94] 去年中国报纸广告收入达 381.5 亿元. 中国新闻出版报,2011-04-02.

[95] 日本出版业 09 盘点. 广州日报,2010-01-05(B4).

［96］什么是国家的硬实力、软实力、巧实力?.理论导报,2011(1).

［97］印度传统媒体的发展态势.传媒,2011(3).

［98］中国光电子产业步入理性发展期.经济参考报,2004－01－24.

［99］中国教育竞争力综合排名第29位 提升速度最快.中国教育报,2009－11－27.

［100］(美)H·登幕塞茨.关于产权的理论.财产权力与制度变迁.生活·读书·新知三联书店,1994.

［101］(美)科斯.社会成本问题.财产权力与制度变迁——产权学派与新制度经济学派译文集.上海三联书店,1994.

［102］宍户常寿.情报化社会と放送公共性の変容.放送メデイア研究,2007(5).

［103］Anastasia Bednarski. From Diversity to Duplication：Mega-Mergers and the Failure of the Marketplace Model Under the Telecommunications Act of 1996 Federal Communications Law Journal, 2003,55(2).

［104］Jan Van Cuilenburg, Denis McQuail. Media Policy Paradigm Shifts：Towards a New Communications Policy Paradigm. European Journal of Communication, 2003,18(2):181.

［105］Katz, Michael L. , Shapiro, Carl. Network Externalities, Competition, and Compatibity. American Economic Review, 1985,75(3).

三、其他文献来源

［1］北京软件产业促进中心课题组.北京信息技术标准战略与策略研究. http：//www. xinxihua. cn/htmlcontent. asp.

［2］戴定一.物流信息化技术革新 跨越"黑大陆". http：//www. cinic. org. cn/shownews. php? id＝74804.

[3] 古海. 全球网民突破十亿　中国占 17.8%. http://tech. sina. com. cn/i/2009 - 01 - 24 /22092777210. shtml.

[4] 胡鞍钢. 中国面临三大"数字鸿沟". http://www. china. com. cn/chinese/jingji /127961. htm.

[5] 李玮. 俄罗斯传媒的现状和发展趋势. http://www. media. tsinghua. edu. cn/2009 /0703 /304. html.

[6] 龙永图. 中国文化产品出口问题迫在眉睫. http://finance. qq. com/a/20060512 /000540. htm.

[7] 吕岩梅. 美国电影 2009 年全球票房进账 299 亿美元. 综艺报，2010(5)，电子版. http://www. dooland. com/magazine /13856.

[8] 摩根士丹利研究所. 2008 中国新传媒市场研究报告. http:// wenku. baidu. com/view /a08891ece009581b6bd9ebd3. html.

[9] 苏向东. 外文局对外传播 60 年:让中国与世界架起友谊桥梁. http://discovery. china. com. cn/international /txt/2009 - 09 /04 /content_18465224. htm.

[10] 王湖. MTV 品牌运作策略简析及启示. http://www. zjol. com. cn/.

[11] 魏武. 别有鲜花满庭香——十六大以来我国对外宣传和对外文化交流工作综述. http://news. sohu. com/20080121 /n254796933. shtml.

[12] 谢晶. 从"内容为王"到"渠道为王"再到"营销为王". http:// media. people. com. cn/GB/40628 /4186692. html.

[13] 熊得龙. 让中国人的声音传遍全球——在第二届世界华文传媒论坛上的发言. http://tech. sina. com. cn/me/2003 - 09 - 22 / 1510236909. shtml.

[14] 许心怡. 国际电信联盟:年底手机用户将达 46 亿. http:// www. chinavalue. net /Blog /BlogThread. aspx? EntryID=213741.

［15］杨坤. 我国报刊业发展迅速 出版日报数量位居世界首位. http：//gb. cri. cn/8606/2006/03/26/1245@963380. html.

［16］殷国俊. 国家统计局公布 2003 年我国文化产业发展简况. http：//www. zjwh. gov. cn/dtxx/2007 - 10 - 03/40158. htm.

［17］虞宝竹. 打破西方话语权封锁 华文媒体、网络媒体异军突起——访中国新闻社社长郭招金. http：//media. people. com. cn/GB/7155376. html.

［18］2003—2007 年末中国电话用户数. http：//www. jmnews. com. cn.

［19］2006 年信息技术领域专利态势分析报告. http：//www. gov. cn/gzdt/2006 - 09 /04/content_377143. htm.

［20］2009 年信息技术领域专利态势分析报告. http：//ip. people. com. cn/GB/10395467. html.

［21］2010 年美国报纸广告收入创 25 年最低. http：//finance. if-eng. com/roll/20110317/3686767. shtml.

［22］2010 年美国用户阅读杂志报纸时长进一步下降. http：//www. techweb. com. cn/world/2010 - 12 - 30/732387. shtml.

［23］2010 年世界付费日报发行量前百名. http：//media. people. com. cn/GB/40606/13225351. html.

［24］调查显示美国民众对中国认知程度低. http：//www. lookin-to. cn/overseas/2018 /.

［25］丁俊发：中国物流业的发展与国际竞争力. http：//finance. sina. com. cn/hy/20071109/17234158016. shtml.

［26］俄罗斯多角度全方位应对"阅读危机". http：//www. chi-naxwcb. com/index/2009 - 05 /22/content_174053. htm.

［27］国民阅读现状：人均读书 4. 25 本 数字阅读增长快. http：//news. xinhuanet. com/politics/2011 - 04 /22/c_121334572. htm.

[28] 经济危机冲击各国报业　印度报业:痛并快乐着. http://www. medialeader. com. cn/media/200906/20090625093545_33581. html.

[29] 美国互联网广告收入超有线电视. http://tech. sina. com. cn/i/2012 - 05 - 02/08497045193. shtml.

[30] 美国软实力:中国互联网企业利润大多被美占有. http://tech. 163. com/10/0127/21/5U2IL3EG000915BF. html.

[31] 日本报业进校园. http://news. sina. com. cn/c/2010 - 04 - 06/092417329337s. shtml.

[32] 日本互联网用户突破 9000 万,普及率达 75%. http://tech. 163. com/09/0410/07/56H6TB5G000915BF. html.

[33] 去年日本广告费总额达 5. 8427 万亿日元 降幅达 1. 3%. http://news. xinhuanet. com/world/2011 - 02/24/c_121115934. htm.

[34] 全民"悦"读风渐盛　燕赵大地沐书香. http://news. xinhuanet. com/local/2011 - 12/26/c_111302738. htm.

[35] 全球物流业竞争力排名:新加坡第一　中国第 30. http://news. xinhuanet. com/fortune/2007 - 11/06/content_7021087. htm.

[36] "十一五"时期广播电视发展状况. http://mail. gdtj. chinasarft. gov. cn/showtiaomu. aspx? ID＝e12b2401 - 37d0 - 4e46 - a761 - eaa925ec4622.

[37] 世界报业协会报告显示:中国仍为最大报业市场. http://www. bkpcn. com/Web/ArticleShow. aspx? artid ＝ 072554&cateid ＝B03.

[38] 世界报业协会总干事:俄罗斯人很少看报并不相信报纸. http://rusnews. cn/eguoxinwen/eluosi_wenhua/20080623/42182833. html.

[39] 世界人口看电视时间调查　日本人最多中国人最少. ht-

tp：//ent. sina. com. cn/x/2005 - 04 - 15/1042703275. html.

[40]文化产业振兴规划. http：//www. gov. cn/jrzg/2009 - 09/26/content_1427394. htm.

[41]我国互联网用户数量超过美国居世界首位. http：//www. gsdofcom. gov. cn/Article/ShowArticle. asp？ ArticleID=31395.

[42]我国网络编辑近300万远超传统媒体. http：//news. xinhuanet. com/newmidia/2007 - 01/04/content_5565269. htm.

[43]宣布中文名谷歌 租牌争中国市场. http：//tech. qq. com/a/20060412/000323. htm.

[44]岩松看美国,等待机会——白岩松专访新闻集团主席默多克. http：//news. sohu. com/20090425/n263616229. shtml.

[45]用新闻报道增强国家软实力. http：//news. xinhuanet. com/newmedia/2008 - 10/14/content_10192901_2. htm.

[46]中共中央关于深化文化体制改革推动社会主义文化大发展大繁荣若干重大问题的决定. http：//www. gov. cn/jrzg/2011 - 10/25/content_1978202. htm.

[47]中国 R&D 经费支出特征的国际比较. http：//www. tech110. net/statistics/html/article_382801. html.

[48]中国国际广播电台. http：//zh. wikipedia. org/.

[49]中国造纸业 如何走出环境困局?. http：//www. china. com. cn/aboutchina/txt/2008 - 06/23/content_15874514. htm.

[50]中国造纸业 如何走出环境困局?. http：//www. china. com. cn/aboutchina/txt/2008 - 06/23/content_15874514. htm.

[51] 中 央 电 视 台 概 况. http：//cctvenchiridion. cctv. com/20090617/113152. shtml.

[52]国家统计局. 中国统计年鉴,年度统计公报.

[53] The World Bank. World Development Indicators. http：//da-

tabank. worldbank. org.

[54] 中国互联网络信息中心. 中国互联网络发展状况统计报告，2010 - 01.

[55] IDC 市场研究公司. 2010 年全球数字电视用户将达 3.7 亿. http：//www. qianjia. com/html/2005 - 11/11183. html.

[56] 中华人民共和国国务院公报, 2008(2).

[57] UNDP. Human Deverlopment Report.

[58] 2006—2020 年国家信息化发展战略.

[59] 工业和信息化部. 2012 年 4 月通信业运行状况. http：// www. miit. gov. cn/n11293472/n11293832/n11294132/n12858447/ 14620393. html.

[60] 国家统计局社会和科技统计司. 中国社会统计年鉴 2009：光盘版.

[61] 国家新闻出版总署网站. http：//www. gapp. gov. cn/cms/ html/21/1392/200907/465109. html.

[62] 联合国数据库. http：//unstats. un. org.

[63] 世界品牌工作室数据. http：//finance. qq. com/a/20101223/ 005840. htm? pgv_ref＝aio.

[64] Ofcom. International Communications Market Report 2011 http：//stakeholders. ofcom. org. uk/binaries/research/cmr/cmr11/ic-mr/ICMR2011. pdf.

[65] The Global Competitiveness Report 2011—2012. http：// www. weforum. org/issues/global-competitiveness.

[66] WAN - IFRA/Christoph Riess, "World Press Trends 2011", http：//www. wan-ifra/articles/2010/11/26/word-press-trends-and-more-reports.

后　记

　　这本书缘起于 2006 年我获得的教育部"新世纪优秀人才支持计划",在填写申请材料时需要设计一个配套研究项目,于是便报了这样一个选题。当时的考虑是,2002—2004 年我在复旦大学新闻学院从事博士后研究时,对传媒竞争力问题已经做了一项比较系统的研究,博士后出站报告以《传媒竞争力——中国媒体发展核心方略》为书名由复旦大学出版社于 2005 年出版,那本书的研究对象是较为微观层面的媒体竞争力,后来一直就想继续在此基础上延伸探讨产业层面的竞争力,而传媒产业层面的竞争力实质就是一国传媒业的国际竞争力。在进一步思考的过程中,我觉得对一个国家来说,其信息传播竞争力其实并不应该仅仅指狭义的传媒产业竞争力,而应该将硬实力和软实力因素都考虑进去,这样就为本书设立了一个大信息传播产业的国家竞争力的研究框架。

　　由于种种条件的限制,课题研究在开始之后遭遇了不少困难,从2007 年至今经历了五年多的时间跨度,但课题组成员想方设法,迎难而上,最终还是勉力完成了这项艰巨的任务。

　　本书的写作分工如下:

　　第一章、第二章、第六章第二节和第三节、第七章第一节和第三节由丁和根撰写;此外,丁和根还与其他作者合作了第四章第二节、第五章第三节、第六章第四节;

　　第三章第一节和第四节、第四章第一节和第二节主要由林吟昕撰写;

　　第三章第二节和第三节、第四章第三节主要由邵晓撰写;

　　第五章主要由陶大坤撰写;

　　第六章第一节由郑青华撰写;此外,郑青华还参与了第六章第四节的写作；

　　第七章第二节由张玉芳撰写。

　　本书由课题负责人丁和根拟定整体框架，由各位参与者写出初稿，其间经过多次调整、修改和数据更新，最后由丁和根统稿和定稿。

　　值得在此特别说明的是，本书课题组成员有的在高校从事教学和科研，有的在政府部门供职，还有些在媒体工作。不管在何种岗位上，他们都怀抱兢兢业业的态度，在做好本职工作之外，牺牲了大量休息时间，对书稿中自己所承担的部分展开探索研究，可谓殚精竭虑。因此，这本书能最终出版，首先要感谢他们所付出的心血！

　　需要感谢的还有教育部所设立的"新世纪优秀人才支持计划"。正是因为这项计划的支持，才使得我的研究设想能够付诸行动；也正是因为这个计划的宝贵资助，才使这项研究能够得以完成。在研究过程中，我们参考了许多文献资料，虽然这些在书中都已做了标注并列入了参考文献，在此仍要向这些成果的作者表示敬意！当然，我们还要感谢南京大学出版社的项目编辑荣卫红和本书责任编辑黄卉，因为他们的认真负责和辛勤劳动，本书才能在最后出版时变得更加顺利！

　　在实际研究过程中，我们碰到的最大困难就是数据的搜集和处理问题。由于将研究视野设定为中国、美国、日本、俄罗斯、印度五个国家的比较，在此基础上再来讨论中国信息传播业在世界坐标中的位置，并提出相应的发展战略和措施，因而不光需要的数据量较大，且有用的数据必须是可以进行比较的对象，这样研究难度就大大增加。由此造成的时间推移，又使得许多数据需要不断更新，这反过来更一步地增加了研究的复杂性。此外，由于研究经费的限制，我们不可能做一些本该做的与他国相关的实地调查，不少数据无法直接获得，只能采用变通的办法，给比较研究的科学性带来了一定的限制。这些虽然都在书中相应部分做了必要的交代，但由此所造成的研究不足是在所难免的，祈望专家学者和广大读者不吝批评指正。

　　　　　　　　　　　　　　　　　　　　　　　丁和根

　　　　　　　　　　　　　　　　　　2012 年 10 月于南京大学